AF267799

REGISTRE D'ORDRES

DU

MARÉCHAL BERTHIER

PENDANT LA CAMPAGNE DE 1813

Publié par X....

TOME PREMIER
Du 29 mars au 31 juillet

PARIS

LIBRAIRIE MILITAIRE R. CHAPELOT & Cie
IMPRIMEURS-ÉDITEURS
30, Rue et Passage Dauphine, 30

1900

LAVAL. — IMPRIMERIE L. BARNÉOUD ET Cie.

REGISTRE D'ORDRES

DU

MARÉCHAL BERTHIER

Pendant la campagne de 1813

TOME PREMIER

Du 29 mars au 31 juillet

REGISTRE D'ORDRES

DU

MARÉCHAL BERTHIER

PENDANT LA CAMPAGNE DE 1813

Publié par X.....

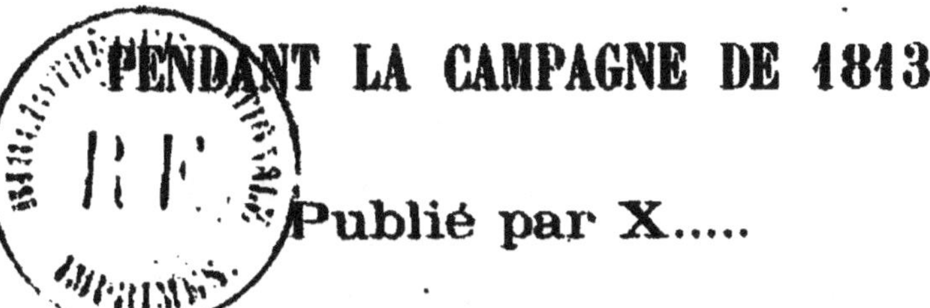

TOME PREMIER

Du 29 mars au 31 juillet

PARIS

LIBRAIRIE MILITAIRE R. CHAPELOT & Cie

IMPRIMEURS-ÉDITEURS

30, Rue et Passage Dauphine, 30

1909

PRÉFACE

La publication du *Registre d'ordres du maréchal Berthier en 1813* continue la série des travaux que j'ai entrepris, depuis plus de six ans, sur la campagne d'août.

Il a semblé utile, avant d'en publier une relation, de mettre au jour tout ce qui émanait du commandement (1).

D'autres volumes contiendront tous les documents concernant le maréchal Berthier ; ils seront reliés par un travail général sur le rôle et les actes du major général en 1813, ainsi que sur le fonctionnement de l'état-major.

X...

(1) Voir *Lettres de l'Empereur Napoléon du 1ᵉʳ août au 18 octobre 1813 non insérées dans la correspondance*, publiées par X...

REGISTRE D'ORDRES

DU

MARÉCHAL BERTHIER

Pendant la campagne de 1813

Première partie : du 29 mars au 31 juillet

BERTHIER AU PRINCE EUGÈNE

Paris, 29 mars.

Monseigneur, l'Empereur me charge d'avoir l'honneur d'écrire à Votre Altesse Impériale que son intention est qu'elle fasse un ordre du jour par lequel elle fera connaître que les départements qui composent la 32ᵉ division militaire sont mis en état de siège. En conséquence, les préfets, les procureurs généraux, les commissaires de police, les officiers de gendarmerie rendront compte aux généraux commandant supérieurement les troupes pour tout ce qui tient à la tranquillité publique. Le prince d'Eckmühl, nommé commandant en chef du 1ᵉʳ corps d'armée, sera considéré comme gouverneur de la 32ᵉ division militaire. Il sera revêtu de tous les pouvoirs extraordinaires à l'effet de prendre les mesures qu'exigent les circonstances actuelles. Vous lui donnerez toute autorité pour régler les mesures de police, faire punir les communes coupables et faire juger par des commissions militaires les individus pris les armes à la main. Vous voudrez bien, Prince, donner au prince d'Eckmühl des ordres conformes aux intentions de l'Empereur. J'en préviens le ministre de la Guerre, afin que de son côté il donne des ordres aux préfets et aux autorités civiles.

Par la dernière lettre de Votre Altesse à l'Empereur, il résulte que vous avez donné l'ordre au prince d'Eckmühl de porter son quartier général à Stendal, mais Sa Majesté trouve qu'il serait bien loin du centre de la division qui est à Brème.

Le ministre de la Guerre donne l'ordre au général Vandamme de porter son quartier général à Osnabruck et au général Saint-Cyr de conserver le sien à Brème. Quant à Munster, cette ville sera occupée par les troupes de la 25ᵉ division militaire. Le général Loison a

1

l'ordre de s'y transporter. La division du général Saint-Cyr sera renforcée par les bataillons connus sous le nom de bataillons de Hambourg, du 3e, 29e et 105e régiments de ligne et de six bataillons formés des compagnies qui ont leurs bataillons à la 30e et à la 31e division de la Grande Armée. Quant à la 2e division que commande le général Dumonceau, elle se réunira à Minden.

La 5e division commandée par le général Dufour se réunira du côté d'Osnabruck.

Le général Vandamme qui a le commandement supérieur de ces trois divisions, se portera de sa personne pour diriger les mouvements et faire tout ce qui sera nécessaire suivant les circonstances. Le général Saint-Cyr gardera huit pièces de canon, savoir : deux pièces qu'il avait et six de celles qu'a amenées le général Morand. Cette batterie sera attachée à la division de Hambourg : la 2e division a deux batteries qui se forment à Wesel. Il se forme également dans cette place deux batteries pour la 5e division; quant à la 1re division, elle doit avoir seize pièces de canon ou deux batteries qui se forment à Magdebourg.

Le général Morand prendra le commandement de la 1re division et il laissera le régiment saxon au général Saint-Cyr pour renforcer sa division. Le général Morand mènera avec lui les douaniers qui étaient en Ponéramie, il en formera un petit bataillon qu'il gardera sous ses ordres, parce que ces douaniers doivent retourner dans les lieux où ils étaient.

Ce général portera son quartier général soit à Osterbourg ou à Uelzen.

L'intention de l'Empereur est que le corps d'armée de Magdebourg couvre la rive gauche de l'Elbe jusqu'à l'embouchure du canal de Plauen et que la première division couvre jusqu'à Uelzen.

Il est nécessaire que le général Saint-Cyr attende que la 2e et la 5e divisions couvrent le Weser.

Monseigneur, le premier but des trois divisions, celle du général Saint-Cyr, de la 2e et de la 5e doit être de marcher sur les rassemblements, de désarmer le pays, de faire des exemples sévères sur les révoltés, de réoccuper les côtes et les batteries dont les insurgés se sont emparés ; immédiatement après, elles se reporteront sur Lunebourg, Harburg, Orneburg et Cuxhaven et y occuperont la rive gauche de l'Elbe pour réoccuper Hambourg lorsqu'il en sera temps.

L'Empereur pense, Monseigneur, que ces opérations très sérieuses

sont assez considérables pour occuper un homme entièrement :
Sa Majesté croit donc que vous devez saisir une occasion favorable
pour envoyer le prince d'Eckmühl prendre le commandement de la
division Saint-Cyr, de la 2ᵉ et de la 5ᵉ divisions, et que vous devez
faire revenir pour commander la 1ʳᵉ division le général Vandamme,
mais qu'il faut que cela se fasse de manière que le général Morand
soit arrivé pour commander la division et, qu'avant que le général
Vandamme soit instruit qu'il doit quitter la 32ᵉ division, le prince
d'Eckmühl soit arrivé ou à Minden ou à Brême.

L'Empereur a trouvé convenable que tous les ordres et les dispositions qui concernent la 32ᵉ division militaire soient donnés directement par Votre Altesse, parce qu'il est nécessaire qu'elle soit
instruite de la situation des choses dans ce pays. En attendant que
le prince d'Eckmühl puisse être arrivé dans la 32ᵉ division, l'intention de l'Empereur, Monseigneur, est que vous écriviez au général
Vandamme d'accélérer la marche de ses colonnes sur les villages
insurgés et de frapper vigoureusement sur les coupables.

BERTHIER A VANDAMME

Paris, 29 mars.

Je vous préviens, monsieur le général Vandamme que vous allez
recevoir des ordres du prince Vice-Roi, mais, vu ce qui se passe
dans la 32ᵉ division militaire, l'intention de l'Empereur est que je
vous envoie directement des ordres pour vous faire connaître la
nécessité de prendre des mesures promptes à l'effet d'envoyer des
colonnes à Oldenbourg et sur l'Ems oriental pour réprimer les
insurgés et faire des exemples sévères.

BERTHIER A DURUTTE

Paris, 8 avril.

Je vous préviens, monsieur le général Durutte, que je donne
l'ordre aux 4ᵉˢ bataillons des 36ᵉ régiment d'infanterie légère, 131ᵉ,
132ᵉ et 133ᵉ régiments d'infanterie de ligne qui sont à Mayence, d'en
partir de suite pour se rendre à Fulda. Je donne en même temps
l'ordre à deux bataillons d'infanterie du Grand-Duché de Wurzbourg, qui sont à Wurzbourg, d'en partir sur-le-champ pour se diriger
pareillement sur Fulda.

Ces six bataillons se réuniront provisoirement à Fulda à la division du général Bonet qui aura ainsi six bataillons destinés pour votre division qu'ils rejoindront aussitôt que cela sera possible.

L'Empereur me charge de vous faire connaître, général, que dans le cas où vous ne pourriez plus tenir sur la Saale, vous devez vous renfermer avec votre division dans Erfurt et garder la citadelle et la ville ; au reste je vous préviens que nous sommes en mouvement pour prendre l'offensive, et que 300.000 hommes débouchent sur l'ennemi.

Correspondez très fréquemment avec moi et instruisez-moi de vos dispositions ainsi que de la situation et l'emplacement de vos troupes.

BERTHIER AU COMTE DE MERCY

Paris, 8 avril.

Le ministre des Relations extérieures m'a fait connaître, monsieur le comte, qu'il a été demandé à la Bavière 15 bataillons d'infanterie de 1.000 hommes divisés en trois brigades, qui doivent se réunir, l'une à Bayreuth, une autre à Bamberg et la troisième à Cronach ; qu'il a été en outre demandé 18 escadrons de cavalerie, formant 3.600 chevaux et 40 pièces de canon attelées.

Je vous prie de demander et de vouloir bien me faire connaître où en est la formation de ces troupes et d'engager M. le comte de Triva à m'en faire parvenir tous les dix jours l'état de situation et d'emplacement indiquant les Etats-majors des brigades, la dénomination des régiments, bataillons ou escadrons, leur force en hommes et en chevaux, les époques présumées de l'arrivée des compléments, afin que l'Empereur puisse toujours bien connaître à quel point en est l'organisation de ces forces et soit ainsi à portée de bien faire parvenir ses ordres ultérieurs.

— Lettre dans le même sens :

1° Au ministre de l'Empereur à Stuttgard ;

2° Au ministre de l'Empereur à Cassel pour le contingent westphalien et les contingents d'Anhalt, de la Lippe et de Waldeck ;

3° Au ministre de l'Empereur à Wurzbourg pour le contingent de Wurzbourg ;

4° Au ministre de l'Empereur à Darmstadt, pour le contingent de Hesse-Darmstadt ;

5° Au ministre de l'Empereur à Carlsruhe pour celui de Bade ;

6° Au ministre de l'Empereur à Weimar pour celui des maisons ducales de Saxe et le contingent de Schwarzburg et de Reuss.

BERTHIER A NEY

Paris, 10 avril.

Je vous préviens, prince, que je vais partir pour me rendre à Mayence où je compte être rendu le 14 de ce mois.

L'Empereur m'a fait connaître qu'il vient de vous donner l'ordre de réunir votre corps d'armée sur Meiningen.

Le duc de Raguse réunit le sien sur Eisenach et le général Bertrand porte le sien sur Bamberg et Cobourg.

Sa Majesté vous a prescrit de prendre position sur les hauteurs des montagnes, en occupant les débouchés de la plaine, ou bien de vous porter sur Erfurt; si effectivement vous vous portiez sur Erfurt, le duc de Raguse se porterait sur Gotha; mais si au contraire vous preniez une position sur les montagnes, le duc de Raguse en prendrait une correspondante sur les montagnes auprès d'Eisenach; il est par conséquent nécessaire, prince, que vous vous entendiez, à cet égard, avec le duc de Raguse. Je vous prie de me faire parvenir, à mon arrivée à Mayence, votre réponse sur l'exécution de ces dispositions, ainsi que l'état de situation et d'emplacement de votre corps d'armée.

— Lettre dans le même sens, chacun en ce qui le concerne :

1° Au duc de Raguse ;

2° Au général Bertrand.

BERTHIER A BESSIÈRES

Paris, 10 avril.

L'Empereur, monsieur le maréchal, me charge de vous faire connaître que vous aurez sous vos ordres une division à pied de la garde, commandée par le général de division Dumoustier, composée de trois brigades, une brigade composée de quatre bataillons, deux de vieille garde et deux de fusiliers; chacune des deux autres brigades sera composée de six bataillons. Total = seize bataillons, faisant un complet de 12.800 hommes et un présent sous les armes de près de 10.000 hommes.

Chaque brigade aura une batterie à pied de huit pièces. Il y aura à la suite de la division deux batteries formées de seize pièces de canon de 12 et d'obusiers ; vous aurez quatre compagnies d'équipages militaires de la garde et quatre compagnies d'ambulances, c'est-à-dire 24 caissons qui porteront de quoi panser 40.000 hommes.

Il restera donc des quatre compagnies d'équipages militaires 136 caissons qui seront chargés de quinze quintaux de farine chacun, ce qui fera 200.000 rations ou pour 20.000 hommes pendant dix jours. L'ordonnateur de la garde est autorisé à conclure des marchés pour faire suivre sur des voitures de commerce 100.000 rations de biscuit, ce qui assurera des vivres pour 20.000 hommes pendant cinq jours ; enfin les soldats auront toujours dans le sac pour quatre jours de pain, de sorte que vous aurez constamment vingt jours de pain assurés pour la garde. Vous ne souffrirez point d'autres équipages que ceux prescrits par le décret du 22 février ; vous y tiendrez strictement la main.

Vous aurez soin que chaque bataillon ait son équipage régimentaire à cheval et qu'il ait les six sapeurs armés de leur hache accordés par bataillon.

Quant à la cavalerie, monsieur le duc, vous aurez à vos ordres, toute la cavalerie de la garde, et vous aurez soin de laisser à Mayence et à Francfort ce qui sera nécessaire pour le service de l'Empereur ; vous y laisserez aussi les chevaux fatigués et ce que vous jugeriez ne pouvoir vous rendre aucun service.

Le général Guyot sera chargé d'accompagner l'Empereur ; du commandement des escortes ainsi que du commandement pendant toute la campagne des escadrons de réserve qui seront destinés pour l'Empereur. Les gendarmes d'élite prendront les ordres du général Guyot pour tout ce qui est relatif à la sûreté de Sa Majesté.

Je ne saurais trop vous recommander, monsieur le maréchal, de donner vos ordres pour la plus grande surveillance autour de l'Empereur, à cause des mauvais esprits d'un grand nombre d'étudiants des Universités ; il faut donc plutôt s'attacher au choix des gens qui seront chargés de veiller à la sûreté de Sa Majesté qu'au nombre.

L'intention de l'Empereur est, qu'en passant à Francfort, vous passiez en revue le 1er régiment des lanciers ; vous ferez monter dans les vingt-quatre heures ce qu'il y a d'hommes de ce régiment sachant bien monter à cheval, en démontant ceux du 2e régiment des lanciers qui seraient les plus maladroits. Ces hommes attendraient à Francfort les chevaux destinés au 1er lanciers et, en les attendant, ils s'exerceraient.

L'intention de l'Empereur est que vous partagiez la cavalerie en deux divisions. Vous donnerez le commandement de la 1re division au général Lefebvre ; elle sera composée du 1er régiment de lanciers, du 2e de lanciers et des lanciers de Berg.

La 2e division commandée par le général Walther sera composée du régiment de chasseurs à cheval de la vieille garde, du régiment de dragons et du régiment de grenadiers.

Vous pourrez placer les généraux Castex et Ferrières, quoiqu'ils appartiennent aux grenadiers, avec la cavalerie légère ou du moins un des deux, parce qu'ils sont très propres à ce service.

Vous mènerez avec votre cavalerie deux batteries d'artillerie à cheval, ce qui complètera votre artillerie à 52 bouches à feu.

Quant aux sapeurs, le général de division Kirgener les commandera ainsi que les marins ; il mènera avec lui les compagnies de sapeurs qui étaient à l'armée du Mein et en outre la compagnie du train du génie qui a quarante voitures et qui est munie de tout le matériel nécessaire. L'intention de Sa Majesté est que vous preniez avec vous tout ce que vous pourrez trouver à Mayence et Francfort de pontonniers que vous mettrez sous les ordres du général Kirgener. L'Empereur estime que tout cela compris doit vous former une vingtaine de mille hommes de la garde. L'ordonnateur de la garde, les maçons, les boulangers, les constructeurs de fours vous suivront ; vous laisserez cependant les administrateurs nécessaires pour la 2e division d'infanterie, qui, au 1er mai, sera prête à partir de Francfort sous les ordres du maréchal, duc de Trévise ; vous laisserez aussi les chirurgiens nécessaires. A votre arrivée à Francfort, monsieur le duc, vous trouverez vraisemblablement les trois divisions du duc de Raguse en mouvement pour se porter sur Fulda et Eisenach. L'intention de l'Empereur est que vous vous mettiez aussitôt en marche avec vos troupes pour suivre la queue du corps du duc de Raguse ; mais, avec votre cavalerie, vous prendrez la tête de ce corps d'armée, ne prenant toutefois que la partie de votre cavalerie que vous jugerez nécessaire.

Comme plus ancien maréchal de l'Empire que le duc de Raguse, ce maréchal sera à vos ordres : Sa Majesté n'entend à aucune étiquette, ni à aucun rang, elle veut rétablir les premiers principes militaires, le plus ancien de grade commande.

L'Empereur ordonne, Monsieur le Maréchal, que vous portiez cette armée, forte de trois divisions du VIe corps, présentant 30.000 hommes, de la division de la garde, commandée par le général Dumoustier, de 10.000 hommes, c'est-à-dire 40.000 hommes d'infanterie, sur Eisenach ; le duc de Raguse doit avoir sous ses ordres 76 bouches à feu, vous en avez 52, vous en aurez donc 128. Je serai, de ma personne, à Mayence, en même temps que vous serez à Francfort ; faites-moi connaître promptement dans cette première place, la situation de toutes les troupes à vos ordres et le jour où elles arriveront à Eisenach. Le prince de la Moskova sera réuni avec son corps du 15 au 18 à Meiningen ; ce corps est composé de quatre divisions, présentant 40.000 hommes d'infanterie, plus 2.000 chevaux et 92 bouches à feu. Il a sur sa droite le général Marchand et les Bavarois formant un corps d'environ 18.000 à à 20.000 hommes. Le général Bertrand, commandant en chef le IV⁰ corps d'armée, sera arrivé du 15 au 18 à Bamberg avec 50.000 hom...es dont 4.000 de cavalerie.

De votre propre mouvement, monsieur le maréchal duc d'Istrie, vous ne devez aller que jusqu'à Eisenach. L'initiative est tantôt au prince de la Moskova. Sa Majesté a autorisé ce maréchal, s'il le trouve convenable, à se porter sur Erfurt, et alors il vous enverrait l'ordre de vous porter avec vos troupes sur Gotha.

Dans cet état des choses, si l'Empereur n'est pas déjà arrivé, vous serez le maître de laisser au duc de Raguse le commandement des trois divisions de son corps d'armée et même le commandement de la division à pied de la garde, et vous vous porteriez avec toute la cavalerie de la garde, avec vos deux batteries d'artillerie à cheval auprès du prince de la Moskova pour prendre le commandement de la cavalerie de son corps et celui de la cavalerie bavaroise, ce qui vous donnerait 7.000 à 8.000 hommes de cavalerie. Tout cela, monsieur le maréchal, est de pure précaution ; car il est probable que l'Empereur sera rendu de sa personne à Eisenach au temps nécessaire. Le général Dombrowski arrive aujourd'hui à Francfort avec 4.000 Polonais ; si vous pouvez tirer de là 500 à 600 chevaux en bon état, réunissez-les à votre corps et faites fournir au 1ᵉʳ régiment de lanciers 200 à 300 hommes de choix pris parmi les Polonais.

Le 7⁰ de chevau-légers part de Sedan fort de 500 chevaux et rejoindra votre cavalerie ; vous trouverez à Mayence et à Francfort 2.000 à 3.000 chevaux sous les ordres des généraux Milhaud et Saint-Germain ; vous me rendrez compte de la situation dans laquelle vous les aurez trouvés, et, si vous pensez que cette cavalerie puisse être bonne à quelque chose dans l'état où elle est (ce qui est douteux), je m'empresserai de proposer à l'Empereur de la faire partir pour la mettre sous vos ordres. 1.200 chevaux saxons se rendent de Ratisbonne à Wurzbourg ; ils seront dirigés sur-le-champ sur Meiningen pour rejoindre le corps du prince de la Moskova ainsi que 2.000 chevaux wurtembergeois.

BERTHIER A BESSIÈRES

Paris, 10 avril, 10 heures du soir.

L'intention de l'Empereur, monsieur le maréchal, est que vous partiez de Francfort avec toute la cavalerie de la garde, laissant dans cette ville un dépôt et tout ce qui ne serait pas dans le cas de servir. Vous aurez soin toutefois de pourvoir au service de l'Empereur en laissant, savoir :

Une compagnie à Mayence ;

Une compagnie à Francfort ;

Et des escortes sur la route de Fulda.

Vous laisserez également des brigades de gendarmerie d'élite à Francfort et à Mayence ; vous en placerez sur la route, et vous recommanderez aux gendarmes d'exercer la plus grande surveillance, notamment dans les lieux où l'Empereur relaiera.

Vous vous rendrez à Eisenach en suivant le mouvement du duc de Raguse, comme il est dit dans l'instruction ci-jointe.

BERTHIER A NEY

Paris, 10 avril, 10 heures du soir.

Monsieur le prince de la Moskova, l'Empereur me charge de vous donner l'ordre de réunir votre corps d'armée du 15 au 18 sur Meiningen et de prendre une position aux débouchés de la plaine.

Je vous envoie, Prince, copie de l'instruction que je donne au maréchal, duc d'Istrie ; l'intention de l'Empereur est de refuser sa droite et de serrer sur sa gauche, afin de se trouver en communication avec le Vice-Roi et de pousser les Prussiens qui se sont avancés vers Bayreuth, sur les frontières de la Bohême. Mais nos mouvements devant être nécessairement lents, il est à présumer que les Prussiens s'en apercevront et se retireront à temps ; toutefois, monsieur le maréchal, ce sera un résultat avantageux que d'avoir rassuré toute la Westphalie et de se trouver en position en avant d'Erfurt et sur la Saale avec toutes nos troupes. Comme Sa Majesté donne le commandement au duc d'Istrie sur le duc de Raguse, en qualité de plus ancien maréchal, l'Empereur, par le même principe, vous donne le commandement sur les maréchaux duc d'Istrie et de Raguse et sur le général en chef Bertrand.

Je recevrai votre réponse à cette dépêche à Mayence où je serai rendu le 15. L'Empereur est également dans l'intention d'y arriver sans délai. Sa Majesté a envoyé deux officiers d'ordonnance, l'un au roi de Saxe et l'autre au roi de Wurtemberg, et il est à croire que ces princes dirigeront leur cavalerie sur Wurzbourg ; envoyez au devant de ces troupes et instruisez-moi de leur marche ; donnez-leur des ordres pour filer sur-le-champ à votre avant-garde.

BERTHIER A MARMONT

Paris, 10 avril, 10 heures du soir.

Monsieur le duc de Raguse, l'Empereur me charge de vous donner l'ordre de réunir vos trois premières divisions sur Eisenach, et d'y porter le plus tôt possible votre quartier général, en même temps que le prince de la Moskova se réunira à Meiningen.

BERTHIER A MORTIER

Paris, 10 avril, 10 heures du soir.

L'intention de l'Empereur, monsieur le duc de Trévise, est que vous attendiez Sa Majesté à Francfort. Vous prendrez le commandement de la 2e division de la garde ; je vous ferai connaître incessamment la formation de cette division.

BERTHIER A BERTRAND

Paris, 10 avril, 10 heures du soir.

Monsieur le général Bertrand, l'Empereur me charge de vous réitérer l'ordre de réunir votre corps sur Bamberg ét Cobourg et de tâcher d'y avoir du 15 au 18 votre cavalerie et au moins votre 1re et votre 4e division d'infanterie, ayant soin de marcher par brigade et par différents chemins, afin d'avoir tout votre corps réuni le plus tôt possible à Bamberg.

BERTHIER A PERNETY

Mayence, 16 avril.

L'Empereur, monsieur le général Pernety, attache la plus grande importance à ce que vous vous organisiez bien et le plus promptement possible l'artillerie des différents corps de l'armée du Mein ; il est du plus grand intérêt que le prince de la Moskova ait ses 92 bouches à feu ; ses quatre divisions ont déjà leurs 16 pièces chacune, il a même une portion du restant ; mais pour atteindre au nombre de 92, il faut lui compléter sans délai 12 pièces d'artillerie à cheval et 16 pièces de 12. Sa Majesté trouve très urgent que les 28 pièces, et surtout celles de 12, lui soient envoyées.

L'Empereur suppose que les trois divisions du duc de Raguse ont chacune leurs deux divisions d'artillerie, c'est-à-dire leurs 48 pièces, mais cela n'est pas suffisant ; il faut donner à ce corps ses 16 pièces de batteries de réserve et ses 12 pièces d'artillerie à cheval. Nous aurons ainsi dans les corps réunis du prince de la Moskova, du duc de Raguse et de la garde 48 pièces de gros calibre.

Ne perdez pas un instant, général, pour compléter à ces corps leur artillerie ; cela, je vous le répète, est de la plus haute importance. Mettez-moi bien au fait de tout ce qui est fait et de tout ce qui reste à faire à cet égard, afin que je puisse en rendre un compte très précis à l'Empereur.

BERTHIER AU MINISTRE DE FRANCE A WURZBOURG

Mayence, 16 avril.

Ordre de faire partir de suite la compagnie de chevau-légers de Würzbourg qui est disponible pour se rendre à Fulda où elle se réunira à la division du général Bonet, en attendant qu'elle puisse rejoindre l'escadron de chevau-légers de Würzbourg qui fait partie de la division Durutte.

BERTHIER A MARMONT

Mayence, 16 avril.

Ordre à monsieur le maréchal duc de Raguse de faire diriger sur Mayence les cadres des 5e et 6e bataillons du 1er régiment, des 7e et 8e bataillons du 2e, du 3e bataillon du 3e et du 3e bataillon du 4e régiment d'artillerie de marine pour y attendre et recevoir les détachements tirés de divers dépôts d'infanterie destinés à être incorporés dans les quatre régiments d'artillerie de marine.

BERTHIER A NEY

Mayence, 16 avril.

Monsieur le prince de la Moskova, je crois devoir vous donner connaissance, mais seulement pour votre gouverne en cas d'événement, de l'extrait d'une lettre que je reçois à l'instant de l'Empereur, quoique cette lettre ait été écrite avant que Sa Majesté connût votre position du moment.

« Le vice-roi me mande en date du 8, qu'il a porté son quartier général sur Stassfurth ; il paraît qu'il est en position à l'embouchure de la Saale Le général Bertrand est arrivé le 11 à Nüremberg. Je suppose qu'il aura reçu le 12, l'ordre de se porter sur Bamberg, il y sera arrivé le 15, avec ses 1re et 4e divisions, son artillerie et sa cavalerie. Les dernières nouvelles du prince de la Moskova sont du 10, il n'avait pas encore reçu mon ordre ; ce n'est que le 12 qu'il aura pu se porter sur Meiningen. Le vice-roi croit que l'ennemi a passé en force sur la rive gauche de l'Elbe ; on dit que Blücher avait le 8 son quartier général à Altenbourg et qu'un parti de cosaques s'était fait voir à Iéna. Le 9, les cosaques ne s'étaient pas encore fait voir à Weimar. Le prince de la Moskova avait envoyé, à ce qu'il me paraît, le général Marchand sur Cobourg. L'ennemi avait déjà des partis sur Saalfeld. Dans cette situation des choses, le prince de la Moskova aura déjà concentré son corps sur Meiningen. Le général Bertrand sera déjà sur Bamberg, et je suppose que le duc de Raguse sera déjà sur Eisenach.

D'Eisenach à Meiningen, comme de Vach à Meiningen, il y a des communications et il n'y a guère que dix lieues ; il y en a quinze, je crois, de Meiningen à Fulda, je crois ces routes bonnes.

Ainsi le prince de la Moskova et le duc de Raguse ne sont éloignés l'un de l'autre que de dix petites lieues, c'est au prince de la Moskova à donner le mouvement au général Bertrand qui, en deux jours, peut être à Cobourg ou bien se porter de Bamberg sur Schweinfurt et, de là, sur Meiningen ; s'il passe par Cobourg, il y a, de Cobourg à Meiningen, deux journées. Le principal est que ces corps s'y réunissent ou soient en position de s'y réunir ; si donc vous receviez des nouvelles qui pourraient faire craindre que le mouvement du général Bertrand sur Cobourg ne fût inquiété, il serait prudent que ce général se portât sur Schweinfurt. Le général Bertrand ne sera en mesure de partir de Bamberg que le 16 au plus tôt. Les 2e et 3e divisions de ce général n'arriveront à Augsbourg que le 17 ; ainsi elles se trouveront en retard de quelques jours, mais ses deux premières divisions, qui forment 20.000 hommes d'infanterie, les 60.000 hommes du duc d'Elchingen, les 40.000 hommes du duc d'Istrie forment une force de 120.000 hommes d'infanterie, les 3.000 hommes de cavalerie du général Bertrand, les 2.000 du prince de la Moskova, les 6.000 du duc d'Istrie font 11.000 hommes de cavalerie ce qui, joint à l'artillerie des trois corps et de la garde, fera une armée suffisante pour donner le temps d'arriver aux deux divisions en retard. »

Voilà, monsieur le maréchal ce que m'écrit l'Empereur en date du 13 ; ce n'est, je vous le répète, que par précaution que je vous en donne connaissance et comme direction générale en cas d'événement.

— Lettre dans ce sens à M. le général Bertrand, commandant le IVe corps.

BERTHIER A MONTHION

Mayence, 17 avril.

L'Empereur me charge de vous mander, Général, qu'il est extrêmement mécontent de ce que seize compagnies d'artillerie à pied qui avaient reçu du ministre de la Guerre l'ordre de partir et qui devaient arriver ici le 29, paraissent avoir été retenues à Magdebourg : cela dérange tous les calculs de Sa Majesté. L'intention de l'Empereur est que l'on fasse une enquête pour savoir qui s'est permis de désobéir et de déranger ainsi les calculs d'organisation de l'armée. Prenez les ordres de Son Altesse Impériale, le prince vice-roi, pour faire faire promptement cette enquête et faites-m'en connaître le plus tôt possible le résultat. Dans le cas où les seize compagnies d'artillerie ne seraient pas parties, veillez à ce qu'elles soient mises en marche sans délai pour suivre la direction qui leur a été donnée par le ministre de la Guerre. Instruisez-moi de l'exécution de cet ordre.

— Lettre dans ce sens à Son Altesse Impériale le prince vice-roi.

BERTHIER A MILHAUD

Mayence, 17 avril.

L'Empereur a pris connaissance, monsieur le général Milhaud, du rapport que vous avez fait à M. le duc de Valmy sur les différents ordres et instructions que vous avait donnés M. le maréchal, duc de Raguse. Sa Majesté me charge de vous faire connaître que vous ne devez point vous éloigner de la formation de la cavalerie telle qu'elle a été ordonnée et que vous ne devez rien faire partir pour Fulda. L'Empereur étant arrivé à l'armée, vous recevrez désormais des ordres du duc de Plaisance. Conformez-vous à l'organisation prescrite, attendu que l'Empereur entend n'y rien changer avant que cette cavalerie soit un peu formée. Continuez à m'en adresser les états de situation et d'emplacement et donnez tous vos soins à l'instruction.

BERTHIER A KELLERMANN

Mayence, 17 avril.

L'intention de l'Empereur, monsieur le maréchal, est que désormais vous ne fassiez rien partir de Mayence sans l'approbation de Sa Majesté. La ligne par Wurzbourg doit être abandonnée, et tout ce qui est destiné pour le corps du prince de la Moskova doit se diriger par Fulda et Eisenach ; ainsi l'artillerie légère, les caissons d'équipage militaire et tout ce qui est destiné pour ce corps d'armée, le joindra en suivant la direction ci-dessus indiquée ; mais tout cela ne doit partir de Mayence qu'avec l'approbation de l'Empereur ; ainsi demandez des ordres toutes les fois qu'il y aura quelque chose prêt à partir.

— Lettre dans le même sens à M. le général Pernety et à M. l'ordonnateur Nourry.

BERTHIER A NEY

Mayence, 17 avril.

Des nouvelles du vice-roi du 15 font connaître qu'il n'avait rien devant lui et qu'il occupait la même position à Aschersleben, sa droite ainsi appuyée aux montagnes du Hartz et sa gauche à l'Elbe.

Tout paraît obscur dans les mouvements de l'ennemi. Le général Bertrand écrit le 15 de Bamberg que l'ennemi n'a que 100 chevaux à Schleiz et très peu à Hoff, et qu'il paraît que Blücher s'est porté du côté de Leipzig.

Le général Lefebvre-Desnoëttes, qui est du côté d'Erfurth, écrit que l'ennemi a évacué Gotha. L'ensemble de tout cela porte à penser que l'ennemi n'entreprend rien de sérieux et se contente d'inonder le pays de proclamations, ou bien qu'il veut se porter par Nordhausen sur Cassel pour obliger le roi de quitter sa résidence. Le général Bonet a dû être hier ou aujourd'hui à Eisenach. Le duc de Raguse le joint demain. La garde impériale est partie ce matin de Hanau. L'Empereur a passé la journée à Mayence, ses chevaux sont à l'avant-garde, ses relais sont placés, et Sa Majesté attend de vos nouvelles ultérieures pour se porter sur Eisenach.

L'infanterie et la cavalerie wurtembergeoise forte d'environ 7.600 hommes seront vers le 20 sur Wurzbourg. L'Empereur désire que vous m'envoyiez tout votre mouvement dans le plus grand détail.

— Même lettre au duc d'Istrie pour ce qui le concerne.

BERTHIER A AUGEREAU

Mayence, 17 avril.

Monsieur le duc, l'Empereur me charge de vous annoncer que son intention est que vous preniez le commandement de tout le grand duché de Francfort ainsi que celui du grand duché de Wurzbourg. Aussitôt que le prince de la Moskova aura fini son mouvement, il n'aura plus sa ligne de communication par Wurzbourg ; votre première opération sera de faire organiser la ligne d'étape de Francfort à Eisenach, de garder les ponts sur le Mein, d'Aschaffenbourg à Wurzbourg, et de veiller à la citadelle de Wurzbourg. Envoyez savoir qui y commande, comment se compose la garnison et demandez au commandant de vous faire des rapports particuliers sur ce qui se passe. Prévenez de ces dispositions le ministre de l'Empereur près le grand-duc.

BERTHIER A MARMONT

Mayence, 17 avril.

L'Empereur, monsieur le duc, désire que vous vous informiez s'il y a des fours militaires à Fulda, s'il n'y en a pas, faites-en construire douze par les gens du pays ; faites-en construire également douze à Eisenach. Sa Majesté attend de vos nouvelles qui lui fassent connaître en détail tous vos mouvements.

L'Empereur a signé les décrets pour les nominations que vous avez demandées dans le compte que vous avez rendu.

BERTHIER A MARMONT

Mayence, 18 avril.

L'Empereur, monsieur le duc de Raguse, me charge de vous expédier en toute diligence un officier d'état-major pour vous remettre l'ordre de vous porter d'Eisenach sur le derrière de la colonne ennemie qui est à Mulhausen dans la direction d'Heiligenstadt, ainsi que vous le verrez par la copie ci-jointe d'un rapport du général Hammerstein. Le général Bonet doit se trouver déjà à Eisenach ; il est donc en mesure de faire ce mouvement dès demain et d'ôter toute incertitude de ce côté au roi de Westphalie. Faites sur-le-champ vos dispositions et instruisez-m'en.

— Même ordre au duc d'Istrie.

BERTHIER A TESTE

Mayence, 18 avril.

Je vous préviens, monsieur le général Teste, que l'Empereur met sous vos ordres les deux régiments d'infanterie polonais qui sont actuellement sous le commandement du général Dombrowski à Wetzlar. Ces deux régiments feront partie de la 4e division du VIe corps que vous commandez. Le général Dombrowski sera sous vos ordres, il a, indépendamment de ses deux régiments d'infanterie polonais, deux régiments de lanciers ; ainsi donc, général, vous aurez sous votre commandement six bataillons, deux régiments de cavalerie et une batterie d'artillerie légère.

L'Empereur me charge de vous faire connaître que vous devez porter votre quartier général à Hanbourg et envoyer des officiers tant au roi de Westphalie qu'au général Damas dans le grand-duché de Berg, pour les informer que vous êtes prêt à vous porter partout où il serait nécessaire pour rétablir l'ordre. J'écris au général Pernety de faire en sorte de vous fournir une batterie d'artillerie, ce qui, avec la batterie polonaise, vous ferait quatorze pièces de canon

L'Empereur vous recommande au surplus, général, de veiller à la prompte réorganisation du corps polonais, et de ne pas lui faire faire de mouvements sans fortes raisons.

Ayez soin de m'adresser tous les dix jours, l'état de situation de vos troupes.

— Lettre et avis en conséquence à Sa Majesté le roi de Westphalie, à Marmont, à Dombrowski, à Pernety.

BERTHIER A RAGLOVICH

Mayence, 19 avril.

L'Empereur me charge de vous faire connaître, monsieur le général Raglovich, qu'il vous a placé sous les ordres de M. le général comte Bertrand, commandant en chef le IVe corps d'armée, avec le corps bavarois que vous commandez, et qui se compose de dix bataillons, douze escadrons et seize pièces d'artillerie. Le général Bertrand ayant l'ordre de se porter à Cobourg, l'Empereur désire que vous concentriez tout votre corps sur les hauteurs d'Ebersdorf, occupant le pont de la Saale et éclairant Schleiz par des patrouilles. Le général Bertrand fera de son côté occuper Saalfeld de manière à se tenir en communication.

Sa Majesté désire que vous m'envoyiez un officier qui soit en état de me faire bien connaître la situation de vos troupes sous tous les points de vue ; adressez-m'en tous les dix jours l'état de situation et d'emplacement très exact.

L'Empereur, général, commande son armée en personne, et Sa Majesté espère que toutes les hésitations que les alliés ont eues dans les derniers temps pour l'unité du commandement, n'auront plus lieu désormais. Soyez en correspondance habituelle avec le général Bertrand afin de recevoir ses instructions et agir de concert.

BERTHIER A BERTRAND

Mayence, 19 avril.

L'Empereur, monsieur le général Bertrand, a reçu votre rapport du 17 avril concernant le corps bavarois et, en réponse à ce rapport, je vous envoie sous cachet volant les ordres que je donne au général Raglovich ; faites-les lui parvenir après en avoir pris connaissance. L'Empereur met sous vos ordres ce général, ainsi que le corps bavarois qu'il commande, et j'en donne avis à Sa Majesté le roi de Bavière. Mettez-vous en correspondance avec le général Raglovich, donnez-lui vos ordres et instructions, et faites-moi connaître la situation et l'emplacement de ses troupes.

BERTHIER A MARCHAND

Mayence, 19 avril.

Je vous préviens, général, qu'une brigade de troupes wurtembergeoises doit arriver le 20 de ce mois à Wurzbourg. Je lui donne l'ordre de se diriger sur Hildburghausen ; faites-lui parvenir sur ce point des ordres ultérieurs et donnez-moi connaissance de sa marche.

2

Le prince Émile de Hesse sera le 20 à Wurzbourg ; il en partira avec la colonne wurtembergeoise afin de ne pas marcher isolément et se rendra avec elle sur Hildburghausen.

L'intention de l'Empereur, général, est que vous réunissiez toutes les troupes de Hesse et que vous les mettiez sous les ordres du prince Émile. Ces troupes en serviront mieux et le prince en sera plus satisfait.

L'Empereur ordonne également que vous réunissiez les régiments wurtembergeois à votre corps ; par ce moyen, vous aurez deux divisions, l'une de troupes wurtembergeoises et l'autre de troupes de Bade, de Hesse et du prince Primat. Vous placerez les bataillons du prince Primat avec celle des deux brigades badoise ou hessoise qui sera la plus faible.

Ayez soin, général, de me faire parvenir le plus tôt possible un état bien exact et bien complet de la situation et de l'emplacement des troupes sous vos ordres.

BERTHIER A FRANCQUEMONT

Mayence, 19 avril.

L'Empereur ordonne, monsieur le général de Francquemont, qu'avec toutes les troupes wurtembergeoises qui doivent être réunies le 20 à Wurzbourg, vous continuiez votre mouvement pour vous porter sur Hildburghausen où vous recevrez de nouveaux ordres de M. le général de division comte Marchand. Envoyez près ce général à Meiningen un officier pour lui faire connaître d'une manière précise votre marche et envoyez-moi aussi la copie de votre itinéraire, ayez soin de marcher militairement, en ordre et vos bagages réunis sous escortes.

BERTHIER A NEY

Mayence, 19 avril.

Je vous ai envoyé, prince, le détail des troupes wurtembergeoises qui viennent d'être mises dernièrement en marche et qui doivent arriver demain 20 à Wurzbourg. Je leur donne l'ordre de se porter de là sur Hildburghausen, et je préviens le général Marchand qu'il est nécessaire qu'il leur envoie sur ce point des ordres ultérieurs. Veillez à ce qu'elles en reçoivent pour continueur leur mouvement.

Le prince Emile de Hesse se rendra avec les Wurtembergeois à Hildburghausen. Je prescris au général Marchand de réunir toutes les troupes de Hesse et de les mettre sous les ordres du prince Emile. Ces troupes en serviront mieux et le prince sera plus satisfait.

J'ordonne aussi au général Marchand de réunir les régiments wurtembergeois à son corps ; par ce moyen il aura deux divisions, l'une de troupes wurtembergeoises et l'autre de troupes de Bade, de Hesse et du prince Primat. Il mettra les bataillons du prince Primat avec celle des deux brigades hessoise ou badoise qui sera la plus faible.

L'Empereur me charge de vous faire connaître, prince, que votre corps ne doit pas occuper Gotha, afin que cette place puisse servir aux troupes du duc de Raguse et du duc d'Istrie. Sa Majesté vous recommande aussi de veiller à ce que les convois d'artillerie et les équipages militaires n'aillent de l'un à un autre endroit que bien escortés, car jusqu'à ce que nous ayons pris la ligne de la Saale et rejeté l'ennemi sur la rive droite de cette rivière, il est à craindre que nous ne soyons inquiétés par sa cavalerie légère.

BERTHIER AU PRINCE ÉMILE DE HESSE

Mayence, 19 avril.

L'Empereur, prince, me charge de prévenir Votre Altesse, qu'il est nécessaire qu'elle parte sans délai pour être rendue le 20 à Wurzbourg. Vous vous y réunirez à la colonne wurtembergeoise afin de ne pas marcher isolément et, de là, vous vous dirigerez avec cette colonne sur Hildburghausen, où vous trouverez votre division. Je donne ordre au général Marchand de la réunir sous le commandement de Votre Altesse.

BERTHIER A BESSIÈRES

Mayence, 19 avril.

L'Empereur vous recommande, monsieur le maréchal, de prendre les plus grandes mesures pour que les communications de Gotha à Erfurt soient sûres ; s'il y a des ponts, il faut y faire construire sur-le-champ des tambours, afin que les corps de garde soient à l'abri des Cosaques ; je préviens le prince de la Moskova que son corps ne doit pas occuper Gotha, afin que cette place puisse servir à vos troupes et à celles du duc de Raguse.

Sa Majesté vous recommande aussi, monsieur le maréchal, de veiller à ce que les convois d'artillerie et des équipages militaires n'aillent d'un endroit à un autre que bien escortés, car jusqu'à ce que nous ayons pris la ligne de la Saale et rejeté l'ennemi sur la rive droite de cette rivière, il est à craindre que nous ne soyons inquiétés par sa cavalerie légère.

BERTHIER AU ROI DE BAVIÈRE

Mayence, 19 avril.

Sire, l'Empereur est arrivé et commande son armée en personne. L'armée du Main est en mouvement sur tous les points et les forces imposantes dont elle est composée vont bientôt prendre l'offensive. Le duc d'Istrie et la garde impériale sont à Eisenach. Le corps du duc de Raguse est à Gotha. Le prince de la Moskova est arrivé le 18 à Erfurt, et le IVe corps se réunit à Bamberg et Cobourg, tandis que le Vice-Roi, avec une armée de plus de cent mille hommes occupe la basse Saale et appuie sa gauche à l'Elbe. L'Empereur a été instruit par le général Bertrand de la réunion du corps bavarois aux ordres du général Raglovich ; la position qu'occupe actuellement ce corps exige, ainsi que Sa Majesté le sentira parfaitement, qu'il agisse de concert avec le IVe corps d'armée, et cette considération a déterminé l'Empereur à le mettre sous les ordres de M. le général Bertrand. J'écris en conséquence au général Raglovich ; je lui mande que le corps du général Bertrand ayant ordre de se porter à Cobourg, l'intention de l'Empereur est qu'il concentre tout le corps bavarois sur les hauteurs d'Ebersdorf, occupant le pont de la Saale et éclairant Schleiz par des patrouilles.

Votre Majesté sent combien il est important que dans les circonstances présentes, il n'y ait aucune hésitation dans l'esprit des généraux au sujet de l'unité du commandement. Je ne puis qu'engager Votre Majesté à faire donner à cet égard des ordres précis au général commandant les troupes bavaroises, car il paraîtrait, par la correspondance du général Bertrand, qu'il y a eu dans les premiers moments un peu d'incertitude.

L'Empereur me charge aussi, Sire, de demander à Votre Majesté, si le général de Wrede n'est pas en état de servir, ou si elle ne se propose pas de lui donner le commandement de ses troupes.

BERTHIER AU ROI DE SAXE

Mayence, 19 avril.

Sire, l'Empereur me charge de faire connaître à Votre Majesté qu'il est bien nécessaire que la cavalerie saxonne qu'il a demandée, se mette sans délai en mouvement en ce moment où nos armées s'avancent de tous les points pour reprendre l'offensive. J'engage Votre Majesté à vouloir bien donner ses ordres pour que cette cavalerie rejoigne le plus tôt possible ou le corps du général Bertrand, qui est à Bamberg et Cobourg, ou celui du prince de la Moskova, qui est sur Erfurt.

J'ai l'honneur d'informer Votre Majesté, que le général comte Reynier est retourné prendre le commandement du VIIe corps. Aussitôt que les communications vont être rouvertes, il se rendra à Torgau.

L'Empereur, Sire, désire que Votre Majesté veuille bien donner des ordres positifs pour que toutes les incertitudes qui se sont élevées dans les derniers temps, n'aient plus lieu, et que la place et les troupes soient sous les ordres de Sa Majesté sans aucune restriction. Votre Majesté sent combien cela est important pour le bien du service et le succès des opérations.

BERTHIER AU BARON DE SERRA

Mayence, 19 avril.

Je vous envoie, monsieur le baron de Serra, une note qui vous fera connaître l'emplacement actuel de la Grande Armée.

J'écris au roi de Saxe pour l'engager de nouveau à faire partir le plus promptement possible sa cavalerie, afin qu'elle rejoigne ou le corps du général Bertrand qui est à Bamberg et Cobourg, ou celui du prince de la Moskova qui est sur Erfurt ; instruisez-moi de ce qui sera ordonné à cet égard. Je préviens aussi le roi que le général Reynier est retourné prendre le commandement du VIIe corps et, qu'aussitôt que les communications vont être rouvertes, il se rendra à Torgau ; j'ai prié le roi de donner des ordres positifs, pour que toutes les incertitudes qui se sont élevées dans les derniers temps, n'aient plus lieu, et que la place et ses troupes soient sous les ordres de l'Empereur sans aucune restriction.

Au Ministre de France à Munich ; au Ministre de France à Wurzbourg ; au Ministre de France à Stuttgard.

Envoi de la note d'emplacement de l'armée.

BERTHIER A NEY

Mayence, 19 avril.

Monsieur le prince de la Moskova, l'Empereur vient de recevoir votre lettre du 17 à 2 heures après-midi dans laquelle vous annoncez votre arrivée à Erfurt. Sa Majesté désire que vous fassiez connaître en détail tous les mouvements de vos divisions.

La division Bonet était le 17 au soir à Eisenach ; l'Empereur pense qu'il est nécessaire de se rassembler et de marcher en grande force ; nous avons des jeunes troupes et affaire à un ennemi qui fait des mouvements dont on ne pénètre pas encore le but. Sa Majesté croit, qu'avant d'envoyer des partis au delà d'Erfurt, vous aurez attendu la réunion de votre corps. Je vous ai écrit ce matin que l'Empereur désirait que le général Marchand qui sera, demain 20, renforcé du corps wurtembergeois, occupe le pays entre Erfurt et Cobourg afin de vous lier avec le général Bertrand et couvrir Wurzbourg, et lorsque le général Bertrand sera en mesure de se porter sur Saalfeld, servir d'intermédiaire entre vous et Saalfeld.

Je vous ai mandé que les Bavarois réunis occupent les hauteurs d'Ebersdorf tenant le pont de la Saale, afin de nous purger de tous les partis de cavalerie légère ennemie qui sont sur la rive gauche de la Saale.

Les Bavarois qui sont sur les hauteurs d'Ebersdorf auraient la droite ; le général Bertrand sur Saalfeld et qui, plus tard, pourrait se porter sur Iéna, vos quatre divisions, celles du duc de Raguse, et la garde seraient sur Dornburg et Naumbourg. Ce mouvement demanderait à être fait avec quelques précautions et, une fois opéré, le IV° corps, le III°, le VI° et la garde se trouveraient sur la ligne de la Saale dans un même champ de bataille.

Il paraîtrait, monsieur le maréchal, que l'ennemi a envoyé une colonne sur Cassel, le 17 ; cette colonne s'est portée sur le général westphalien qui était à Heiligenstadt, ce qui a obligé ce général à se reployer sur Witzenhausen. Il paraît que c'est un corps de partisans ; on assure cependant avoir vu deux bataillons russes et six pièces de canon. L'Empereur espère que le général Bonet qui est arrivé le 17 au soir à Eisenach, aura marché sur les derrières de ce corps et dégagé Cassel. Il paraîtrait qu'une autre colonne s'est portée par Halle sur Nordhausen pour se jeter dans le Hartz, d'où il résulte que la rive gauche de la Saale est inondée de partis ennemis dont il faut se garder, qu'il faut couper et rejeter sur la rive droite.

Le 17, le général Latour Maubourg a dû faire une forte reconnaissance sur Eisleben.

BERTHIER AU COLONEL JOUARDET

Mayence, 19 avril

Il est ordonné à monsieur le colonel en 2ᵉ Jouardet de partir ce soir en poste pour prendre le commandement de la citadelle de Vurzbourg.

M. Jouardet, en passant à Francfort, y verra le maréchal, duc de Castiglione, il lui présentera cet ordre et prendra ses instructions et verra à son arrivée le ministre de l'Empereur près du grand duc.

INSTRUCTION POUR M. LE COLONEL EN 2ᵉ JOUARDET COMMANDANT LA CITADELLE DE WURZBOURG.

L'intention de l'Empereur, monsieur, est qu'arrivé à Wurzbourg, vous preniez connaissance des troupes qui se trouveraient, tant dans la ville que dans la citadelle. Sa Majesté ordonne que vous logiez et couchiez à la citadelle. Vous aurez soin que la place soit en bon état ; vous tiendrez des postes aux portes de la ville ; vous ferez lever les ponts-levis ; vous disposerez les choses de manière à défendre la ville contre des partis de cosaques et troupes de cavalerie, ayant soin d'avoir toujours votre retraite assurée dans la citadelle. La ligne de l'armée sera de Wurzbourg par Fulde et Eisenach. L'intention de l'Empereur est qu'on ne laisse plus partir de Wurzbourg pour l'armée aucun homme isolé. Vous attendrez qu'il y ait 800 hommes réunis ; vous en formerez un bataillon de marche sous la dénomination de 1ᵉʳ bataillon de marche de Wurzbourg, et vous les dirigerez sur l'armée par Fulde et Eisenach.

Les 800 hommes que vous réunirez ensuite prendront la dénomination de 2ᵉ bataillon de marche de Wurzbourg. Vous les mettrez en route comme les premiers, et ainsi de suite vous formerez les 3ᵉ et 4ᵉ bataillons de marche, à fur et à mesure que vous aurez réuni 800 hommes ; vous aurez soin de m'envoyer la composition de ces différents bataillons de marche et leur itinéraire.

Vous avez trop de connaissances militaires, monsieur, pour ne pas sentir toute l'importance de cette mesure qui, seule, peut éviter la perte d'hommes qui voyageraient isolément ou en petits détachements. Ces bataillons bien organisés et les commandants désignés, vous les rendrez responsables des hommes qu'ils seront chargés de conduire.

Vous aurez soin, monsieur, de m'envoyer tous les jours, la situation, et vous en rendrez compte indépendamment de cela au duc de Castiglione, et vous verrez le ministre de l'Empereur à Wurzbourg afin de faire lever toutes espèces de difficultés qui pourraient survenir relativement à votre commandement.

BERTHIER A BERTRAND

Mayence, 19 avril.

L'Empereur me charge de vous faire connaître qu'il est infiniment important de ne mettre en marche aucun homme isolé, ni aucun petit détachement. Sa Majesté trouve convenable que vous laissiez quelqu'un à Bamberg pour y réunir les traînards et hommes isolés que l'on y gardera jusqu'à la concurrence de 800 hommes qui seront successivement organisés en bataillon. Ce bataillon prendra la dénomination de 1er bataillon de marche de Bamberg, ainsi successivement et suivant les numéros à fur et à mesure de la réunion de 800 hommes. Ces bataillons, sans attendre d'autres ordres, pourront joindre les 2e et 3e divisions et marcher avec elles ; mais aussitôt que les 2e et 3e divisions seraient passées, les bataillons formés à Bamberg se rendraient à Wurzbourg où ils se réuniraient et où ils y attendraient des ordres ultérieurs de l'état-major général qui leur fera connaître la route qu'ils devront suivre.

Sa Majesté ordonne également, général, qu'une fois la 3e division passée vous changiez votre ligne de route, et que vous la fassiez passer directement d'Augsbourg sur Wurzbourg, place où les hommes isolés de votre corps seront réunis en bataillon de marche et attendront mes ordres pour rejoindre.

Wurzbourg a une bonne citadelle et une enceinte bastionnée qui met cette ville à l'abri d'un coup de main ; tous les dépôts qui se trouveront là seront en sûreté et hors de danger de tout événement.

L'Empereur ordonne que vous fassiez faire le croquis de la reconnaissance de la route de Bamberg à Cobourg et Meiningen et de Cobourg à Saalfeld, et enfin la reconnaissance de la route la plus directe de Cobourg sur Erfurt. M. Bonne, colonel commandant les ingénieurs géographes, enverra à votre état-major l'échelle que nous avons adoptée pour nos reconnaissances. Il faut particulièrement faire connaître la largeur des rivières, les postes et les villages qui seraient par leur enceinte à l'abri d'un coup de main de la part de l'ennemi.

BERTHIER AU COLONEL BONNE

Mayence, 19 avril.

L'Empereur ordonne, monsieur le colonel Bonne, qu'aussitôt la réception de ma lettre, vous donniez vos ordres et vos instructions à l'ingénieur géographe que vous jugerez le plus capable, qui se rendra en poste à Wurzbourg ; il fera le figuré et le croquis de la route de Wurzbourg à Fulde. Le même ingénieur, après cela, fera la reconnaissance et le croquis de la route de Wurzbourg à Meiningen et Gotha. Donnez l'ordre à un autre ingénieur géographe de faire le croquis de la reconnaissance de la route de Francfort à Gotha ; déterminez l'échelle de toutes ces reconnaissances ; il y en avait une déterminée pour l'année dernière dont je ne me rappelle plus.

Il faut dans l'instruction dire aux ingénieurs de déterminer la largeur et la longueur des ponts, bacs ou gués, la largeur des rivières ou ruisseaux.

Faire connaître la nature des bacs ou bateaux, les ponts en pierre ou en bois ; désigner les postes et les villages qui, par leur enceinte, sont à l'abri d'un coup de main ou qui peuvent y être mis avec quelques palissades, la nature des chemins, des bacs et la population.

Par l'estafette qui porte cette lettre, envoyez au général Bertrand qui est à Bamberg où il commande le IVe corps, et auquel j'ai écrit de faire reconnaître différentes routes, l'échelle convenue, et les instructions que vous donnez aux ingénieurs ; aussitôt que vous aurez fait faire les reconnaissances, faites-en faire des huilés que vous m'adresserez.

BERTHIER A KIRGENER

Mayence, 19 avril

L'Empereur ordonne, monsieur le général Kirgener, que vous fassiez faire pour le compte du génie, la reconnaissance et le croquis de la route de Francfort à Gotha, et surtout de bien connaître les ponts et les défilés existants de Hanau à Gotha et, d'après cette reconnaissance, vous aurez soin de proposer ce qui serait nécessaire pour nous assurer le passage de la Fulda et de la Verra et les montagnes de la Thuringe du côté d'Eisenach ; vous ferez également reconnaître le parti que l'on pourrait tirer de l'enceinte des villages et des palissades que l'on pourrait établir pour se mettre à l'abri des incursions des partis de l'immense cavalerie légère de l'ennemi.

BERTHIER A MONTHION

Mayence, 19 avril

Monsieur le général Monthion, excepté les officiers que j'ai demandés nominativement, mes secrétaires, mes briskas et leurs chevaux, vous devez rester avec tous les autres officiers près du Vice-Roi, car il est possible que d'un moment à l'autre, nous nous portions en poste à son quartier général. Alors je vous réunirai à moi et le général Grenier vous remplacerait. Ce changement se trouvera fait sans qu'on s'en aperçoive et sans nuire au service. Conformez-vous exactement à cette disposition ; renvoyez-moi le colonel Lanaux et le chef de bataillon Margesin. Je pense que toutes les voitures du quartier général sont numérotées et en ordre. Envoyez-m'en l'état. Voyez Son Altesse Impériale le Vice-Roi, afin d'organiser, sur le papier, l'état-major de l'armée de l'Elbe, mais n'exécutez rien sans un ordre signé de moi. Continuez à m'écrire souvent.

BERTHIER A GUILLEMINOT

Mayence, 19 avril.

Monsieur le baron Guilleminot, d'après les ordres de l'Empereur, vous ferez partir demain de Francfort tout ce qui s'y trouve et qui appartient au quartier général impérial et qui est porté sur l'état que vous m'avez adressé. S'il y a d'autres officiers arrivés depuis, vous les ferez également partir pour vous rendre à Fulda : vous marcherez dans le plus grand ordre en suivant l'itinéraire ci-joint. Vous nommerez un adjudant commandant ou tout autre officier supérieur disponible pour faire les fonctions de vaguemestre de votre colonne; les voitures, les chevaux de main seront réunis et marcheront en ordre dans le rang qui leur est assigné par le règlement du service de campagne, et notamment par le décret de l'Empereur sur les équipages des officiers de l'armée, en date du 22 février. Vous veillerez personnellement à ce que les voitures soient numérotées et qu'il n'y ait rien au delà de ce que prescrit le décret. Le général de division Radet marchera avec vous et emmènera la gendarmerie qui se trouve à Francfort sous ses ordres, elle servira d'escorte. Ce général aura soir de laisser des ordres pour réunir ce qui doit arriver pour compléter les 50 hommes, et donnera des instructions pour qu'ils suivent leur route sur Fulda. Le général Gomes Freyre et tout autre, à la suite de l'état-major général, marcheront avec votre colonne. Il vous est ordonné de faire arrêter tout ce qui marchera isolément ; tous les soirs, vous ferez parquer les voitures à l'entrée des lieux où l'on couchera. Vous établirez une garde. L'Empereur veut que toutes les voitures soient parquées et qu'il n'y ait que les chevaux de bât qui puissent se rendre dans les logements des officiers généraux et autres pour y porter leurs effets. Envoyez-moi l'état de ce qui compose votre colonne en officiers, l'état des voitures et chevaux, et l'ordre de votre marche ; faites lire cet ordre au général Radet pour lequel il est commun et qui veillera avec la gendarmerie à son exécution, n'ayant pas le temps de lui envoyer un duplicata.

Toute voiture qui ne voyagerait pas dans l'ordre ordonné, serait brûlée et les chevaux confisqués.

BERTHIER A PONIATOWSKI

Mayence, 20 avril.

Je vous envoie, Prince, l'officier polonais commandant l'escadron de la garde qui est à Cracovie.

L'Empereur est arrivé à Mayence, Sa Majesté commande son armée en personne, elle va porter son quartier général à Erfurt et, de là, sur l'Elbe. Aussitôt que les opérations seront commencées, ce qui ne tardera pas d'avoir lieu, l'Empereur vous enverra, ainsi qu'au général commandant le corps d'armée autrichien, l'ordre de dénoncer l'armistice, et de prendre une bonne position afin d'inquiéter les Russes, et d'attirer une partie de leurs forces ; Sa Majesté entre en campagne avec six corps d'armée.

Cette lettre-ci, Prince, ne doit être considérée que comme préparatoire, je vous écrirai plus tard et dans de plus grands détails.

Je vous préviens que je vais faire fournir les fonds nécessaires pour monter et équiper les 300 chevau-légers de la garde qui sont à Cracovie.

— Même lettre au général Frimont, moins le dernier paragraphe.

BERTHIER A FRIMONT

Mayence, le 20 avril.

On lui donne avis des dispositions ci-dessus et tous les détails concernant la situation de l'armée.

BERTHIER A PONIATOWSKI

Mayence, le 20 avril.

Je vous ai écrit ce matin, prince, par l'officier polonais commandant l'escadron de la garde qui est à Cracovie.

Cette lettre-ci vous sera remise par M. le secrétaire d'ambassade Rumilly : je vous envoie les ordres que je donne au commandant du bataillon français qui est en Pologne, au commandant de l'escadron de chevau-légers de la garde et au commandant des troupes saxonnes, de se trouver sous vos ordres et de suivre en tout le sort du corps d'armée polonais, les uns et les autres feront partie du VIIIe corps.

L'Empereur part, demain 21, de Mayence et, aussitôt que les opérations seront commencées, il vous enverra, ainsi qu'au général commandant le corps autrichien, l'ordre de dénoncer l'armistice ; vous appuierez le général Frimont, et vous ferez d'ailleurs, tout ce qui vous sera possible pour donner de l'inquiétude à l'ennemi et attirer au delà de la Vistule les troupes ennemies qui sont restées du côté de l'Oder.

BERTHIER A FRIMONT

Mayence, 20 avril.

Je vous ai écrit ce matin, général, par l'officier polonais commandant l'escadron de la garde impériale qui est à Cracovie Cette lettre-ci vous sera remise par M. le secrétaire d'ambassade Rumilly.

L'Emperereur part, demain 21, de Mayence, et, comme je vous l'ai mandé ce matin, aussitôt que les opérations seront commencées, Sa Majesté vous enverra, ainsi qu'au prince Poniatowski, l'ordre de dénoncer l'armistice. Le prince Poniatowski vous appuiera en faisant, d'ailleurs, tout ce qui sera possible pour donner de l'inquiétude à l'ennemi et attirer au delà de la Vistule les troupes ennemies qui sont restées du côté de l'Oder.

BERTHIER A PONIATOWSKI

Mayence, 20 avril 1813, 6 heures du soir.

Mon prince, j'ai rendu compte à l'Empereur des craintes que vous avez que l'armée autrichienne venant à repasser la Vistule, on ne vous propose de passer par la Bohême en posant les armes pour rejoindre la Grande Armée. Les Autrichiens sont trop militaires pour faire une proposition déshonorante à leurs alliés. Sa Majesté vous autorise à tout, hors à vous déshonorer. Ce serait vous déshonorer que de poser vos armes, dans quelque supposition que ce fût ou quelqu'explication que l'on voulût y donner.

BERTHIER A NARBONNE

Mayence, 20 avril.

L'Empereur, monsieur le général Narbonne, me charge de vous faire connaître qu'il n'entend pas que le corps du prince Poniatowski pose les armes pour quelque considération que ce puisse être. Sa Majesté préférerait apprendre la mort des 15.000 Français et Polonais qui sont à Cracovie plutôt que de leur voir poser les armes. Sa Majesté ne fait aucun cas de la vie d'hommes qui se seraient déshonorés.

Voilà, monsieur le comte, quelle est la pensée de l'Empereur, du reste Sa Majesté vous recommande de ne rien dire qui puisse déplaire à la cour de Vienne. L'Empereur est sûr d'elle, il ne faut pas même la faire rougir de la proposition qu'elle a faite de faire poser les armes.

BERTHIER A TESTE

Mayence, 20 avril.

L'Empereur ordonne, monsieur le général Teste, que vous vous mettiez en marche, à la tête des deux bataillons que vous avez sous vos ordres, pour vous rendre à Cassel où vous resterez jusqu'à nouvel ordre. Vous serez sous les ordres de Sa Majesté le roi de Westphalie qui vous complètera une division avec ses troupes. Envoyez un officier au roi pour lui faire connaître votre marche, et adressez-moi le plus tôt possible, copie de votre itinéraire.

BERTHIER A NEY

Mayence, 21 avril.

Votre aide de camp, porteur de vos lettres du 19, n'est arrivé qu'aujourd'hui à midi avec l'officier prussien que l'Empereur a questionné longtemps. Nous avons eu des nouvelles du Vice-Roi, du 18, et il n'apercevait rien. Nous en avons également du 18 du général Vandamme, tout allait bien de son côté. Le général Bertrand doit être le 18 à Cobourg ; l'Empereur a envoyé ce matin son aide de camp, le colonel Bernard, à Erfurt : il vous recommande, de la part de Sa Majesté, d'y reconnaître une belle position pour y réunir toute l'armée et y recevoir bataille s'il y avait lieu. Je ne vous réexpédierai que demain votre aide de camp.

BERTHIER AU ROI DE WESTPHALIE

Mayence, 21 avril.

Sire, l'Empereur me charge d'avoir l'honneur de vous donner connaissance que le prince de la Moskova est arrivé le 18 à Erfurt, et que le général Souham, commandant sa première division, se portait sur Weimar. Le général Laboissière, en marchant sur cette ville, a rencontré 400 Prussiens qui ont voulu tenir dans la ville : ils ont été culbutés ; quatre officiers ont été pris dont un aide de camp du général Blücher ; une centaine d'hommes ont été fait prisonniers. Sa Majesté désire que vous fassiez part de cela au Vice-Roi.

BERTHIER A FRANCQUEMONT

Mayence, 21 avril.

Monsieur le général Francquemont, je vous ai donné l'ordre de vous porter sur Hildburghausen, et je vois par l'itinéraire que vous m'adressez que vous n'arrivez que le 26. Le général Marchand, sous les ordres de qui vous êtes, a l'ordre de réunir votre 4ᵉ régiment afin que votre corps soit entièrement rassemblé. Si le général Marchand ne vous a envoyé aucun ordre contraire, continuez votre mouvement sur Hildburghausen : mais si ce général vous a donné un autre ordre, vous devez l'exécuter ; comme le général Marchand est en avant et est à portée de recevoir des ordres du prince de la Moskova, il est à même de vous prescrire ce que vous devrez faire d'après les circonstances. Cet ordre sera porté par un officier de mon état-major qui suivra votre mouvement et me fera connaître les ordres que vous aurez reçus du général Marchand. Je me félicite, monsieur le général, d'être en relations directes avec vous. Indépendamment des comptes que vous rendez au général Marchand, il me sera utile d'en recevoir directement de vous pour tout ce qui pourra intéresser le service.

BERTHIER A MARCHAND

Mayence, 21 avril.

Monsieur le général Marchand, j'ai donné l'ordre au général Francquemont de se porter sur Hildburghausen, il doit partir demain 22 de Wurzbourg. Vous trouverez ci-jointe la copie de la lettre que je lui écris. Comme la première journée qu'il fait demain se trouve sur la route commune qui conduit à Meiningen et à Hildburghausen, vous serez à temps de lui donner la direction que vous avait transmise le prince de la Moskova. L'Empereur voit de l'inconvénient à ce que vos troupes passent par Eisenach, parce que le mouvement laisse notre flanc droit à découvert et que d'ailleurs cette route est encombrée. Sa Majesté préférerait donc que votre corps se portât sur Ilmenau et sur Kœnigsee, éclairant ce qui se passerait sur la route de Saalfeld et de Rudolstadt.

Le général Bertrand est arrivé le 21 à Cobourg et il a fait porter une reconnaissance sur Saalfeld. L'Empereur désire qu'avec une de vos divisions vous formiez l'intermédiaire entre Erfurt et Saalfeld pour lier le général Bertrand et le prince de la Moskova, et communiquer fréquemment avec le général Bertrand, afin de vous secourir mutuellement. Faites connaître à ce général la marche de vos colonnes jour par jour, et placez-vous tous les soirs militairement ; n'envoyez aucune reconnaissance de cavalerie qu'elle ne soit soutenue par de l'infanterie.

BERTHIER A BERTRAND

Mayence, 21 avril.

L'Empereur, monsieur le général Bertrand, a reçu votre lettre du 20 ; la reconnaissance que vous avez envoyée sur Saalfeld aurait dû être composée de troupes légères ; il ne faut jamais compromettre par une pareille opération de guerre, un aussi beau et bon régiment que le 13e régiment d'infanterie de ligne, ce sont de ces troupes qu'il faut garder pour décider une affaire. Sa Majesté pense que le commandement de cette reconnaissance aurait été bien entre les mains d'un général, comme le général Briche qui parle allemand, qui a l'habitude des avant-gardes et pas de s'éclairer et d'être toujours sur le qui-vive. Vous n'avez mis que douze chevaux à cette avant-garde ; il en fallait mettre une centaine ; il aurait aussi fallu ne pas lui prescrire d'aller en deux jours à Saalfeld. Cette avant-garde pouvait mettre trois à quatre jours, ce qui lui aurait donné le temps de s'informer de ce qui se passe, faire de petites journées de marche, afin de pouvoir se placer militairement et n'avoir aucun traîneur, et enfin être par là prêt à faire une grande marche si les événements le rendaient nécessaire. L'Empereur pense, général, que vous devez envoyer sur-le-champ un aide de camp pour que la reconnaissance que vous avez envoyée sur Saalfeld ne se compromette pas, et qu'il serait convenable de faire partir la division Morand pour prendre position à mi-chemin et l'appuyer.

Si le prince de la Moskova a fait occuper effectivement Rudolstadt et Ilmeneau, et si les Bavarois se sont portés sur Ebersdorf, la reconnaissance se trouvera mieux appuyée. Sa Majesté s'attend à apprendre que vous serez arrivé ce matin à Cobourg et que, dans la journée de demain, elle recevra de vous des renseignements que vous aurez pu avoir sur l'ennemi à Schleiz, Zwickau et Plauen. La journée de demain paraît nécessaire à vos deux divisions pour se reposer, je vous envoie la copie des lettres que j'écris au général Marchand et au général Francquemont. Il est très important que vous ayez une communication rapide avec le général Marchand et avec le prince de la Moskova. Faites venir sur Bamberg votre 2ᵉ et votre 3ᵉ divisions : on pense que votre 3ᵉ division pourra arriver le 25 ou le 26.

Maintenez toujours le pain pour quatre jours sur le sac du soldat et ayez vos caissons militaires chargés de farine. Les nouvelles que nous avons du prince de la Moskova sont du 20.

BERTHIER A NEY

Mayence, 21 avril

Monsieur le maréchal, je vous envoie la copie de la lettre que j'écris au général Bertrand, au général Marchand et au général Francquemont, commandant les Wurtembergeois. Correspondez avec le général Bertrand qui pourrait être le 25 ou le 26 à Saalfeld.

La reconnaissance qu'il y a envoyée a dû y arriver le 22, mais comme elle est spécialement composée de trois bataillons, faites-la prévenir qu'elle se reploie si vous craignez, par les nouvelles que vous pouvez avoir de l'ennemi, qu'elle ne soit compromise.

BERTHIER A BESSIÈRES

Mayence, 21 avril.

Je vous envoie, monsieur le maréchal, l'extrait des lettres que je reçois de Westphalie en date du 20. L'Empereur désire que vous vous mettiez en communication avec le général Hammerstein. Sa Majesté espère que vous aurez senti l'importance de sauver Cassel.

BERTHIER A NEY

Mayence, 22 avril.

Monsieur le prince de la Moskova, vous trouverez ci-joint la copie de la lettre que j'écris au Vice-Roi.

Aujourd'hui, comme je vous l'ai mandé, une reconnaissance de l'avant-garde du corps du général Bertrand a dû arriver à Saalfeld. Ce général se sera reposé aujourd'hui 22 à Cobourg. Je lui mande de se mettre en marche avec son corps pour Saalfeld, mais si vous avez lieu de penser que cette marche ait quelques inconvénients, envoyez à la rencontre du général Bertrand, afin qu'au lieu de prendre la route directe, il prenne par la route de gauche.

L'intention de l'Empereur, prince, est d'occuper la rive gauche de la Saale afin de ne laisser passer aucun parti. Vous ferez occuper Iéna et Naumbourg. Ces villes, ayant une enceinte, peuvent être mises facilement à l'abri des cosaques.

L'Empereur attend de vos nouvelles.

BERTHIER AU VICE-ROI

Mayence, 22 avril.

Monseigneur, l'Empereur est encore aujourd'hui 22, à Mayence. Le corps du prince de la Moskova ne pouvant être entièrement réuni que le 24, il est nécessaire que Votre Altesse Impériale occupe Querfurt, afin que la communication soit directe avec le prince de la Moskova qui va faire occuper les hauteurs de Naumbourg.

Vous devez, prince, détruire les ponts que l'ennemi aurait sur la Saale près Wettin ; occuper Halle et Mersebourg, comme têtes de ponts, et mettre ces places à l'abri des cosaques, en palissadant les portes. Occupez d'abord Halle et, après, Mersebourg.

L'intention de l'Empereur est de garder toute la Saale et d'empêcher l'ennemi de jeter aucun pont sur la rive gauche de cette rivière. Vous devez être sur le qui-vive et très alerte pour marcher sur

3

l'ennemi, s'il voulait prendre l'offensive par Iéna et Naumbourg. Aussitôt que vous croirez le danger suffisamment passé du côté du Weser, l'Empereur désire que vous fassiez rentrer le général Bourcier à Hanovre.

BERTHIER A BERTRAND

Mayence, 22 avril.

Monsieur le général Bertrand, je vous envoie la copie des lettres que j'écris au Vice-Roi et au prince de la Moskova. L'intention de l'Empereur est que vous continuiez votre mouvement sur Saalfeld : néanmoins vous verrez que vous êtes dans le cas de recevoir des ordres du prince de la Moskova qui changerait la direction de votre marche, s'il le jugeait nécessaire.

BERTHIER A BERTRAND

Mayence, 23 avril.

Monsieur le général Bertrand, je n'ai rien à ajouter aux lettres que je vous ai écrites le 20. Celles du 21 que je reçois de vous, ainsi que celle que vous avez écrite à l'Empereur, ne contiennent aucun détail sur l'ennemi ; il eût été cependant bien important que vous eussiez fait connaître ce que vous pouvez avoir appris à Cobourg et sur votre route. Il est possible que l'Empereur parte cette nuit pour Eisenach. Vos 2e et 3e divisions et votre batterie de réserve doivent marcher ensemble ; je ne puis que vous le répéter, général, vous ne devez faire passer le Danube qu'à des voitures attelées. Toutes les voitures d'artillerie et d'équipages militaires qui n'auraient pas d'attelage, ne doivent arriver que jusqu'à Augsbourg et ne doivent partir de cette place que quand elles seront attelées et par la route que je vous ai prescrite. Rien n'empêche cependant que la 1re brigade de la division qui arrivera la première à Bamberg, ne se porte à Cobourg afin de servir d'intermédiaire et de garder vos communications. Faites-moi connaître si vous serez le 25 ou le 26 à Saalfeld. Votre mouvement sur Saalfeld doit se faire avec la prudence convenable ; vos communications avec le prince de la Moskova doivent être très fréquentes, afin que vous vous instruisiez réciproquement de tout ce qui se passe. Arrivé à Saalfeld, vous devez porter votre quartier général à Rudolstadt, comme étant plus en mesure, de là, de vous porter sur Erfurt. Faites-nous connaître

quand vos 2° et 3° divisions et votre cavalerie pourront venir nous
rejoindre sur Rudolstadt.

BERTHIER A BESSIÈRES

Mayence, 23 avril.

Je vous préviens, monsieur le maréchal, que le général Teste avec
deux bataillons français est arrivé à Cassel où le roi va lui compléter
une belle division avec ses troupes et son artillerie. Nous apprenons
que le général Hammerstein était lié avec le général Compans et la
garde. Il est possible, monsieur le duc, que l'Empereur parte cette
nuit pour Eisenach d'où Sa Majesté marcherait avec la garde
à pied. Deux bataillons de la vieille garde partis, il y a sept jours
de Paris, sont aujourd'hui à Francfort, et en partent avec deux
batteries de réserve pour se rendre à Eisenach sous les ordres du
général.....

BERTHIER A NEY

Mayence, 23 avril.

Monsieur le maréchal prince de la Moskova, des nouvelles de
Cassel du 22, annoncent que le roi de Westphalie était entièrement
rassuré sur les mouvements de l'ennemi. Le général Teste avec
deux bataillons français est arrivé à Cassel ; le roi va lui compléter
avec ses troupes une belle division d'infanterie et d'artillerie. Le
général Hammerstein devait marcher le 23 sur Nordhausen où il
paraît que l'ennemi avait encore du monde, il est possible, prince,
que l'Empereur soit rendu demain à Eisenach.

Dans vos lettres du 21 vous ne nous donnez aucune nouvelle de
l'ennemi ; il paraît que c'est le général Bertrand qui est le plus
exposé dans la marche qu'il fait sur Saalfeld ; il faut donc être très
alerte pour pouvoir le soutenir s'il y avait lieu.

BERTHIER AU PRINCE EUGÈNE

Mayence, 23 avril.

Monseigneur, l'Empereur a reçu votre lettre du 21. Des nouvelles
de Cassel du 22 font connaître que le roi était rassuré. Le général
Teste avec deux bataillons français est arrivé à Cassel où le roi
va lui compléter une belle division avec l'infanterie et l'artillerie de
ses troupes. Le général Hammerstein a dû marcher aujourd'hui 23 sur

Nordhausen. Je vous envoie par duplicata la lettre que je vous ai écrite hier. Si Eisleben a une enceinte à l'abri des cosaques, ce serait un excellent point à occuper puisqu'il est sur la route de Nordhausen à Mersbourg et Halle. Il est possible que l'Empereur soit demain à Eisenach.

BERTHIER A NEY

Mayence, 24 avril, 10 heures du matin.

Monsieur le maréchal prince de la Moskova j'ai fait lire à l'Empereur votre lettre du 22 au soir. L'arrivée des deux divisions du général Bertrand à Saalfeld et celle du général Marchand paraissent nécessaires avant de commencer notre mouvement. L'intention de l'Empereur est qu'on s'empare d'abord d'Iéna et, en marchant sur Naumbourg, on s'emparerait du pont et des débouchés, en même temps que le vice-roi se porterait sur Halle et Mersbourg ; ce qui compléterait l'occupation de la Saale ; s'il était possible de mettre Iéna à l'abri des cosaques, en construisant une redoute sur les hauteurs pour un bataillon, cette opération serait avantageuse. L'Empereur sera demain dans la journée à Erfurt ou à Gotha.

BERTHIER A BERTRAND

Mayence, 24 avril.

Monsieur le général Bertrand, j'ai mis sous les yeux de l'Empereur votre lettre du 22 à 9 heures du soir, je vous ai déjà écrit pour que vous vous portiez sur Saalfeld avec les précautions convenables. Vos 2e et 3e divisions et votre cavalerie doivent être en mesure d'arriver sur Cobourg. L'Empereur sera demain à Erfurt. Faites-nous connaître précisément le jour où vos deux divisions seront arrivées à Cobourg et où toutes vos troupes prendront la nouvelle ligne que je vous ai tracée.

Donnez surtout des nouvelles de l'ennemi.

Avez-vous envoyé des espions ? Avez-vous interrogé à Cobourg tous ceux qui pouvaient l'être.

BERTHIER A BESSIÈRES

Mayence, 24 avril.

Monsieur le duc d'Istrie, l'Empereur partira ce soir de Mayence à 8 ou 9 heures. Il courra toute la nuit jusqu'à ce qu'il trouve la division de la garde à pied. Il s'arrêtera là où il la trouvera ; si cependant la garde était à Gotha, Sa Majesté ne veut pas s'y arrêter et elle poussera jusqu'à Erfurt. L'Empereur, monsieur le maréchal, désire trouver sa garde en bataille. Sa Majesté la passera en revue et la mettra en marche s'il y a lieu. Envoyez un aide de camp à la rencontre de l'Empereur : il fera connaître où vous êtes, où sont les divisions de la garde et le duc de Raguse.

BERTHIER A OUDINOT

Mayence, 24 avril, à midi.

L'Empereur, monsieur le maréchal, ordonne que vous partiez sur-le-champ en poste pour être arrivé demain matin à Bamberg. Vous y prendrez le commandement de la 2e et de la 3e division du IVe corps qui ont le numéro général de 13e et 14e divisions de la Grande Armée ; la 13e commandée par le général Pacthod et la 14e par le général Lorencez : l'une de quinze bataillons, l'autre de quatorze. Vous aurez l'artillerie attachée à ces deux divisions et une des deux batteries de réserve du IVe corps.

Votre corps prendra le numéro de XIIe corps de la Grande Armée. La 13e division, d'après l'itinéraire que m'a envoyé le général Bertrand, doit coucher ce soir à Forchheim et arriver demain à Bamberg. La 14e division était hier à Anspach, et arrivera le 27 à Bamberg. Deux bataillons de cette division escortent la réserve d'artillerie et doivent arriver le 29 à Bamberg. Une des compagnies des équipages militaires du IVe corps sera attachée à votre corps d'armée qui sera ensuite définitivement formé quand nous aurons fait notre réunion avec les corps de l'Elbe. Ainsi, monsieur le duc, votre corps arrivera à Bamberg du 25 au 27, je donne l'ordre au général Ruty de s'y rendre sur-le-champ pour commander l'artillerie et d'y arriver demain.

D'après ces dispositions, le IVe corps ne sera plus composé que de la 12e et de la 15e division commandées par les généraux Morand et Peyri qui sont avec le général Bertrand.

Ce général a eu l'ordre de se porter avec ses deux divisions sur Saalfeld où son avant-garde est arrivée le 22 et où lui-même arrivera aujourd'hui 24, ou demain 25. L'intention de Sa Majesté est que vous fassiez occuper Cobourg pour y réunir le XIIe corps d'armée, être sur-le-champ en communication avec le général Bertrand et pouvoir appuyer ce général dans sa position de Saalfeld.

L'Empereur aura demain son quartier général à Erfurt. Le corps du duc de Raguse et la garde impériale aux ordres du duc d'Istrie sont à Eisenach, Gotha, Langensalza et les environs ; le corps du prince de la Moskova est à Erfurt et Weimar ; le général Marchand, commandant une division de troupes wurtembergeoises et une division de troupes de Bade et de Hesse, se porte sur Ilmenau. Le prince vice-roi est sur la basse Saale. Les Bavarois occupent Bamberg et Bayreuth : il paraît qu'ils n'ont d'autre ordre de leur souverain que de garder leurs frontières : il faut du moins, monsieur le maréchal que vous en tiriez tous les renseignements qu'ils auraient sur la position de l'ennemi à la droite. Je vous préviens, monsieur le duc, qu'en cas de réunion sur Saalfeld avec le général Bertrand ou le général Marchand ou tout autre, le plus ancien maréchal doit avoir le commandement.

Laissez continuer au général Bertrand, le détail de ce qui est relatif à l'organisation de l'artillerie et des équipages militaires à Augsbourg.

— Ordres subséquents.

BERTHIER A AUGEREAU

Mayence, 24 mai

Je vous préviens, monsieur le maréchal, que je donne l'ordre à M. le maréchal duc de Valmy de faire partir de Mayence le 6e bataillon du 134e régiment d'infanterie bien habillé, bien armé, formant de 7 à 800 hommes, et de le faire diriger sur Wurzbourg où il restera en garnison dans la citadelle. Le duc de Valmy vous fera connaître sa marche. Ce bataillon, joint aux bataillons des 127e et 128e et 129e régiments qui s'y trouvent, portera la garnison française de cette place à 1.500 hommes, ce qui, avec le bataillon du prince Primat et les troupes de Wurzbourg, fera un total de 3.000 hommes.

La compagnie d'artillerie qui est à Wurzbourg va être complétée à 100 hommes par le détachement de 75 hommes parti aujourd'hui de Mayence.

Il se trouve à Wurzbourg un officier d'artillerie : je donne ordre au général Kirgener d'y envoyer un officier du génie, et l'Empereur va faire compléter l'armement de la citadelle.

Prescrivez au général Jouardet qui commande à Wurzbourg de faire faire le service des escortes par les troupes du prince Primat et celles de Wurzbourg, et de garder intactes dans la citadelle les troupes françaises, surtout le bataillon du 134° qui doit achever de s'y former. Prescrivez à ce commandant de faire fermer les portes de la ville la nuit, et de se tenir en mesure de défendre la citadelle, et même la ville, contre tout parti de troupes légères ennemies qui pourraient se présenter.

L'Empereur donne ordre au général Delaborde de se rendre à Wurzbourg pour y commander les 14 bataillons de voltigeurs de la garde qui reçoivent les conscrits des six années. Ces bataillons se rendront à Wurzbourg à mesure qu'ils seront réunis à Mayence.

— Lettre subséquente d'après celle ci-dessus.

BERTHIER A LEBRUN

Mayence, 24 avril.

Monsieur le duc de Plaisance, l'Empereur reçoit la nouvelle que le régiment provisoire de marche que le duc de Raguse a mis en mouvement est arrivé à Eisenach ; cela étant, l'Empereur pense qu'il est convenable que vous vous portiez avec vos deux divisions à Eisenach, où vous les formerez, conformément aux intentions de Sa Majesté, à Gotha ; vous laisserez cependant à Hanau, le général Margaron et les trois régiments de marche qui doivent se compléter et s'organiser à Hanau, de sorte que cinq régiments avec leurs généraux de brigade seront à Gotha et trois resteront à Hanau.

BERTHIER A MARMONT

Erfurt, 25 avril, 10 heures du soir.

Monsieur le maréchal, duc de Raguse, l'intention de l'Empereur est que vous portiez votre quartier général à Gotha, que vous réunissiez dans cette ville tout le régiment de marche de cavalerie sans en rien détacher.

Vous m'enverrez l'état de situation de ce régiment.

Vous ferez réunir à Gotha toute la division Bonet.

L'Empereur ordonne que vous preniez des mesures pour faire diriger sur Erfurt, 3.000 quintaux de farine, savoir 500 quintaux par jour ; 5.000 quintaux de blé à raison de 500 quintaux par jour ; 10.000 quintaux de viande sur pied, soit vaches, bœufs ou moutons, à raison de 1.000 quintaux par jour ; également 100.000 boisseaux d'avoine à raison de 10.000 boisseaux par jour ; tout cela dirigé sur Erfurt à dater de demain. Les ministres du duc désigneront les endroits de la principauté d'où ces subsistances pourront être fournies ; il est indispensable que ces fournitures soient faites exactement. Un commissaire de guerre, ou tout autre que vous désignerez, donnera des reçus en règles de ces fournitures à mesure qu'elles se feront, pour en être ultérieurement tenu compte au duc.

Vous devez, monsieur le duc, persister dans les 4.000 quintaux de grains que vous avez requis en Westphalie et vous devez les diriger sur Erfurt, car c'est sur ce point que vont se diriger les troupes qui se rendent à nos armées.

L'Empereur me charge de vous renouveler combien il est important que vous vous procuriez pour quatre jours de pain à l'avance ; le meilleur moyen serait que les généraux de division fissent faire le pain dans leur cantonnement.

L'Empereur vous ordonne de faire faire quatre fois par jour à vos troupes la manœuvre du carré contre la cavalerie et le feu de deux rangs ; c'est la manœuvre la plus importante dans ce moment, car si elle se fait avec la moindre hésitation, l'infanterie est perdue.

BERTHIER A LEBRUN

Erfurt, 25 avril.

Monsieur le duc de Plaisance, l'Empereur me charge de vous réitérer l'ordre de vous rendre à Gotha et d'y réunir vos deux divisions, hormis les trois régiments de marche qui s'organiseront à Hanau sous les ordres du général Margaron.

Donnez l'ordre au général Milhaud de se rendre avec ses troupes à Gotha, et prescrivez-lui de m'envoyer un de ses aides de camp avec la situation de ses troupes.

BERTHIER A AUGEREAU

Erfurt, 25 avril.

Monsieur le duc de Castiglioue, l'Empereur est arrivé ce soir à 9 heures à Erfurt bien portant. Sa Majesté vous recommande de bien organiser les gîtes d'étapés et d'y placer des commandants français ; demandez-en au duc de Valmy si vous n'en avez pas. Ayez soin qu'aucun sous-officier ou soldat bien portant ne passe Francfort pour retourner sur Mayence. Faites-les rétrograder, n'importe à quel régiment ils appartiennent, sur le dépôt général d'Erfurt qui sera le dépôt général de nos armées.

BERTHIER A GUILLEMINOT

Erfurt, 25 avril, 10 heures du soir.

Monsieur le général Guilleminot, vous avez des ordres pour continuer votre marche jusqu'à Eisenach. Je vous donne de nouveaux ordres pour que vous continuiez votre marche avec le quartier général, sans séjour, jusqu'à Erfurt. Un trésor de l'armée escorté par un bataillon de 800 hommes du 37e régiment d'infanterie est en marche pour se rendre à Eisenach ; il doit coucher, demain 26, à Gelnhausen ; il a l'ordre d'aller jusqu'à Eisenach. Envoyez-lui un officier lui porter l'ordre ci-joint pour qu'il continue sa marche sur Erfurt.

BERTHIER (Ordre)

Erfort, 25 avril.

Ordre au payeur attaché au trésor qui est en route pour Eisenach, et au chef de bataillon du 37e régiment d'infanterie légère qui est chargé de l'escorte du trésor, de continuer sa route d'Eisenach sur Erfurt.

BERTHIER A MARMONT

Erfurt, 26 avril, 9 heures du matin.

L'Empereur ordonne, monsieur le duc, que vous dirigiez la division Compans sur Weissensee d'où elle poussera des postes sur Colleda, la 3e division sur Gotha et la 1re en colonnes dans des villages entre Erfurt et Gotha, le quartier général à Gotha, le parc général et les équipages militaires à Gotha. Telle doit être la position de votre corps d'armée ce soir.

L'intention de Sa Majesté est que le général Compans bivouaque ce soir en carré, et jusqu'à ce qu'il y ait des nouvelles du vice-roi qui doit venir par Querfurth, et de M. le maréchal, prince de la Moskova qui doit être sur la hauteur de Naumbourg. S'il entendait du canon du côté de Naumbourg, il s'en approcherait pour concourir à l'affaire. La 1re division doit être placée de manière que la tête de la 1re brigade puisse arriver demain à Weimar, s'il le fallait.

BERTHIER A NEY

Erfort, 26 avril, midi.

L'intention de l'Empereur, prince, est que vous portiez votre quartier général à Auerstædt, y appuyant vos quatre divisions : faites occuper Naumbourg.

Le général Marchand avec la 39e division composée de troupes de Hesse-Darmstadt et de Bade fera partie de vos divisions : appuyez-la sur vous. Gardez le pont de Dornbourg entre Naumbourg et Iéna.

Vous trouverez ci-joint l'ordre que je donne au général Bertrand : faites-le lui passer, vous verrez que je donne l'ordre à ce général de relever vos troupes à Iéna et de porter son quartier général entre Iéna et Weimar.

La 38e division composée de troupes wurtembergeoises aux ordres du général Francquemont fera partie du IVe corps d'armée, faites-les mettre à la disposition du général Bertrand. Je joins également, l'ordre que j'adresse à M. le maréchal duc de Reggio, commandant le XIIe corps d'armée, pour qu'il marche sur Saalfeld et Rudolstadt ; les troupes bavaroises commandées par le général Raglowich font partie du XIIe corps aux ordres de M. le maréchal duc de Reggio.

BERTHIER A BERTRAND

Erfurt, 26 avril, midi.

Monsieur le général Bertrand, vous devez être aujourd'hui à Rudolstadt.

D'après les dispositions prescrites par l'Empereur votre corps doit être composé :

De la 12e division d'infanterie commandée par le général Morand ;

De la 15e divison (italienne) commandée par le général Peyri ;

De la cavalerie italienne commandée par le général Fresia ;

Enfin de la 38e division composée de troupes wurtembergeoises et commandée par M. le lieutenant-général Francquemont. Je mande au prince de la Moskova de mettre cette division à votre disposition. Elle a en ce moment un régiment à Kœnigséé ; le reste de la division avec le général Francquemont arrive aujourd'hui 26 à Hildburghausen où le général Marchand lui a adressé des ordres pour se porter de là sur Kœnigsée.

L'intention de l'Empereur est que vous portiez le plus tôt possible votre quartier général derrière Iéna sur la route de Weimar Vous ferez occuper Iéna par quelques bataillons d'infanterie légère, et vous réunirez les trois divisions de votre corps d'armée sur les hauteurs d'Iéna en occupant tous les villages entre Dornbourg et à mi-chemin de Weimar.

Vous trouverez ci-joint le duplicata de l'ordre que je donne à M. le maréchal duc de Reggio pour qu'il vienne occuper Saalfeld et

Rudolstadt ; les troupes bavaroises aux ordres du général Raglovich feront partie du XIIe corps commandé par le maréchal duc de Reggio.

Correspondez avec moi : mettez-vous en communication avec le prince de la Moskova qui porte son quartier général à Auerstædt et occupe Naumbourg et Dornbourg.

Ecrivez au général Fresia de venir vous joindre avec sa cavalerie, ce qui, avec la cavalerie wurtembergeoise, vous fera plus de 4.000 hommes de cavalerie.

BERTHIER A OUDINOT

Erfurt, 26 avril, à midi.

Monsieur le duc de Reggio, vous commandez le XIIe corps d'armée. Ce corps se compose de la 13e division d'infanterie aux ordres du général Pacthod ; de la 14e division aux ordres du général Lorencez et des troupes bavaroises que commande le général Raglovich. Portez-vous le plus tôt possible sur Saalfeld et, si cela est possible, ayez-y demain votre quartier général, vous occuperez Rudolstadt ; les Bavarois doivent être sur les hauteurs d'Elersdorf ; s'ils y sont, attirez-les sur vous. Le projet de l'Empereur est de refuser sa droite.

Le prince de la Moskova occupe Naumbourg et a son quartier général à Auerstædt.

BERTHIER A MARMONT

Erfurt, 26 avril.

L'Empereur ordonne, monsieur le maréchal, que vous portiez demain votre quartier général à Erfurt. Vous porterez la division du général Bonet (21e division) en colonnes depuis Erfurt jusqu'à Weimar, la 22e division en colonnes depuis Gotha jusqu'à Erfurt, et la 20e division, général Compans, à Weissensee et Cœlleda.

Prescrivez au général Compans d'envoyer un officier à Naumbourg pour se mettre en communication avec le prince de la Moskova. L'intention de Sa Majesté est que le régiment de marche composé de 900 chevaux, se réunisse tout entier demain en avant d'Erfurt. Donnez-lui à cet effet vos ordres.

Ce régiment sera sous le commandement de M. le maréchal duc d'Istrie.

Sa Majesté a en même temps décidé que le régiment de Hesse Darmstadt, composé de vieux soldats, fera partie de votre corps d'armée.

Envoyez à la rencontre de ce régiment afin qu'il ne s'arrête pas en route.

BERTHIER A BESSIÈRES

Erfurt, 26 avril.

L'intention de l'Empereur, monsieur le maréchal, est que le régiment de marche de cavalerie composé de 900 chevaux qui est maintenant avec M. le duc de Raguse, se réunisse tout entier demain en avant d'Erfurt; il sera sous vos ordres. J'en préviens M. le maréchal duc de Raguse. Envoyez un officier prendre ce régiment afin de le réunir à la garde. Ce corps figurera bien en ligne derrière la garde et ne ferait rien isolément. Comme il n'y a point de général à la tête de ce régiment, je donne ordre au général Beaumont, qui est ici, d'en prendre le commandement. Je vous prie de lui faire parvenir cet ordre qui est ci-joint. Du reste, monsieur le maréchal, l'Empereur vous recommande de tenir ce régiment derrière la garde et de n'en détacher aucune partie.

Je donne ordre au duc de Trévise de porter ce soir son quartier général à Weimar et d'y faire venir toute la jeune garde, aussitôt que le prince de la Moskova aura évacué le pays.

L'intention de Sa Majesté est que vous reconnaissiez un emplacement pour pouvoir placer votre cavalerie et le régiment de marche autour de Weimar et en avant dans la direction de Naumbourg et d'Iéna.

BERTHIER A MORTIER

Erfurt, 26 avril.

L'Empereur ordonne, monsieur le maréchal, que vous portiez ce soir votre quartier général à Weimar et que vous y fassiez venir toute la jeune garde, aussitôt que le prince de la Moskova aura évacué le pays. Entendez-vous à cet effet avec ce maréchal.

BERTHIER A DARU

Erfurt, 26 avril.

L'intention de l'Empereur, monsieur le comte, est que tout le quartier général administratif vienne se placer à Erfurt. J'engage votre excellence à donner les ordres pour l'exécution de cette disposition. Je vous préviens que j'ai donné ordre à la colonne du grand quartier général commandée par le général Guilleminot qui, de Fulda, se dirige sur Eisenach, de continuer de là sa marche sur Erfurt. J'ai donné le même ordre au trésor qu'escorte le 4e bataillon du 37e léger.

BERTHIER A MORTIER

Erfurt, 27 avril, 5 heures du matin.

J'envoie au général Dumoustier, monsieur le duc, l'ordre que vous lui avez adressé. L'Empereur ordonne que vous laissiez la batterie de réserve ainsi que tous les caissons et gros équipages dans un village à mi-chemin d'Erfurt à Weimar, afin de ne pas trop s'encombrer en avant. Sa Majesté ordonne également que les trois compagnies d'équipages militaires et la réserve du parc attachée à la garde restent en arrière à mi-chemin d'Erfurt à Weimar. L'Empereur vous recommande, monsieur le maréchal, de vous placer militairement, de ne pas dépasser Weimar avec votre troupe et de ne laisser entrer aucune voiture dans Weimar ; que tous les bagages restent en arrière sur les hauteurs. Le général Brenier était hier à Iéna. L'intention de Sa Majesté est que vous vous assuriez qu'il est parti, remplacé par le général Marchand, et que celui-ci ne quitte Iéna que remplacé par le général Bertrand ; car si les débouchés d'Iéna étaient un moment sans être occupés, les colonnes ennemies pourraient s'approcher de Weimar.

L'Empereur vous recommande, monsieur le duc, d'envoyer à ce sujet un officier à Iéna et d'en envoyer un autre à Rudolstadt où était hier le général Bertrand, pour savoir quand il sera à Iéna. Il y a sur la grande route de Weimar à Iéna une espèce de tourniquet ou défilé qui est très facile à défendre. Sa Majesté pense qu'il serait bon que vous envoyassiez là un bataillon jusqu'à ce que les troupes du général Bertrand l'aient relevé pour occuper ce défilé.

Faites toutes les dispositions nécessaires pour l'exécution de cet ordre de l'Empereur et rendez-moi compte de ce que vous aurez fait.

BERTHIER A BESSIÈRES

Erfurt, 27 avril, 5 heures du matin.

L'Empereur ordonne, monsieur le duc, que vous placiez votre cavalerie en avant de Weimar avec son artillerie légère. Le prince de la Moskova avait hier son quartier général à Auerstædt, occupant Naumbourg ; le général Bertrand était hier soir à Rudolstadt et va se porter sur Iéna qui doit être en ce moment occupé par la division Marchand.

BERTHIER A BONNE

Erfurt, 27 avril.

Ordre de faire reconnaître la route de Wurzbourg à Fulde, celle de Wurzbourg à Meiningen et Gotha, et celle de Francfort à Gotha ; de faire compléter la reconnaissance de toutes les routes qui traversent les montagnes de Thuringe, de faire partir le nombre d'ingénieurs géographes nécessaire pour faire les reconnaissances suivantes : 1° la route d'Erfurt à Meiningen par Ichtershausen traversant la montagne à Obershof, elle complétera la reconnaissance ordonnée de Meiningen à Wurzbourg ; 2° la route de Schveinfurt à Erfurt par Konigshofen, Römhild, Themar, Schleusingen. Ilmenau, Ichterhausen ; nota, une autre route de Schweinfurt à Erfurt quitte la première à Römbild et passe à Hildburghausen et Gehren ; 3° la communication entre Meiningen et Cobourg par Hildburghausen ; 4° en partant de Cobourg, il faut reconnaître, à gauche, la communication par Eisfeld, Kahlert et Gehren, à droite, la route de Saalfeld par Neustadt Judenbach et Graffenthal ; nota, il doit y avoir une communication entre Neustadt, Sonnenberg et Kahlert ; 5° à Saalfeld, on trouve trois routes ; celle de droite sur Neustadt et Gera ; celle du milieu sur Rudolstadt, Orlamünde et Iéna ; celle de gauche sur Blankenbourg et Ilmenau. Nota (à Rudolstadt se trouvent des communications sur Weimar) : 1° par Blankenhayn ; 2° par Berka ; 3° par Kranichfeld. Il faut savoir aussi si on peut communiquer de Rudolstadt à Blankenbourg et Ilmenau ; 6° reste à reconnaître la route de Kronach à Schleiz, l'armée y a passé autrefois, mais on ne connaît pas les communications de droite et de gauche. Il doit y avoir des communications :

Entre Lobenstein et Saalfeld ;

Entre Lobenstein et Hof ;

Entre Schleiz et Iéna, par Neustadt ;

Entre Schleiz et Hof.

On dit que la route entre Schleiz et Gera vient d'être réparée ; il faudrait savoir si la route entre Hof, Plauen et Gera est praticable, comme on le dit, entre Plauen et Gera.

Les ingénieurs géographes reconnaîtront avec soin ces routes, ils reconnaîtront si elles sont praticables ou non pour l'artillerie ; décriront les défilés, bois, rivières, leur largeur, leur profondeur, les ponts, les bacs, les gués, ils indiqueront les positions susceptibles de défense, les villes et villages susceptibles d'être facilement mis à l'abri d'un coup de main.

BERTHIER A BERTRAND

Erfurt, 27 avril, 9 heures du soir.

Je reçois votre lettre du 27, apportée par M. Niegolski, officier de l'état-major général. Le prince de la Moskova occupe Naumbourg depuis hier à 3 heures après-midi, son quartier général est ce soir à Auerstädtz. Le vice-roi doit être à Halle et on espère que sa jonction est faite aujourd'hui avec le prince de la Moskova, le quartier général et la garde sont à Weimar ainsi que le corps du duc de Raguse, Sa Majesté couche cependant cette nuit à Erfurt, mais elle peut être d'un moment à l'autre à Weimar. Vous devez, général, prendre votre quartier général en arrière d'Iéna, et voir avec attention si on peut se mettre dans cette ville à l'abri de la cavalerie ennemie.

Il faut, monsieur le comte, faire vous-même un rapport par lequel vous proposerez le partage des équipages militaires et des sapeurs avec le XIIe corps, afin que Sa Majesté prononce. Je vous ai prévenu que la division wurtemberrgeoise était sous vos ordres.

Quant aux emplois vacants dans la division italienne, du moment où vous aurez envoyé les mémoires de proposition, Sa Majesté y nommera.

BERTHIER A MARMONT

Erfurt, 27 avril, 9 heures du soir.

J'ai mis sous les yeux de l'Empereur, monsieur le duc, la lettre du général Compans. Faites connaître à ce général que 150 lanciers de Berg ont ordre de se rendre près de lui, que Sa Majesté lui recommande de ne pas les compromettre, faites connaître au général Compans que le prince de la Moskova est entré à Naumbourg, et qu'il est probable que le vice-roi sera au plus tard demain 28 sur Halle et Mersebourg.

BERTHIER A NEY

Erfurt, 27 avril, 9 heures du soir.

L'Empereur, monsieur le maréchal, reçoit des lettres du vice-roi du 26 à 1 heure du matin. Le 27, il se portait sur Mansfeld et Eiseleben.

Le général Lauriston était le 26 au soir vis-à-vis Wettin où il se proposait d'attaquer une tête de pont que l'ennemi avait construite de ce côté. L'Empereur suppose que le vice-roi aura occupé Querfurt et Halle dans la journée du 27. Le général Compans écrit d'aujourd'hui, 3 heures après-midi, qu'il occupe Colléda, Weissensee : toutes les patrouilles ennemies paraissaient se retirer sur Mersebourg.

BERTHIER AU PRINCE EUGÈNE

Erfurt, 27 avril, 9 heures du soir.

L'Empereur, monseigneur, reçoit votre lettre du 26, Sa Majesté suppose qu'aujourd'hui 27 vous aurez occupé Querfurt et que vous aurez fait votre jonction avec le prince de la Moskova qui, depuis hier 26, est à Naumbourg avec les cinq divisions de son corps d'armée. Avant tout, monseigneur, il faut opérer votre jonction afin que les ordres se transmettent promptement et que les mouvements des différents corps d'armée se fassent avec l'ensemble nécessaire au succès de vos opérations.

BERTHIER A BESSIÈRES, MORTIER, MARMONT

Erfurt, 27 avril, 9 heures du soir.

On les prévient que l'intention de l'Empereur est que, s'il n'y a rien de nouveau, les troupes qu'ils commandent restent demain 28 dans les cantonnements qu'elles occupent, mais néanmoins qu'elles se tiennent en état de partir au premier ordre qu'elles recevraient.

BERTHIER A MARMONT

Erfurt, 28 avril, 4 heures du matin.

L'Empereur, monsieur le duc, ordonne que la 3ᵉ division de votre corps d'armée que vous avez dû placer entre Gotha et Erfurt, se rende aujourd'hui 28 à Erfurt ; elle sera cantonnée entre Erfurt et Weimar. Sa Majesté désire passer en revue cette division aussitôt qu'elle sera arrivée à Erfurt, ainsi, monsieur le duc, je vous prie de me faire connaître à l'avance l'heure à laquelle cette revue pourra avoir lieu, afin que je puisse en instruire l'Empereur.

BERTHIER A MARMONT

Erfurt, 28 avril, 9 heures du matin.

L'Empereur ordonne, monsieur le duc de Raguse, que vous portiez ce soir votre quartier général à Weimar, que vous fassiez partir la division Bonet pour prendre militairement position et au bivouac en avant de Weimar sur les routes de Naumbourg, éclairant la route d'Iéna par un bataillon ; que vous donniez ordre à votre 3e division de dépasser Erfurt, et de se placer en colonnes dans les cantonnements entre Erfurt et Weimar ; et à la division Compans, qui doit être à Colleda, de s'approcher de Naumbourg, en ne faisant pas cependant une trop grande marche, mais de manière à pouvoir y être demain s'il est nécessaire.

BERTHIER A MORTIER

Erfurt, 28 avril, 9 heures du matin.

L'Empereur ordonne, monsieur le maréchal, que vous partiez de Weimar, ainsi que le duc d'Istrie, avec la garde à pied et à cheval et avec le service de Sa Majesté pour faire six lieues sur le chemin de Naumbourg. Arrivez à Auerstædt ce soir, si la journée n'est pas trop longue ; et, si elle était trop forte, restez en deçà d'Auerstædt, les troupes bivouaqueront, et la cavalerie sera dans les villages. L'Empereur va partir, Sa Majesté arrivera à Weimar au moment où l'infanterie partira, voulant marcher à la tête de l'infanterie.

Au lieu d'aller à Auerstædt qui est déjà abîmé, l'intention de l'Empereur est que vous passiez par Eckartsberg où vous prendrez position comme vous devez le faire à Auerstædt.

Même lettre à Bessières.

A Ney. — On l'instruit de ces dispositions.

A Bertrand. — On le prévient également de ces dispositions en le chargeant de faire connaître à quelle heure il aura occupé Iéna ; on lui mande qu'il est nécessaire qu'il fasse venir la division italienne afin de pouvoir demain se porter sur Naumbourg.

BERTHIER A BESSIÈRES, MORTIER, MARMONT, NEY, BERTRAND

Erfurt, 28 avril, 9 heures 1/4 du matin.

On les prévient que le quartier général sera ce soir à Eckartsberg, chemin de Weimar à Naumbourg.

BERTHIER A OUDINOT

Erfurt, 28 avril.

On le prévient que le quartier général sera ce soir à Eckartsberg, chemin de Weimar à Naumbourg ; on lui fait connaître qu'il est nécessaire qu'il se presse d'arriver à Saalfeld et d'appuyer sur Iéna, d'occuper Rudolstadt et de se lier avec Iéna ; que Sa Majesté espère qu'il sera demain à Saalfeld ; que nous avons passé la Saale à Naumbourg ; que ce soir le quartier général sera près d'Auerstædt, au village d'Eckartsberg ; que le duc de Raguse est à Weimar et le général Bertrand est à Iéna.

BERTHIER A MILHAUD

Erfurt, 28 avril, 11 heures du matin.

L'Empereur ordonne, monsieur le général Milhaud, que vous continuiez votre route de Gotha jusqu'à Weimar, où vous attendrez de nouveaux ordres. Vous aurez soin de laisser vos chevaux éclopés à Erfurt et d'en faire un petit dépôt.

Faites partir un officier pour porter la lettre ci-jointe au duc de Plaisance. Je lui donne l'ordre de faire continuer la marche de la 1re division du 2e corps de cavalerie jusqu'à Weimar, laissant également un dépôt de ses chevaux blessés à Erfurt. Vous m'enverrez un officier pour me faire connaître votre marche et votre état de situation.

— Même ordre au duc de Plaisance.

BERTHIER A OUDINOT

Erfurt, 28 avril, 11 heures du matin.

L'intention de l'Empereur, monsieur le duc, est que vous arriviez le plus tôt que vous pourrez à Saalfeld et à Rudolstadt. Portez-vous de là sur Iéna ; la division bavaroise sera sur votre droite. L'Empereur fait son mouvement derrière la Saale, refusant sa droite. Le quartier général impérial sera ce soir à Eckartsberg ; le vice-roi arrive à Mersebourg. Il est important que le général Bertrand qui est à Iéna, puisse se porter sur Naumbourg, et qu'alors vous soyez en mesure de pouvoir camper sur les hauteurs d'Iéna et garder les débouchés pour, de là, filer sur Naumbourg suivant les ordres que vous seriez dans le cas de recevoir. Envoyez-moi un officier qui me fasse connaître votre situation et votre mouvement ainsi que les nouvelles que vous auriez de l'ennemi.

(Cette dépêche envoyée directement, l'a été en duplicata par le général Bertrand).

BERTHIER AU ROI DE BAVIÈRE

Erfurt, 28 avril.

Sire, vous trouverez ci-joint la capitulation de Thorn et l'état de situation de vos troupes. Votre Majesté verra qu'elles n'ont presque rien perdu ; elles rentrent en Bavière et feront un bon noyau pour la campagne prochaine. Le quartier général impérial sera ce soir à Naumbourg ; notre jonction est faite avec le vice-roi ; le général Sébastiani a attaqué près de Hambourg le général Tschernitschef, l'a culbuté et lui a pris ses bagages.

La division de vos troupes, Sire, est aux ordres du duc de Reggio qui commande le XIIᵉ corps, elle sera demain à Saalfeld.

BERTHIER AU PRINCE EUGÈNE

Eckartsberg, 28 avril, 9 heures du soir.

Monseigneur, l'Empereur reçoit votre lettre, Sa Majesté trouve que Halle est inattaquable par la rive gauche, puisqu'il y a cinq à six ponts ; mais aussitôt que vous serez à Mersebourg, l'ennemi évacuera Halle. L'Empereur couche ici et sera vraisemblablement demain à Naumbourg ; le prince de la Moskova marche sur Weissenfels et ne sera plus qu'à six lieues de Leipzig. Sa Majesté désire donc qu'après demain 30, vous puissiez déboucher de Mersebourg avec le plus de monde possible, et particulièrement en cavalerie, pour vous porter sur Leipzig, dans le temps que toute l'armée du Main partira de Naumbourg pour se porter également sur Leipzig, de sorte que plus de 200.000 hommes se porteront sur cette ville par les deux routes et culbuteront tout ce qu'ils rencontreraient.

BERTHIER A NEY

Eckartsberg, 29 avril, 5 heures du matin.

L'Empereur, monsieur le maréchal prince de la Moskova, me charge de vous faire connaître qu'il convient que vous envoyiez la division Ricard pour occuper Weissenfels par la rive gauche. Le général Souham pourrait marcher par la rive droite sur Weissenfels, de sorte que ce général aurait ce soir deux divisions à Weissenfels. Les divisions Gérard et Brenier se réuniraient à Naumbourg ; la division Gérard, en avant sur la route de Zeitz et la division Brenier à Naumbourg. La division Compans qui est à Rastenbourg pourrait se porter, si cela devenait nécessaire, sur Freiburg ; mais, moyennant le mouvement que le vice-roi fait aujourd'hui de Querfurt sur Mersebourg, il suffit de laisser un poste sur Freiburg. Aujourd'hui la division Compans et la garde pourraient arriver à Naumbourg, afin que tout votre corps pût se réunir ce soir ou demain à Weissenfels pour marcher, aussitôt que le vice-roi sera prêt, par Weissenfels et par Mersebourg sur Leipzig.

L'Empereur ordonne que vous fassiez saisir et que vous nous envoyiez les papiers de la poste de Naumbourg et de Weissenfels.

J'écris au général Compans de se rapprocher de Naumbourg et de vous faire connaître ce soir l'endroit où il s'arrêtera.

BERTHIER A COMPANS

Eckartsberg, 29 avril, 5 heures du matin.

Votre aide de camp est arrivé à 2 heures du matin, monsieur le général comte Compans, il m'a remis la note dont vous l'aviez chargé. L'intention de l'Empereur est que vous vous rapprochiez de Naumbourg.

Il serait possible que vous reçussiez dans la journée l'ordre de vous porter, si cela devenait nécessaire, sur Freiburg. Faites-moi connaître, ainsi qu'au prince de la Moskova, l'endroit où vous vous arrêterez.

BERTHIER A MORTIER

Eckartsberg, 29 avril, 8 heures 1/2.

L'Empereur ordonne, monsieur le maréchal, que vous vous mettiez en marche à 9 heures du matin pour vous porter avec la jeune garde sur les hauteurs de la Saale près Naumbourg. Quant à la vieille garde, faites-la partir également et dirigez-la sur Naumbourg.

— L'Empereur a donné le même ordre au duc d'Istrie pour la cavalerie.

BERTHIER A BERTRAND

Eckartsberg, 29 avril, 9 heures du matin.

L'Empereur ordonne, monsieur le général Bertrand, que vous fassiez occuper le pont de Dornbourg pour relever le général Marchand et que vous réunissiez la division Morand à Dornbourg et à Camhourg, la division italienne à Iéna, la division wurtembergeoise à Rudolstadt et Kahla, jusqu'à ce que le duc de Reggio soit arrivé dans cette position. Aussitôt que le duc de Reggio sera arrivé dans cette position de Saalfeld et de Rudolstadt, vous ferez venir la division wurtembergeoise [pour] occuper Iéna.

BERTHIER A MARMONT

Eckartsberg, 29 avril.

L'intention de l'Empereur, monsieur le maréchal, est que vous placiez la division Bonet en cantonnement dans tous les villages, depuis Weimar jusqu'à Eckartsberg, et votre 3ᵉ division en cantonnement dans Weimar et les environs. Portez vous-même votre quartier général à Eckartsberg.

BERTHIER A LAUER

Naumbourg, 29 avril.

Ordre au général Lauer qui doit être arrivé aujourd'hui à Querfurt, d'en partir demain 30 pour se rendre avec la gendarmerie qu'il a avec lui à Weissenfels, où se trouve le quartier général du prince de la Moskova et où sera demain celui de Sa Majesté. Le général Lauer fera en sorte d'arriver au plus tard demain soir à Weissenfels.

BERTHIER A MARMONT

Naumbourg, 29 avril, 6 heures du soir.

L'Empereur ordonne, monsieur le maréchal, que vous portiez demain votre quartier général à Kœsen et que vous y réunissiez vos 1ʳᵉ et 2ᵉ divisions commandées par les généraux Compans et Bonet ; vous ferez venir votre 3ᵉ division entre Eckartsberg et Kœsen.

BERTHIER A BERTRAND

Naumbourg, 29 avril, 6 heures du soir.

L'Empereur suppose, monsieur le général Bertrand, que votre

quartier général sera ce soir à Dornbourg ou à Cambourg; faites-nous connaître l'emplacement que vous occupez et toutes les nouvelles que vous aurez apprises sur l'ennemi.

BERTHIER A BRENIER

Naumbourg, 29 avril.

L'Empereur ordonne, monsieur le général Brenier, qu'aussitôt que vous serez relevé vous partiez pour vous rendre au village de Wethau près Naumbourg, lieu désigné par le prince de la Moskova, et où la brigade Grillot se trouve déjà rendue.

ORDRE

Naumbourg, 29 avril.

Il est ordonné aux deux bataillons que le général Ricard a laissés à Freiburg d'en partir pour rejoindre leur division dans la direction de Weissenfels.

BERTHIER A MARCHAND

Naumbourg, 29 avril.

L'Empereur pense, monsieur le général Marchand, que vous êtes à Camburg ou à Dornburg. Si vous avez reçu des ordres du prince de la Moskova, l'intention de Sa Majesté est que vous les exécutiez ; si vous n'en avez pas reçus, dirigez-vous sur Stössen et donnez-moi avis du moment où vous y arriverez, ainsi qu'au prince de la Moskova.

BERTHIER AU PRINCE EUGÈNE

Naumbourg, 29 avril.

Monseigneur, l'Empereur a reçu la lettre de Votre Altesse du 29 à 4 heures du matin, Sa Majesté trouve que ce qui est arrivé à Halle est tout simple et que cette ville est inattaquable par la rive gauche. Sa Majesté attend l'avis de votre arrivée à Mersebourg. Le prince de la Moskova est à Weissenfels et l'Empereur est ici à Naumbourg. L'intention de Sa Majesté est que vous réunissiez à Mersebourg le XIe corps, le Ve et toute votre armée, que vous jetiez plusieurs ponts sur la Saale et que vous débouchiez dans l'un et l'autre sens du côté de Weissenfels pour vous réunir au prince de la Moskova et, du côté de la Halle, pour couper la route de Halle à Leipzig, ce qui

obligera sur-le-champ l'ennemi à évacuer Halle. Le général Ricard
a marché, par la rive gauche, de Fribourg à Weissenfels : ainsi il
doit être en communication avec Votre Altesse.

BERTHIER A MACDONALD

Naumbourg, 30 avril, 5 heures du matin

Je vous écris, monsieur le maréchal, par la grande route de Mersebourg ; l'Empereur a fait construire un pont sur cette route, en
sorte que nos communications sont directes et sans empêchement.

L'intention de l'Empereur est que vous réunissiez sans délai tout
votre corps d'armée à Mersebourg, que vous fassiez rétablir les
ponts sur toutes les petites rivières, et que vous vous mettiez en
communication avec le prince de la Moskova qui est à Weissenfels.
Ce maréchal a eu une très belle affaire dans laquelle le général Souham a culbuté la division Landskoi forte de 6.000 à 7.000 hommes,
infanterie et cavalerie ; ce combat fait le plus grand honneur à nos
jeunes soldats.

Sa Majesté désire que vous envoyiez à Naumbourg tous les prisonniers que vous avez faits, et que vous mettiez un piquet à mi-
chemin d'ici à Mersebourg, afin que les communications soient très
promptes.

BERTHIER AU PRINCE EUGÈNE

Naumbourg, 30 avril, 4 heures du matin.

Monseigneur, l'Empereur me charge de vous envoyer le duplicata ci joint de l'ordre qui vous a été adressé hier pour vous porter
sur Mersebourg et y réunir toute votre armée. Le prince de la Moskova est à Weissenfels ; ce maréchal a eu une très belle affaire
dans laquelle le général Souham a culbuté la division Landskoi forte
de 6.000 à 7.000 hommes, infanterie et cavalerie ; nos jeunes soldats
se sont couverts de gloire dans cette affaire.

L'intention de l'Empereur, monseigneur, est que vous attiriez
tout sur Mersebourg ; aussitôt que l'ennemi aura évacué Halle. nous
le garderons comme tête de pont, mais l'intention de Sa Majesté est
de manœuvrer sur la rive gauche de l'Elster et non sur la
droite, la droite étant reconnue comme plus favorable à la cavalerie.

BERTHIER A BERTRAND

Naumbourg, 30 avril, 5 heures du matin.

Je vous préviens, monsieur le général Bertrand, que le duc de Tarente a marché sur Mersebourg et s'est rendu maître de cette ville d'où il a chassé l'ennemi ; en même temps le prince de la Moskova qui est à Weissenfels, a eu une très belle affaire dans laquelle le général Souham a culbuté la division Landskoi forte de 6.000 à 7.000 hommes, infanterie et cavalerie ; ces combats ont fait le plus grand honneur à nos jeunes soldats.

L'intention de l'Empereur est que vous vous dirigiez par le plus court chemin sur Stœssen, sans trop fatiguer vos troupes, et que vous y réunissiez successivement vos trois divisions ; faites-moi connaître quand vous y arriverez.

BERTHIER A OUDINOT

Naumbourg, 30 avril, 3 heures du matin.

Je vous préviens, monsieur le maréchal, que le duc de Tarente a marché sur Mersebourg et s'est rendu maître de cette ville d'où il a chassé l'ennemi ; en même temps le prince de la Moskova qui est à Weissenfels a eu une très belle affaire dans laquelle le général Souham a culbuté la division Landskoï forte de 6.000 à 7.000 hommes d'infanterie et cavalerie ; ces combats font le plus grand honneur à nos jeunes soldats.

L'intention de l'Empereur est que vous arriviez le plus tôt possible sur Iéna ; faites-moi connaître quand vous comptez y être rendu avec votre corps d'armée.

BERTHIER A MARMONT

Naumbourg, 30 avril, 5 heures du matin.

Je vous préviens, monsieur le maréchal, que la jonction avec le prince vice-roi étant entièrement faite au môyen de l'occupation de Weissenfels par le prince de la Moskova et celle de Mersebourg par le duc de Tarente, l'Empereur désire que vous portiez aujourd'hui votre quartier général à Naumbourg avec les divisions Bonet et Compans ; vous ferez prendre poste à votre 3e division à Kœssen, et vous lui ferez occuper le terrain depuis Eckartsberg jusqu'à Kœssen.

Le duc de Tarente s'est rendu maître de Mersebourg après en

avoir chassé l'ennemi ; et en même temps le prince de la Moskova a eu une très belle affaire dans laquelle le général Souham a culbuté la division Landskoi forte de 6.000 à 7.000 hommes d'infanterie et cavalerie ; ces combats font le plus grand honneur à nos jeunes soldats.

BERTHIER A HAMMERSTEIN

Naumbourg, 30 avril, midi.

J'ai communiqué votre lettre à l'Empereur. Le quartier général impérial sera aujourd'hui à Weissenfels : le vice-roi aura le sien à Mersebourg ; le duc de Raguse à Naumbourg.

L'intention de l'Empereur est que vous arriviez le plus tôt possible sur Naumbourg, sans trop fatiguer vos troupes. Envoyez-moi un officier qui me fasse connaître où vous serez tous les soirs jusqu'au jour de votre arrivée. Sa Majesté vous recommande d'envoyer des agents pour faire diriger sur Naumbourg des bœufs et des farines.

BERTHIER A MORTIER

Naumbourg, 30 avril, midi.

L'Empereur ordonne, monsieur le maréchal, que vous fassiez partir de suite les deux bataillons de la vieille garde qui sont ici avec la batterie de huit pièces qui leur est attachée pour se rendre à Weissenfels où Sa Majesté, de sa personne, se rendra aussi dans la journée.

Je donne ordre au prince vice-roi de diriger sur Weissenfels les bataillons de la garde qui sont à Mersebourg. Les bataillons de la vieille garde se réuniront à eux, ainsi que les huit pièces de canon, et formeront la division de la vieille garde qui sera commandée par le général Roguet et sera sous les ordres immédiats de monsieur le maréchal duc de Dalmatie.

Il se trouve dans les bataillons qu'enverra le vice-roi, le 1er bataillon du 2e régiment de tirailleurs et le 1er bataillon du 2e régiment de voltigeurs. Ces deux bataillons attendront à Weissenfels le passage de la division Dumoustier et ils feront partie de cette division, ce qui la maintiendra à seize bataillons.

Les bataillons de vélites toscans et piémontais qu'enverra aussi le vice-roi feront partie de la division du général Roguet, ce qui la portera à six bataillons.

L'intention de l'Empereur, monsieur le maréchal, est que vous restiez à Naumbourg la journée d'aujourd'hui avec les divisions de la jeune garde et l'artillerie qui y est attachée. Quand vous partirez d'ici, monsieur le maréchal, vous laisserez à Naumbourg une compagnie d'hommes éclopés de la jeune garde qui feront le service de la place.

— Lettre dans le même sens au duc de Dalmatie.

BERTHIER AU PRINCE EUGÈNE

Naumbourg, 30 avril.

Monseigneur, l'intention de l'Empereur est que Votre Altesse fasse diriger sur Weissenfels les bataillons de la garde impériale qui sont à Mersebourg. Sa Majesté y comprend les deux bataillons de vélites toscans et piémontais ainsi que les gardes d'honneur de Toscane et du Piémont. Je prie Votre Altesse de vouloir bien m'instruire des dispositions qu'elle ordonnera pour l'exécution de ce mouvement.

BERTHIER A BESSIÈRES

Naumbourg, 30 avril.

L'Empereur ordonne, monsieur le maréchal, que vous portiez votre quartier général à Weissenfels et que vous placiez autour de cette ville toute la cavalerie qui est sous vos ordres.

J'écris au prince vice-roi de diriger sur Weissenfels les gardes d'honneur du Piémont et de Toscane ; vous les prendrez sous vos ordres, et l'intention de l'Empereur est que vous les placiez avec la grosse cavalerie pour les ménager.

BERTHIER A MARMONT

Naumbourg, 30 avril, 1 heure après-midi.

L'intention de l'Empereur, monsieur le maréchal, est que vous ayez votre quartier général à Naumbourg ainsi que vous en avez déjà reçu l'ordre, et que vous portiez la division Compans et la division Bonet dans la direction de Pégau. J'écris au prince de la Moskova de faire évacuer par son infanterie Wethau et Plotha, afin que vous puissiez occuper ces villages. Vous pourrez laisser vos hommes éclopés à Naumbourg.

Jusqu'à nouvel ordre, monsieur le maréchal, vous tiendrez deux bataillons au pont de Kœsen, et vous ne devez les retirer de ce pont qu'après en avoir obtenu l'autorisation.

BERTHIER A NEY

Naumbourg, 30 avril, 1 heure après-midi.

L'Empereur, prince, me charge de vous réitérer l'ordre de faire évacuer par votre infanterie Wethau et Plotha, afin que le duc de Raguse puisse occuper ces villages.

Placez vos divisions comme Sa Majesté l'a ordonné, dans la direction de Lutzen.

Donnez vos ordres au général Marchand pour, qu'aussitôt qu'il sera arrivé à Stœssen, il se dirige sur le IIIe corps.

BERTHIER A BERTRAND

Naumbourg, 30 avril.

L'intention de l'Empereur, monsieur le général Bertrand, est que vous teniez votre quartier général à Stœssen et que vous poussiez de fortes reconnaissances sur Zeitz. Aussitôt que Sa Majesté sera instruite de votre arrivée et de la situation des choses, elle vous donnera l'ordre d'occuper Zeitz.

Vous pourrez laisser vos hommes écloppés à Naumbourg.

BERTHIER A KIRGENER

Naumbourg, 30 avril.

L'Empereur a donné des ordres, général, pour que le génie fasse mettre les portes de Naumbourg à l'abri de la cavalerie légère ennemie, ainsi que les têtes de ponts qu'à fait construire le prince de la Moskova. L'intention de Sa Majesté est que vous veilliez à ce qu'on y travaille sans délai.

— Avis au commandant de la place de Naumbourg en ce qui concerne les travaux de la place et les hommes éclopés qui doivent y être laissés.

— Il a été expédié de Naumbourg, à la même heure, un courrier au roi de Bavière pour lui donner des nouvelles de l'armée.

BERTHIER A MORTIER

Weissenfels, 30 avril, 8 h. 1/2 du soir.

Monsieur le duc de Trévise, l'intention de l'Empereur est que vous partiez demain à 5 heures du matin dè Naumbourg avec vos troupes, votre artillerie, vos équipages militaires pour vous rendre vis-à-vis Weissenfels, en suivant la rive gauche de la Saale ; vous passerez, en sortant de Naumbourg, au pont que l'Empereur a fait faire ; vous prendrez position près du pont de Weissenfels sur la route de cette ville à Mersebourg, toujours sur la rive gauche ; vous m'enverrez un officier à l'avancé pour me prévenir de votre marche et de l'heure à laquelle vous arriverez, afin que l'Empereur puisse vous donner des ordres.

BERTHIER A DECOUZ

Weissenfels, 30 avril

L'Empereur ordonne, monsieur le général Decouz, qu'avec tout ce qui compose la colonne de garde impériale qui marche sous vos ordres et qui doit arriver demain ou après-demain à Erfurt, vous continuiez de suite votre mouvement pour vous rendre à Naumbourg.

Envoyez-moi le plus tôt possible l'état de situation des troupes de toutes armes de la garde qui composent votre colonne avec la copie de votre itinéraire sur Naumbourg, indiquant d'une manière précise le lieu où vous coucherez chaque soir.

BERTHIER AU PRINCE EUGÈNE

Weissenfels, 1er mai, 4 heures du matin.

Monseigneur, l'intention de l'Empereur est que Votre Altesse fasse diriger la division Roguet, infanterie et cavalerie avec une batterie d'artillerie légère sur Weissenfels ; faites-la mettre en marche à 5 heures du matin de Mersebourg.

Les 1ers bataillons du 2e régiment de tirailleurs et du 2e de voltigeurs qui en font partie se réuniront à la division Dumoustier, ce qui la portera à seize bataillons.

La division Roguet qui a deux bataillons de la vieille garde et les deux bataillons de vélites de Turin et de Florence, recevra deux bataillons de vieille garde qui font partie de la division Dumoustier et deux autres bataillons de la vieille garde qui arrivent de France. Cette division, sous les ordres du général Roguet, prendra le nom de division de vieille garde ; elle aura deux généraux de brigade et sera spécialement affectée au service de l'Empereur sous les ordres supérieurs de M. le maréchal duc de Dalmatie.

La cavalerie de la division Roguet, composée spécialement des gardes d'honneur de Florence et de Turin, rejoindront le duc d'Istrie qui les attachera aux grenadiers à cheval de la garde. La batterie d'artillerie à cheval qui viendra avec la division Roguet et qui est de la ligne, sera donnée à la cavalerie de la garde.

Je donne l'ordre au duc de Raguse de faire partir à 5 heures du matin, en droite ligne sur Mersebourg, par la rive gauche de la Saale, les cinq bataillons de la division Durutte qui sont avec la division Bonet; l'intention de l'Empereur est que Votre Altesse fasse réunir ces cinq bataillons à leur division, ce qui la portera à 4.000 hommes. Je donne l'ordre au général Reynier de se rendre à Mersebourg pour prendre le commandement de cette division qui appartient au VII° corps et à laquelle se joindront les Saxons, aussitôt que faire se pourra.

BERTHIER A SOULT

Weissenfels, 1er mai, 4 heures du matin.

Je vous préviens, monsieur le maréchal, que le prince vice-roi a l'ordre de faire partir de Mersebourg à 5 heures du matin la division du général Roguet, infanterie et cavalerie, avec une batterie d'artillerie légère pour se rendre à Weissenfels.

Les 1ers bataillons du 2e régiment de tirailleurs et du 2e régiment de voltigeurs qui en font partie se réuniront à la division Dumoustier, ce qui la portera à seize bataillons. Les deux bataillons de la vieille garde qui étaient avec le général Dumoustier, avec les deux bataillons de vieille garde et les deux bataillons de vélites de Turin et de Florence qui sont avec le général Roguet, ainsi que les deux bataillons de vieille garde, venant de Paris, qui doivent être maintenant à Erfurt et qui se portent sur Naumbourg, formeront huit bataillons, qui, sous les ordres du général Roguet, prendront le nom de division de vieille garde. Cette division aura deux généraux de brigade et sera spécialement affectée au service de l'Empereur sous vos ordres supérieurs; elle aura pour artillerie les huit pièces d'artillerie de la division Dumoustier; quant à la batterie à cheval qui vient avec le général Roguet et qui est de la ligne, elle sera donnée à la cavalerie de la garde; la cavalerie de la division Roguet composée spécialement des gardes d'honneur de Florence et de Turin, rejoindra le duc d'Istrie qui les attachera aux grenadiers à cheval de la garde.

— Lettre dans le même sens au duc d'Istrie.

BERTHIER A DULAULOY

Weissenfels, 1er mai.

Je vous préviens, général, que la division de la garde commandée par le général Roguet part à 5 heures du matin de Mersebourg avec une batterie d'artillerie légère pour se rendre à Weissenfels ; les deux bataillons de jeune garde qui en font partie se réuniront à la division Dumoustier. Le général Roguet aura sous ses ordres : deux bataillons de la vieille garde et les deux bataillons de vélites de Turin et de Florence qu'il amène. Il recevra de la division Dumoustier deux bataillons de vieille garde qui en font partie, elle recevra aussi deux autres bataillons de vieille garde qui vont arriver à Naumbourg, cela formera sous le commandement du général Roguet une division de vieille garde spécialement affectée au service de l'Empereur, sous les ordres supérieurs du maréchal duc de Dalmatie. Cette division doit avoir pour artillerie les huit pièces de la division Dumoustier ; cette batterie doit être remplacée à la division Dumoustier par la batterie qui est à la réserve de la garde, composée de pièces de 6. La réserve de la garde sera composée d'une batterie de 12, qui arrive aujourd'hui, et de deux batteries de 12 qui sont en arrière et qui vont arriver.

Quant à la batterie d'artillerie à cheval qui vient de Mersebourg avec la division Roguet et qui est de la ligne, vous l'attacherez à la cavalerie de la garde, ce qui, avec les trois batteries de la garde lui fera quatre batteries ou 24 pièces de canon.

Donnez, général, tous les ordres nécessaires pour ces mouvements d'artillerie.

— Avis de ces dispositions au général Pernety.

BERTHIER A MARMONT

Weissenfels, 1er mai, 4 heures du matin.

L'Empereur ordonne, monsieur le maréchal, que vous fassiez partir aujourd'hui à 5 heures du matin les cinq bataillons de la division Durutte qui sont avec la division Bonet pour se rendre en droite ligne à Mersebourg, par la rive gauche de la Saale et s'y réunir à la division du général Durutte.

Sa Majesté ordonne aussi, monsieur le duc, que vous renvoyiez au corps du prince de la Moskova tous les sapeurs qui lui appartiennent et qui seraient restés pour les ouvrages de Naumbourg.

L'intention de l'Empereur est que vous continuiez à tenir votre quartier général à Naumbourg, que vous y réunissiez votre 3ᵉ division et votre parc et que vous fassiez filer vos 1ʳᵉ et 2ᵉ divisions le plus près possible de Weissenfels ; faites-moi connaître quelle a été cette nuit la situation de la division Compans et de celle du général Bonet et leur situation à 6 heures du matin. Si vous entendiez le canon, vous partiriez de Naumbourg pour vous mettre à la tête de ces deux divisions et vous enverriez demander des ordres.

BERTHIER A REYNIER

Weissenfels, 1ᵉʳ mai, 4 heures du matin.

Je vous préviens, monsieur le général comte Reynier, que je donne l'ordre au duc de Raguse de faire partir aujourd'hui à 5 heures du matin, les cinq bataillons de la division Durutte qui sont avec la division Bonet pour se rendre en droite ligne à Mersebourg par la rive de la Saale ; ces cinq bataillons se réuniront à la division Durutte, ce qui la portera à 4.000 hommes. L'intention de l'Empereur, général, est que, de votre personne, vous vous rendiez sur-le-champ à Mersebourg, pour prendre le commandement de cette division qui appartient au VIIᵉ corps et à laquelle se joindront les Saxons, aussitôt que faire se pourra.

BERTHIER A KIRGENER

Weissenfels, 1ᵉʳ mai, 4 heures du matin.

L'Empereur ordonne, monsieur le général Kirgener, que vous vous portiez par la rive gauche de la Saale sous l'escorte du corps de monsieur le maréchal duc de Trévise sur Weissenfels avec tout le génie de l'armée, personnel et matériel. Faites vos dispositions pour l'exécution de ce mouvement.

BERTHIER A MARCHAND

Weissenfels, 1ᵉʳ mai, 4 heures du matin.

Je vous envoie un officier, monsieur le général Marchand, pour avoir de vos nouvelles. L'intention de l'Empereur est que vous accélériez votre marche pour rejoindre le IIIᵉ corps d'armée. Faites-moi connaître votre mouvement ainsi qu'au prince de la Moskova.

BERTHIER A BERTRAND

Weissenfels, 1er mai, 4 heures du matin

L'Empereur, monsieur le général Bertrand, n'a pas reçu de nouvelles de vous depuis le 29. Donnez-nous des détails positifs sur votre marche et votre situation par le retour de l'officier que je vous envoie.

BERTHIER A MILHAUD

Weissenfels, 1er mai, 4 heures du matin.

L'Empereur ordonne, monsieur le général Milhaud, qu'avec la division de marche du 1er corps de réserve que vous commandez et qui doit arriver le 1er mai à Weimar, vous continuiez votre marche pour vous rendre sans délai à Naumbourg. Instruisez-moi de la réception de cet ordre et des dispositions que vous aurez faites pour son exécution.

BERTHIER A NEY

Weissenfels, 1er mai, 7 heures du matin.

Je vous préviens, prince, que le vice-roi avec 60.000 hommes se porte de Mersebourg à mi-chemin de Leipzig ; il est donc nécessaire que vous vous portiez avec les cinq divisions de votre corps d'armée sur Lutzen, et pour cela, prince, il est nécessaire que vous marchiez dans le plus grand ordre, vu le peu de cavalerie que nous avons, avec autant de lignes que vous avez de divisions, et chaque division marchant en cinq à six colonnes occupant à une grande distance l'une de l'autre un grand front, de manière cependant à ce que la mitraille se puisse croiser.

Le vice-roi doit envoyer sur Schladebach, afin de se rejoindre.

L'Empereur suivra votre mouvement avec sa garde, avec le général Bertrand et avec le corps du duc de Raguse.

Le général Marchand était hier à Stœssen où le général Bertrand arrive ce matin à 11 heures.

BERTHIER A BERTRAND

Weissenfels, 1er mai.

L'Empereur, monsieur le général Bertrand, ne voit pas la nécessité d'envoyer sept voitures de votre parc d'artillerie à Naumbourg. Sa Majesté ne conçoit pas comment il est difficile d'atteler sept voitures

dans un pays qui offre tant de ressources, vous n'avez qu'à requérir, ou acheter, ou prendre 30 chevaux et vos sept voitures seront
attelées, cela doit donc peu vous embarrasser ; vous devez également
acheter, prendre ou requérir 30 harnais. Quant au défaut de personnel d'artillerie, Sa Majesté a donné l'ordre au général Pernety
de vous envoyer une compagnie d'artillerie, ce qui supplée à tout.
L'Empereur désire, général, que vous envoyiez de suite, près de lui,
un de vos aides de camp ; faites-le partir de suite.

BERTHIER A PERNETY

Weissenfels, 1er mai.

Le général Bertrand a rendu compte, monsieur le général Pernety,
qu'il se proposait d'envoyer sept voitures de son parc d'artillerie à
Naumbourg. L'Empereur ne conçoit pas comment il est difficile d'atteler sept voitures dans un pays qui offre tant de ressources. Je
mande en conséquence au général Bertrand, qu'il n'a qu'à requérir,
ou acheter, ou prendre 30 chevaux et 30 harnais, alors ses voitures
seront attelées. Le général Bertrand manque de personnel d'artillerie, Sa Majesté ordonne, général, que vous envoyiez le plus tôt
possible au général Bertrand une compagnie d'artillerie, ce qui sup-
pléera à tout. Instruisez-moi des dispositions que vous aurez faites à
cet égard.

BERTHIER A DECOUZ

Weissenfels, 1er mai, 7 heures du soir.

Je vous ai adressé hier, général, l'ordre de continuer d'Erfurt,
votre marche avec tout ce qui compose la colonne de troupes de
différentes armes de la garde impériale qui est sous vos ordres pour
vous rendre à Naumbourg. Je vous réitère cet ordre, et je vous préviens que l'intention de l'Empereur est que votre colonne fasse la
route en deux jours d'Erfurt à Naumbourg ; ainsi, si elle arrive
aujourd'hui à Erfurt, elle devra être rendue le 3 mai à Naumbourg ;
si elle n'arrive à Erfurt que demain, elle arrivera le 4 à Naumbourg.

BERTHIER A MARMONT

Lutzen, 1er mai, 7 heures du soir.

Votre quartier général, comme je vous l'ai mandé, monsieur le
duc, doit être ce soir au ravin entre Weissenfels et Lutzen. Réunis-

sez-y tout votre corps d'armée. Faites partir la division qui est à Naumbourg demain à 5 heures du matin pour vous rejoindre. Placez ce soir des troupes à la tête du défilé. Renvoyez les bataillons du général Marchand qui y avaient été mis en position. Tenez-vous éclairé sur la route de Pégau. Le quartier général de l'Empereur est ce soir à Lutzen où s'est faite notre jonction avec le vice-roi qui occupe Markranstedt, l'ennemi se retire sur Pégau et Zwickau.

BERTHIER A MORTIER

Lutzen, 1er mai, 7 heures du soir.

L'Empereur ordonné, monsieur le duc, que vous partiez demain à 5 heures du matin avec la division du général Roguet et la division du général Dumoustier, toute l'artillerie et tout ce qui appartient à la garde, afin d'arriver de bonne heure à Lutzen.

BERTHIER À BERTRAND

Lutzen, 1er mai, 7 heures du soir.

Partez demain, général, à 6 heures du matin, pour Kaya. Vous aurez soin de communiquer avec les troupes du duc de Ragûse qui se trouvent au défilé sur la route entre Weissenfels et Lutzen. Si la division italienne est fatiguée et ne peut suivre votre mouvement, elle restera à Naumbourg ; si elle vous a rejoint, vous la ferez marcher avec vous. Donnez ordre à la division wurtembergeoise de se rendre sur Naumbourg : faites-moi connaître quand elle y arrivera ; faites partir demain à 5 heures du matin un aide de camp pour Lutzen qui nous fera connaître la route que vous prendrez et l'heure à laquelle vous arriverez à Kaya. Vous aurez soin, comme je vous l'ai mandé, d'envoyer quelqu'un prendre langue chez le duc de Raguse qui sera au défilé qui est entre Weissenfels et Lutzen, près Klein-Görschen, parce que c'est là que je vous adresserais des ordres, si j'avais à vous en faire passer de la part de l'Empereur.

Ayez soin de donner des ordres positifs et prenez des mesures qui ne soient point éludées, afin que, depuis Iéna, toute la queue de vos troupes et tout ce qui vous arrivera passe par la rive gauche de la Saale, d'Iéna à Naumbourg, et de Naumbourg, prenne également-ment le chemin de la rive gauche de la Saale pour venir à Weissenfels, en repassant la rivière, de manière à marcher sur la rive gauche de la Saale. Cela est extrêmement important pour tout ce qui vous arrivera en arrière.

Faites passer la lettre ci-jointe au duc de Reggio, qui renferme l'ordre de se porter à Naumbourg.

— Ordre au duc de Reggio de se porter sur Naumbourg.

BERTHIER AU PRINCE EUGÈNE

Lutzen, 2 mai, 4 heures 1/2 du matin.

L'Empereur ordonne, monseigneur, que Votre Altesse Impériale fasse partir aujourd'hui le général Lauriston pour se porter sur Leipzig. Sa Majesté ordonne aussi que le XIe corps se porte sur Markranstedt d'où il enverra une reconnaissance sur Zwenkau et une reconnaissance sur Leipzig ; pour rester en communication avec le général Lauriston et favoriser ses opérations sur Leipzig. La reconnaissance que le XIe corps enverra sur Zwenkau se liera avec celle que le prince de la Moskova y enverra. Le quartier général du XIe corps sera à Markranstedt.

Le comte Bertrand doit arriver aujourd'hui à 3 heures après-midi près de Kaya   Le duc de Raguse est au débouché.

BERTHIER A NEY

Lutzen, 2 mai, 4 heures 1/2 du matin.

L'Empereur ordonne, prince, que vous ralliiez vos cinq divisions et que vous envoyiez deux fortes reconnaissances, une sur Zwenkau et l'autre sur Pégau.

Je vous préviens, monsieur le maréchal, que le XIe corps, que commande le duc de Tarente, aura son quartier général à Markranstedt et enverra une reconnaissance sur Zwenkau qui se liera avec celle que vous devez envoyer sur le même point. Le Ve corps que commande le général Lauriston et qui est sur la route directe de Leipzig, se portera sur Leipzig. Le comte Bertrand doit arriver aujourd'hui à 3 heures après-midi, près de Kaya. Le duc de Raguse est au débouché.

BERTHIER A MARMONT

Lutzen, 2 mai, 9 heures du matin.

Monsieur le duc de Raguse, l'Empereur me charge de vous donner l'ordre de partir de votre position pour vous porter sur Pégau.

Je donne l'ordre au général Bertrand qu'au lieu de venir ce soir, comme il en a reçu l'ordre hier, jusqu'à Kaya, de s'arrêter à Taucha ; je le préviens qu'il peut même arrêter, s'il en est encore temps, la division italienne à Gleisberg et celle wurtembergeoise à Stœssen. Par ce moyen, son corps couvrira Naumbourg, Weissenfels, menacera Zeitz sur lequel il enverra des reconnaissances, et sera en position pour se porter sur Pégau, si l'ennemi menaçait de déboucher. Je lui dis de correspondre avec vous.

Le prince de la Moskova est à Kaya et pousse de fortes reconnaissances sur Zwenkau et sur Pégau.

Le vice-roi envoie le général Lauriston sur Leipzig.

Le XIe corps est à Markraustedt, d'où il enverra des reconnaissances sur Zwenkau et sur Leipzig.

Je préviens aussi le général Bertrand que si l'ennemi débouchait de Zeitz, il réunirait ses trois divisions et marcherait à lui.

BERTHIER A BERTRAND

Lutzen, 2 mai.

L'Empereur ordonne, monsieur le général Bertrand, qu'au lieu de venir ce soir, comme vous en avez reçu l'ordre hier, jusqu'à Kaya, vous vous arrêtiez à Taucha ; vous arrêterez même, s'il en est encore temps, la division italienne à Gleisberg et la division wurtembergeoise à Stœssen ; par ce moyen, monsieur le général, votre corps couvrira Naumbourg, Weissenfels et menacera Zeitz et sera en position pour se porter sur Pégau, si l'ennemi menaçait de déboucher. Vous aurez deux lieues de moins pour aujourd'hui et éviterez par là les traîneurs. On dit qu'il y en a beaucoup dans la division wurtembergeoise. Si l'ennemi débouchait de Zeitz, vous réuniriez vos trois divisions et marcheriez à lui.

L'Empereur désire que vous teniez un aide de camp près de lui pour connaître le lieu où vous vous trouverez, et afin que Sa Majesté puisse faire transmettre ses ordres avec exactitude.

L'intention de Sa Majesté est que vous poussiez une avant-garde du côté de Zeitz pour savoir ce qui se passe. Faites connaître à l'Empereur quand votre cavalerie vous aura rejoint.

Je donne l'ordre au duc de Raguse de partir de sa position qui est au ravin entre Weissenfels et Lutzen, pour se porter sur Pégau. Je lui recommande de correspondre avec vous.

Le prince de la Moskova est à Kaya et pousse des reconnaissances sur Zwenkau et sur Pégau.

BERTHIER AU PRINCE EUGÈNE

Lutzen, 2 mai, 11 heures du soir.

L'Empereur, monseigneur, trouve convenable que Votre Altesse soit demain à cheval à 3 heures du matin ; faites avancer la 35ᵉ division qu'on assure n'avoir pas donné afin de poursuivre vivement l'ennemi. Si le général Lauriston est à Leipzig avec tout son corps, donnez-lui l'ordre de se mettre en marche sur Zwenkau ; si au contraire une partie de son corps est avec vous ; vous le garderez et vous le réunirez à vos troupes, de manière qu'à 4 heures du matin vous puissiez avec les troupes déboucher sur l'ennemi. Une division du duc de Raguse n'a pas donné. Deux divisions du général Bertrand ont fait peu de choses. Avec vos troupes et celles du général Lauriston, vous aurez des forces suffisantes pour pousser l'ennemi vigoureusement ; l'Empereur sera à la petite pointe du jour au village de Kaya. Envoyez cette nuit un officier près l'Empereur qui fera connaître votre position et à quelle heure vous déboucherez demain sur l'ennemi.

BERTHIER AU DUC DE REGGIO

Sur le champ de bataille devant Kaya, 3 mai.

L'Empereur, monsieur le duc, a remporté une victoire éclatante sur les armées russes et prussiennes commandées par l'empereur Alexandre et le roi de Prusse en personne.

Je pense que vous avez reçu mon ordre du 1ᵉʳ mai, de vous porter sur Naumbourg.

BERTHIER A NEY

Devant Kaya, 3 mai.

L'Empereur ordonne, prince, que vous portiez votre quartier général à Lutzen et que vous gardiez les débouchés sur Weissenfels. Vous enverrez de forts partis sur Leipzig pour assurer la communication. Il est probable que l'Empereur aura ce soir son quartier général à Pégau.

BERTHIER AU PRINCE EUGÈNE

Lutzen, 3 mai.

Monseigneur, s'il est vrai que Spandau se soit rendu, l'intention de l'Empereur est qu'aussitôt que le gouverneur sera dans les lignes françaises, il soit arrêté ainsi que le commandant du génie et le commandant de l'artillerie de cette place; le commandant de l'artillerie et le commandant du génie ne devront pas être arrêtés, s'ils déclarent qu'ils ont protesté contre la capitulation et, dans ce cas, ils auront ordre de se rendre au quartier général. S'ils déclarent avoir consenti à la capitulation, ils devront être mis aux arrêts jusqu'à ce que l'enquête soit faite, mais la présomption est contre le conseil de défense pour avoir rendu cette place si promptement, sauf toutefois justification.

Je prie Votre Altesse impériale de vouloir bien donner ses ordres pour l'exécution de ces dispositions.

BERTHIER A LAURISTON

Pégau, 3 mai.

L'intention de l'Empereur, monsieur le général Lauriston, est que vous envoyiez un bataillon en reconnaissance sur Leipzig pour occuper cette place jusqu'à l'arrivée de l'une des divisions du corps du prince de la Moskova.

Faites-moi passer les nouvelles que vous avez de l'ennemi et celles que vous pouvez encore vous procurer à Leipzig.

L'Empereur désire savoir ce qu'est devenu le petit corps qui était à Halle, qu'est-ce qu'il y a à Dessau et ce qu'il y a entre Leipzig et Torgau ?

BERTHIER A NEY

Pégau, 3 mai.

Je vous préviens, prince, que le quartier général de l'Empereur est aujourd'hui à Pégau; Sa Majesté désire avoir des nouvelles de votre corps d'armée et sa situation, donnez-m'en le plus tôt possible.

L'Empereur, prince, ne voit pas d'inconvénient à ce que vous commenciez à envoyer une division à Leipzig. Je donne ordre au général Bertrand, qui est à Lutzen, d'aller prendre de suite le commandement de cette place.

Désignez un officier pour le remplacer dans le commandement de Lutzen.

BERTHIER A BERTRAND (1)

Pégau, 3 mai.

Ordre de partir de Lutzen pour se rendre à Leipzig et prendre le commandement de cette place.

____

(1) Général de brigade.

Ordre à l'intendant général d'y envoyer un commissaire ordonnateur et les agents d'administration nécessaires.

BERTHIER A BERTRAND ET A MARMONT

Pégau, 3 mai.

Avis que le quartier général de l'Empereur est aujourd'hui à Pégau.

BERTHIER A NEY

Pégau, 4 mai, 4 heures du matin.

L'Empereur ordonne, monsieur le prince de la Moskova, que vous lui fassiez connaître l'appel d'aujourd'hui à 6 heures du matin, et que vous lui envoyiez les noms de tous les généraux et colonels tués ou blessés et de ceux qui commandent actuellement les brigades et les régiments. Sa Majesté ordonne également que vous lui envoyiez une note sur la situation de votre artillerie, afin qu'elle ait une idée de la situation actuelle de votre corps.

L'intention de l'Empereur, est, monsieur le maréchal, que si, comme Sa Majesté le suppose, il n'y a plus de cosaques devant vous, tout l'ennemi se reployant sur l'Elbe, vous laissiez à Lutzen ce qui est nécessaire pour relever les blessés sur le champ de bataille et en garder les différents points, et qu'avec votre corps d'armée vous vous portiez aujourd'hui sur Leipzig où Sa Majesté désire que vous entriez, après avoir fait faire toilette à votre troupe et avec autant de pompe militaire que vous pourrez.

Le général Reynier avec la division Durutte sera sous vos ordres ; je donne ordre à ce général, aussitôt qu'il sera assuré que la colonne ennemie a évacué Halle, ce que Sa Majesté suppose ne pas être douteux, de se rendre à Leipzig, où il sera sous vos ordres.

BERTHIER A REYNIER

Pégau, 4 mai, 5 heures du matin.

L'intention de l'Empereur, monsieur le général comte Reynier, est qu'aussitôt que vous serez assuré que la colonne ennemie a évacué Halle, ce que Sa Majesté suppose ne pas être douteux, vous vous rendiez à Leipzig avec la division Durutte et que vous soyez sous les ordres du prince de la Moskova.

Je vous envoie l'ordre que je donne à la brigade et à l'artillerie du général Lauriston qui avaient été laissées à Halle et qui, de là, étaient venues sur Mersebourg, de rejoindre par Leipzig le général Lauriston qui, de Zwenkau, se dirige sur Rotha.

— Ordre à la brigade et à l'artillerie du général Lauriston qui, de Halle, étaient venues à Mersebourg, de rejoindre ce général par Leipzig, par Zwenkau et Rotha.

BERTHIER A BERTRAND

Pégau, 4 mai, 5 heures du matin.

L'Empereur ordonne, monsieur le général comte Bertrand, que, jusqu'à ce que vous soyez instruit que le duc de Reggio est arrivé à Zeitz, vous envoyiez de fortes reconnaissances dans la direction de Zeitz et d'Altenbourg, afin d'avoir des nouvelles de l'ennemi. Sa Majesté ordonne également que vous envoyiez des patrouilles du côté de Borna et que, si vous entendiez une vive canonnade sur ce point, vous vous y portiez et envoyiez demander des ordres.

— On a prévenu le duc de Reggio.

BERTHIER AU PRINCE EUGÈNE

Pégau, 4 mai, 4 heures 1/2 du matin.

Monseigneur, l'intention de l'Empereur est que Votre Altesse parte aujourd'hui, à 6 heures du matin, pour se porter sur Borna. Je prescris au général Lauriston, qui continue à être sous les ordres de Votre Altesse, de se porter sur Rotha, et, une fois passé, de favoriser votre passage à Borna.

L'Empereur, monseigneur, me charge de faire connaître à Votre Altesse qu'il faut absolument avoir Borna dans la journée afin de pousser l'ennemi et d'avoir des renseignements sur sa direction.

BERTHIER A LAURISTON

Pégau, 4 mai, 4 heures 1/2 du matin.

L'Empereur ordonne, monsieur le général Lauriston. que vous vous portiez à Rotha et qu'une fois passé, vous favorisiez le passage du prince vice-roi à Borna.

Ce prince a l'ordre de se mettre en marche ce matin à 6 heures, pour se porter sur Borna; vous continuez, général, à être sous ses ordres.

BERTHIER A MARMONT

Pégau, 4 mai, 4 heures 1/2 du matin.

L'Empereur ordonne, monsieur le maréchal, que vous partiez d'aussi bonne heure qu'il vous sera possible, pour joindre la route de Borna. Faites-moi connaître sur quel point et à quelle heure vous arriverez.

BERTHIER A HAMMERSTEIN

Pégau, 4 mai.

L'Empereur pense, monsieur le général Hammerstein, que vous êtes arrivé hier soir à Naumbourg avec votre division qui est la 37e division de la Grande Armée, et Sa Majesté ordonne que, de Naumbourg, vous continuiez votre marche pour vous porter sur Zeitz.

Dans le cas cependant, où vous seriez déjà à Weissenfels, vous vous dirigeriez alors sur Pégau, au lieu de vous porter sur Zeitz.

Instruisez-moi le plus tôt possible de votre marche.

BERTHIER A FRANCQUEMONT

Pégau, 4 mai.

Ordre à la division wurtembergeoise du général Francquemont qui est à Kaya, de rejoindre le corps du général Bertrand dans la direction de Zeitz en passant l'Elster à Predel.

BERTHIER A OUDINOT

Pégau, 4 mai, 9 heures du matin.

L'Empereur ordonne, monsieur le maréchal, que, de Naumbourg, ou du point où vous recevrez le présent ordre, vous continuiez de suivre votre marche pour vous rendre directement sur l'Elster à Zeitz.

Envoyez-moi un officier qui me fasse connaître bien précisément votre marche.

BERTHIER A LORGE

Pégau, 4 mai.

D'après le rapport que m'a fait le duc de Padoue, monsieur le général Lorge, vous devez arriver demain 5, à Mayence avec la division de marche du 3e corps de réserve de cavalerie que vous commandez. Monsieur le maréchal duc de Valmy aura fait réunir à votre division les détachements du 3e corps de cavalerie qui, de leurs dépôts, s'étaient rendus directement à Mayence et vous aurez continué votre marche sur Hanau, où par conséquent, vous devez arriver le 8 ou le 9 de ce mois.

L'Empereur ordonne que, de là, vous vous dirigiez avec votre division sur Gotha où vous attendrez de nouveaux ordres ; vous irez donc loger de Hanau à Gelnhaussen, Salmunster, Schluchtern, Fulda, Hunfeld, Vacha, Eisenach et Gotha.

Faites-moi connaître le plus tôt possible la composition bien exacte et bien détaillée de votre division, ainsi que l'époque précise de votre départ de Hanau, afin que je puisse, à l'avance, rendre compte à l'Empereur de l'époque à laquelle vous arriverez à Gotha, et prendre des ordres pour votre marche ultérieure.

BERTHIER A BERTRAND

Pégau, 4 mai, 1 heure après-midi.

L'Empereur ordonne, monsieur le général Bertrand, que vous vous portiez avec votre corps sur Frohbourg.

Le quartier général sera ce soir à Borna où le vice-roi arrive dans ce moment.

Ce mouvement entre Altenbourg et Borna vous mettra à même de dépasser la partie des bagages de l'ennemi qui se retirent par la route d'Altenbourg.

BERTHIER A MILHAUD

Pégau, 4 mai, 1 heure après-midi.

Monsieur le général Milhaud, votre division doit arriver aujourd'hui à Naumbourg. L'intention de l'Empereur est que, de là, vous vous rendiez en droite ligne sur Pégau. Il arrive aussi à Naumbourg une colonne de troupes de la garde impériale commandée par le général Decouz : l'intention de Sa Majesté est que votre division et cette colonne marchent ensemble, afin de se soutenir mutuellement.

Envoyez-moi un officier pour me faire connaître votre marche et m'apporter votre état de situation.

— Ordre dans le même sens au général Decouz, commandant la colonne de troupes de la garde impériale.

BERTHIER AU GÉNÉRAL HAMMERSTEIN

Pégau, 4 mai.

Monsieur le général Hammerstein, l'Empereur ordonne que votre corps fasse partie du corps du duc de Raguse. Dirigez-vous donc sur Borna où se rend le duc de Raguse dont vous prendrez les ordres à votre arrivée.

BERTHIER A MARMONT

Pégau, 4 mai, 2 heures après-midi.

Je vous préviens, monsieur le duc, que je donne l'ordre au général Hammerstein, commandant le corps westphalien, de se diriger sur Borna, pour y être sous vos ordres.

Ce corps a environ 1.000 hommes de cavalerie.

BERTHIER A DUMAS

Pégau, 4 mai, 2 heures après-midi.

L'intention de l'Empereur, monsieur le général Dumas, est qu'après avoir assuré le service de la place de Lutzen et des blessés et après y avoir laissé un commissaire de guerre et des employés nécessaires pour avoir soin des blessés, vous partiez avec 75 gendarmes environ qui sont à Lutzen pour vous diriger sur Borna. Donnez la même direction aux voitures. Partez ce soir ou demain matin.

BERTHIER AU COMMANDANT DE LA GENDARMERIE A LUTZEN

Pégau, 4 mai, 2 heures après-midi.

Il est ordonné au commandant de la gendarmerie, qui est à Lutzen, d'y laisser 25 gendarmes pour la police de la place et le service des blessés et de partir avec le reste pour se rendre à Borna avec l'intendant général de l'armée : il partira ce soir ou demain matin.

BERTHIER AU PRINCE EUGÈNE

Borna, 4 mai, 6 heures du soir.

Monseigneur, l'Empereur désire que vous nous fassiez de la place. Approchez-vous de Colditz ; que l'extrémité de la queue de votre corps soit à Laussig et le reste en avant sur la route de Colditz. N'occupez pas Flössberg où sera le duc de Raguse.

BERTHIER A MARMONT

Borna, 4 mai, 6 heures du soir.

L'intention de l'Empereur, monsieur le duc de Raguse, est que vous vous rendiez à Flössberg.

Le vice-roi a l'ordre de pousser la queue de son corps jusqu'à Laussig, ayant le reste en avant sur la route de Colditz. Le général Bertrand a reçu l'ordre de se rendre à Frohbourg. Le duc de Reggio doit être arrivé à Zeitz. Le quartier général de l'Empereur est ici. La division westphalienne vous rejoindra ce soir.

BERTHIER A OUDINOT

Borna, 4 mai, 6 heures du soir.

L'intention de l'Empereur, monsieur le duc de Reggio, est que, de Zeitz, vous continuiez votre route sur Altenbourg. Le général Bertrand se rend à Frohbourg.

Le duc de Raguse est à Flössberg.

Le vice-roi est à Laussig, route de Colditz.

— Ordre au général Montion d'envoyer un adjudant commandant à Pégau ; faire filer tout ce qui s'y trouve et m'en rendre compte.

Borna, 4 mai, 7 heures du soir.

Ordre au général Hammerstein de laisser un bataillon au quartier général.

BERTHIER AU PRINCE EUGÈNE

Borna, 5 mai, 3 heures du matin.

Monseigneur, j'ai mis sous les yeux de l'Empereur le rapport que Votre Altesse impériale m'a adressé hier soir ; Sa Majesté trouve que votre corps marche beaucoup trop lentement ; qu'il occupe trop de place, ce qui embarrasse la marche de l'armée. L'Empereur a remarqué qu'il y a beaucoup trop de voitures à votre corps et qu'il n'y a pas d'ordre ; que la cavalerie traîne à sa suite, comme à l'ordinaire, une grande quantité d'embarras et d'hommes éclopés ; l'intention de Sa Majesté est que Votre Altesse impériale fasse diriger tout cela sur Leipzig ; que vous mettiez aussi de l'ordre dans vos voitures, que vous fassiez exécuter le règlement, et qu'il ne marche aucun bagage avec la 1re division d'infanterie. L'Empereur me charge de faire connaître à Votre Altesse Impériale qu'il faut, aujourd'hui

que la queue de votre corps ait dépassé Colditz à midi et que votre
quartier général soit entre Colditz et Valdheim, le plus près de
Valdheim que vous pourrez. Le quartier général de l'Empereur
sera à Colditz à midi. Enfin, monseigneur, Sa Majesté recommande
aussi de marcher aujourd'hui plus réuni, cela est nécessaire.

BERTHIER A BERTRAND

Borna, 5 mai, 3 heures du matin.

J'ai mis sous les yeux de l'Empereur, monsieur le général Bertrand, votre rapport du 4. Sa Majesté ordonne que vous vous portiez
avec votre corps d'armée sur Rochlitz. Le prince vice-roi a l'ordre
de se porter entre Colditz et Waldheim ; il aura dépassé Colditz à
midi.

BERTHIER A MARMONT

Borna, 5 mai.

L'Empereur, monsieur le duc de Raguse, ordonne que vous vous
dirigiez aujourd'hui avec votre corps d'armée entre Colditz et
Rochlitz, pour y passer la Mulde, si l'ennemi la défend à Codiltz, et
pouvoir ainsi tourner la position Vous ferez reconnaître Rochlitz.

Le général Bertrand doit arriver aujourd'hui sur Rochlitz mais il
y sera très tard. Le prince vice-roi a l'ordre de se porter entre Colditz et Waldheim, il sera au delà de Colditz avant midi.

BERTHIER A OUDINOT

Borna, 5 mai, 3 heures du matin.

Monsieur le duc de Reggio, j'ai mis sous les yeux de l'Empereur
votre rapport du 4. Sa Majesté ordonne que vous vous portiez sur
Altenbourg.

Faites-moi connaître quand vous y arriverez.

BERTHIER A LAURISTON

Borna, 5 mai, 5 heures du matin.

Monsieur le général comte Lauriston, l'Empereur désire que vous
marchiez sur Wurzen et vous vous liiez avec le prince de la Moskova
qui est à Leipzig, afin que, par ce mouvement, vous approchiez de
Torgau. Donnez-moi des nouvelles de l'ennemi et ayez bien soin de

m'envoyer, de l'endroit où vous aurez établi ce soir votre quartier général, un aide de camp ou un officier d'état-major pour prendre des ordres ; si vous aviez quelque chose de nouveau à nous apprendre dans votre marche, envoyez un officier à l'Empereur dont le quartier général est à Borna et qui vraisemblablement sera ce soir sur Colditz.

BERTHIER A MILHAUD

Borna, 5 mai, 5 heures du matin.

Ordre au général Milhaud qui arrive le 4 au soir entre Weissenfels et Lutzen, de se rendre directement à Borna, passant par Pégau ; s'il n'est pas trop fatigué, on pense que sa division pourra venir coucher le 5 à Borna.

BERTHIER A VICTOR

Borna, 5 mai, 7 heures du matin.

Monsieur le duc de Bellune, je donne ordre au général Sébastiani de se diriger de manière à opérer le plus tôt possible sa réunion avec le prince de la Moskova, de se réunir en route avec toute l'infanterie, la cavalerie et l'artillerie qu'il trouvera et d'amener tout à l'armée ; il prendra aussi sous ses ordres la 1re division du Ier corps commandée par le général Philippon ; et si vous n'êtes pas encore réuni au corps du prince de la Moskova, il se joindra à vous de manière à arriver avec le plus de forces possible, mais aussi de manière à rejoindre promptement le prince de la Moskova ; je lui mande de ne laisser à Magdebourg que le régiment westphalien, les deux bataillons de garnison de la citadelle, quatre bataillons de la 1re division et deux bataillons du IIe corps d'armée, ce qui fera huit bataillons français.

L'Empereur me charge de vous faire connaître, monsieur le duc, que vous serez sous les ordres du prince de la Moskova, comme plus ancien maréchal que vous ; l'intention de Sa Majesté est que vous réunissiez également tous les détachements d'infanterie, cavalerie et artillerie qui seraient à votre portée et que vous marchiez avec précaution.

Je m'empresse de vous annoncer que l'Empereur a remporté le 2 de ce mois, dans les plaines de Lutzen, la victoire la plus complète sur les armées russes et prussiennes réunies et commandées par l'empereur de Russie et le roi de Prusse en personne ; l'ennemi culbuté sur tous les points a laissé le champ de bataille couvert de ses morts, il est en pleine retraite et nous poursuivons nos succès.

BERTHIER A SEBASTIANI

Borna, 5 mai, 7 heures du matin.

Monsieur le général Sébastiani, l'Empereur me charge de vous donner l'ordre de vous diriger de manière à opérer le plus tôt possible votre réunion avec le prince de la Moskova. Faites en sorte de vous réunir en route avec toute l'infanterie, la cavalerie et l'artillerie que vous trouverez et amenez tout cela à l'armée. Prenez sous vos ordres la 1re division d'infanterie commandée par le général Philippon. Si le duc de Bellune n'est pas encore réuni au corps du prince de la Moskova, réunissez-vous aussi avec lui de manière à arriver avec le plus de forces possible, mais aussi de manière à rejoindre promptement le prince de la Moskova. Ecrivez à Hanovre et à Brunswick pour que tout ce qu'il est possible d'en tirer de cavalerie vous rejoigne. Vous ne laisserez à Magdebourg que le régiment westphalien, les deux bataillons de garnison de la citadelle, quatre bataillons de la 1re division d'infanterie et deux bataillons du IIe corps d'armée, ce qui fera huit bataillons français.

Je m'empresse de vous annoncer, etc., comme au duc de Bellune.

BERTHIER A NEY

Borna, 5 mai, 7 heures du matin.

Monsieur le prince de la Moskova, indépendamment des divisions qui composent votre corps d'armée, l'intention de l'Empereur est que le IIe corps d'armée commandé par le duc de Bellune, ayant une division de dix bataillons qui était à Bernbourg, soit sous vos ordres et vous rejoigne ; que le général Sébastiani ayant sous son commandement la division Puthod de 10.000 hommes d'infanterie et 4.000 hommes de cavalerie soit sous vos ordres et vous rejoigne ; que la 1re division d'infanterie commandée par le général Philippon, faisant partie du Ier corps d'armée, composée de seize bataillons et qui est du côté de Magdebourg, laisse quatre bataillons à Magdebourg et vous rejoigne avec douze bataillons.

Vous recevrez ainsi, prince, une augmentation de :

Douze bataillons de la division Puthod ;

Douze bataillons de la division du 1er corps commandée par le général Philippon ;

Dix bataillons du duc de Bellune ;

Total : trente-quatre bataillons avec leurs batteries d'artillerie, plus 4.000 hommes de cavalerie du général Sébastiani ce qui, avec la division Durutte, vous fera une augmentation de 30.000 hommes, y compris les Saxons.

Il y a deux bataillons du régiment étranger et plusieurs bataillons isolés du corps du général Lauriston qui n'ont pas encore dépassé Leipzig. L'Empereur vous autorise à réunir à vous tout ce qui n'aurait pas dépassé Leipzig dans la journée d'aujourd'hui, en en rendant compte. Envoyez des estafettes aux différents généraux ci-dessus désignés, pour leur donner vos ordres, leur prescrire une direction et tenez-vous prêt à manœuvrer pour vous porter sur Torgau. L'Empereur désire que vous réunissiez le duc de Bellune et les généraux Sébastiani et Philippon, afin qu'il ne leur arrive rien en route ; dès que vous connaîtrez la composition et la marche de ces troupes, intruisez-m'en afin que je puisse en rendre compte à l'Empereur.

BERTHIER AU PRINCE D'ECKMÜLH

Borna, 5 mai, 7 heures du matin.

Monsieur le prince d'Eckmülh, d'après les ordres de l'Empereur, je prescris au duc de Bellune de se réunir avec le prince de la Moskova et je donne en même temps l'ordre au général Sébastiani de partir de suite avec son corps de cavalerie, avec la division Puthod de douze bataillons, avec la 1re division du 1er corps commandée par le général Philippon que vous mettrez sous les ordres du général Sébastiani, pour rejoindre pareillement et le plus promptement possible le corps du prince de la Moskova. Le général Sébastiani tirera de Hanovre et de Brunswick toute la cavalerie possible pour l'emmener avec lui, et il réunira en route toute l'infanterie, la cavalerie et l'artillerie qu'il trouvera pour arriver à l'armée avec le plus de forces possible. La garnison de Magdebourg restera composée d'un régiment westphalien, de deux bataillons de garnison de la citadelle, de quatre bataillons pris sur les seize de la division Philippon qui, par conséquent, n'en mènera que douze à l'armée et de deux bataillons du IIe corps d'armée, ce qui fera à Magdebourg huit bataillons français.

e m'empresse... de même qu'au duc de Bellune.

BERTHIER AU PRINCE EUGÈNE, A PHILIPPON, A PUTHOD, A HAXO, A BOURCIER

Borna, 5 mai, 7 heures du matin.

Ordre et avis en conséquence.

BERTHIER A NEY

Borna, 5 mai, 9 heures du matin.

Monsieur le prince de la Moskova, je vous préviens que, d'après les intentions de l'Empereur, j'ai donné l'ordre au comte Lauriston de se rendre avec son corps à Wurzen pour nettoyer la route de Wurzen à Dresde, ce qui assurera votre flanc droit. Sa Majesté désire que vous vous dirigiez le plus tôt possible sur Torgau pour rétablir la communication. Je vous prie de faire passer la lettre ci-jointe au général Thielman, commandant de Torgau, par laquelle je lui fais connaître que le général Reynier va reprendre le commandement du VIIe corps dont les Saxons font partie.

— Lettre en conséquence au général Thielman.

BERTHIER A KELLERMANN

Borna, 5 mai.

Monsieur le maréchal duc de Valmy, l'Empereur ordonne que vous fassiez partir l'infanterie, la cavalerie et l'artillerie du général Dombrowski, aussitôt qu'ils seront prêts et en état de faire la guerre. Donnez des ordres en conséquence et rendez-m'en compte.

Toutes les troupes se rendront à Erfurt où elles prendront les ordres du général Doucet qui fera diriger sur Leipzig tout ce qui appartient au corps du prince de la Moskova, au général Sébastiani, au général Lauriston et à la division du général Philippon du Ier corps.

Quant à ce qui appartient au duc de Reggio, au général Bertrand, au vice-roi ainsi qu'à la garde, cela se dirigera d'Erfurt sur Dresde, mais c'est le général Doucet qui donnera tous ces ordres.

BERTHIER A OUDINOT

Colditz, 5 mai, 6 heures du soir.

Monsieur le maréchal duc de Reggio, l'Empereur vous croit ce soir à Altenbourg. L'intention de Sa Majesté est que, de cette ville, vous continuiez votre mouvement sur Dresde. L'Empereur a ce soir son quartier général à Colditz.

Le vice-roi se porte sur Waldheim ; ayez soin de m'envoyer tous les soirs un officier du point où vous coucherez.

BERTHIER A NEY

Colditz, 5 mai, 8 heures du soir.

Monsieur le maréchal prince de la Moskova, le quartier général de l'Empereur est ce soir à Colditz. Celui du vice-roi à Waldheim, il a eu ce soir une affaire d'arrière-garde avec l'ennemi. Le général Lauriston s'est porté sur Wurzen : l'Empereur désire que ce général, s'il ne vous est pas nécessaire, se mette en grande marche sur la route de Dresde et fasse sept lieues par jour, de manière à arriver de son côté à la même hauteur que nous. L'Empereur, prince, est aussi très pressé de vous voir en communication avec Torgau et de voir le général Reynier en possession du commandement important de cette place. N'ayant pas reçu de renseignements de vous, monsieur le maréchal, depuis votre entrée à Leipzig, l'Empereur ne peut vous donner aucun ordre positif; mais il désire que vous manœuvriez soit en vous portant sur Eulenbourg, soit de toute autre manière, mais faisant en sorte d'être le plus tôt possible maître de Torgau, puisque, si l'ennemi voulait garder la rive droite de l'Elbe et être maître de la moitié de la ville de Dresde, Sa Majesté, tout en prenant possession de la partie de cette ville qui est sur la rive gauche, pourrait manœuvrer de manière à passer rapidement à Torgau.

J'ai expédié, prince, les ordres et vous les avez expédiés de votre côté en détail et directement pour que le maréchal duc de Bellune, le général Sébastiani et le général Philippon vous rejoignent.

BERTHIER A LAURISTON

Colditz, 5 mai, 8 heures du soir.

Monsieur le général Lauriston, l'intention de l'Empereur est que vous vous portiez en grande marche et par la grande route sur Dresde, de manière à faire sept à huit lieues par jour. Le quartier général de l'Empereur est aujourd'hui à Colditz. Tous les corps ennemis ont passé par ici, et il ne doit y avoir rien de considérable du côté du prince de la Moskova.

Mandez-moi ce que vous comptez faire et donnez-nous de vos nouvelles. Je vous écris par un homme du pays.

BERTHIER A MARMONT

Coldilz, 6 mai, 3 h. 1/2 du matin.

Monsieur le maréchal duc de Raguse, l'Empereur me charge de vous faire connaître que le vice-roi a défait hier le corps de Miloradowitsch au village de Gersdorf, que son avant-garde était sur les hauteurs de Harta. Il est nécessaire, monsieur le duc, que votre 1re division commence à entrer dans la ville à 4 heures du matin et qu'elle se porte en toute diligence sur Waldheim. Une division du général Kleist qui venait du côté de Wittenberg, est retournée sur Wurzen par Leisenig. Sa Majesté suppose qu'elle aura probablement évacué la nuit. L'Empereur ordonne que vous envoyiez une reconnaissance sur Leisenig, où il est bon que l'on entre pour savoir ce qui s'est passé. Cela ne doit pas arrêter la marche de votre corps d'armée dans la direction du vice-roi.

BERTHIER AU PRINCE EUGÈNE

Coldilz, 6 mai, 4 heures du matin.

Monseigneur, l'Empereur me charge de vous faire connaître qu'il a vu avec plaisir votre relation d'hier, mais qu'il y a bien peu de prisonniers. Dans un pays, où la cavalerie ne peut rien, Sa Majesté pense qu'on aurait dû prendre 2.000 à 3.000 hommes.

L'Empereur ordonne que vous partiez à la pointe du jour pour arriver à Nossen dans la journée. Le duc de Raguse vous soutient à trois heures de marche ; Votre Altesse peut donc marcher droit et rapidement. Comme toutes les colonnes de l'ennemi convergent sur Dresde, l'Empereur juge qu'il est important d'arriver rapidement devant cette ville, puisque tout ce qui n'aurait pas passé, serait rejeté sur la Bohême. Le général Lauriston a reçu l'ordre de se diriger à grande marche de Wurzen, par le grand chemin, sur Dresde.

BERTHIER A LAURISTON

Coldilz, 6 mai, 4 heures du matin.

L'Empereur, monsieur le général Lauriston, me charge de vous réitérer l'ordre de partir de Wurzen et de faire sept à huit lieues par jour par la grande route de Dresde, de manière à arriver sur

Meissen en même temps que nous arriverons sur Wildsruf. Le vice-roi a battu le général Miloradowitsch et Son Altesse est à Waldheim. Le général Kleint avec une division de 5.000 à 6.000 hommes est sur la route de Leisenig, probablement pour se porter du côté de l'Elbe. Il semble possible à l'Empereur que vous puissiez couper et intercepter cette division.

BERTHIER A BERTRAND

Colditz, 6 mai, 4 heures du matin.

Monsieur le général Bertrand, l'Empereur ordonne que vous marchiez sur deux colonnes, l'une pour passer la rivière entre Waldheim et Medrida, l'autre sur Mittweyda. Le vice-roi est sur Waldheim ; il a défait hier le corps de Miloradowitsch ; Son Altesse a ordre d'aller aujourd'hui à Nossen ; il faut donc que vous vous approchiez. Le général Lauriston part aujourd'hui de Wurzen pour faire huit lieues par jour sur la grande route de Dresde. Il est donc nécessaire d'arriver tous à la fois sur Dresde. Sa Majesté ordonne que vous envoyiez un officier au duc de Reggio qui est en marche de Zeitz sur Altenbourg pour avoir de ses nouvelles ; car il est à prévoir que, s'il y a encore une colonne ennemie qui ne soit pas encore arrivée à Dresde, l'ennemi voudra tenir pour gagner 24 heures.

BERTHIER A BERTRAND

Colditz, 6 mai, 9 heures du matin.

Monsieur le général comte Bertrand, l'Empereur vous laisse le maître de vous porter sur Freyberg, afin de déboucher par cette grande route sur Dresde. Le vice-roi sera ce soir à Nossen. Peut-être Sa Majesté y portera-t-elle son quartier général ; peut-être le portera-t-elle à Etzdorf.

Envoyez-moi ce soir un officier, de l'endroit où vous vous arrêterez.

BERTHIER A LAURISTON

Waldheim, 6 mai.

Monsieur le général Lauriston, je vous expédie un gendarme du pays, pour vous faire connaître qu'il y a 12.000 Prussiens qui se sont retirés sur Meissen et que le reste des Prussiens et tous les Russes se sont retirés sur Dresde. L'intention de l'Empereur est donc que vous marchiez droit sur Meissen ; que vous vous empariez de la ville et que vous obligiez l'ennemi à repasser l'Elbe ; on dit qu'il a fait beaucoup d'ouvrages sur la rive droite, mais il n'en a pas sur la rive gauche. Le quartier général impérial sera vraisemblablement demain à Nossen ; l'Empereur espère donc, monsieur le comte, que vous serez après-demain 8 à Meissen.

Donnez-moi de vos nouvelles par le retour du gendarme ; il est bien important que vous marchiez rapidement.

BERTHIER AU PRINCE PONIATOWSKI

Waldheim, 6 mai.

Monsieur le prince Poniatowski, je m'empresse de vous faire connaître que nous arrivons sur Dresde ; que depuis la bataille de Lutzen, nous menons les armées russes et prussiennes tambour battant. Tout va au mieux et il est probable que nous serons bientôt en Pologne.

Vous devez manœuvrer en conséquence, surtout ne vous laissez pas désarmer et ne donnez dans aucun des pièges que l'on pourrait vous tendre pour perdre votre corps.

— Même lettre jusqu'à (bientôt en Pologne) au baron de Serra, à M. Bignon.

BERTHIER A DOUCET

Waldheim, 6 mai.

Je vous ai adressé hier des instructions, monsieur le général Doucet, pour la nouvelle direction à donner aux troupes. Exécutez-les avec beaucoup de soins. Séparez bien dans tout ce qui arrive à Erfurt, ce qui doit suivre la route de Rudolstadt Naumbourg, Weissenfels et Leipzig et ce qui doit prendre la nouvelle direction de Weimar. Iéna, Gera, Altenbourg, etc. Ayez soin que tout continue sa marche suivant ces dispositions assurez-vous même que rien de ce qui vient de Mayence ne s'arrête en route, soit sur Eisenach, soit sur quelque autre point en arrière d'Erfurt, mais ne laissez point partir d'hommes isolés ou détachement sans être organisés en colonnes de 600 hommes au moins, ainsi que mes instructions le prescrivent.

Quant au trésor de l'armée, il est bien à Erfurt, et il faut l'y conserver jusqu'à ce que nous ayons pris une position définitive ; l'intention de l'Empereur est aussi que le 4e bataillon du 37e régiment d'infanterie légère qui formait l'escorte de ce trésor reste quelques jours à Erfurt pour s'y reposer et se reformer.

Je vous préviens que j'ai donné l'ordre à une division de marche du 3e corps de réserve de cavalerie commandé par le général Lorge, qui doit arriver du 8 au 9 à Hanau, de continuer sa marche sur Gotha, elle y attendra les nouveaux ordres que je lui ferai parvenir.

Je vous recommande de nouveau, général, de m'écrire tous les jours par l'estafette et surtout de m'adresser sans aucun retard les états très exacts et très détaillés de tout ce qui partira d'Erfurt, en indiquant la composition des troupes et convois et en joignant la copie de leur itinéraire.

BERTHIER A BERTRAND

Waldheim, 7 mai, 5 heures du matin.

L'Empereur, monsieur le général Bertrand, ordonne que vous vous portiez sur Freyberg. Sa Majesté est à Waldheim, le vice-roi se dirige sur Nossen. J'attends que vous me donniez des nouvelles du duc de Reggio. Je vous recommande, monsieur le comte, d'envoyer chaque soir un officier au quartier général, cela est très nécessaire.

BERTHIER A MARMONT

Waldheim, 7 mai, 6 h. 1/2 du matin.

Monsieur le maréchal duc de Raguse, l'intention de l'Empereur est que si vous êtes bien réuni et que tout ce qui appartient au vice-roi soit déblayé de devant vous, vous vous mettiez en marche pour suivre le mouvement du vice-roi par Nossen. Faites-vous flanquer sur votre droite par un parti de cavalerie et d'infanterie, parce qu'il rôde des cosaques, et que le général Bertrand est loin de vous, se portant de Mittweyda sur Freyberg. Quant au général Hammerstein, donnez-lui l'ordre de marcher parallèlement à vous, passant par Doblen.

Vous trouverez ci-joint, copie de la lettre que j'écris au général Hammerstein ; indépendamment de cela, envoyez-lui vous-même cet ordre, et faites-lui connaître où voulez qu'il s'arrête ce soir.

BERTHIER A HAMMERSTEIN

Waldheim, 7 mai, 6 h. 1/2 du matin.

Monsieur le général Hammerstein, j'ai reçu votre lettre ; le duc de Raguse a eu son quartier général, cette nuit, sur les hauteurs de Waldheim, il marche par Etzdorf sur Nossen.

Partez de Leisenig pour Doblen. Rendez compte au duc de Raguse ; vous devez continuer votre mouvement parallèlement à lui jusqu'à la hauteur de Nossen.

BERTHIER AU PRINCE EUGÈNE

Waldheim, 7 mai, 7 heures du matin.

Monseigneur, l'Empereur a reçu votre lettre d'hier. Votre Altesse doit continuer son mouvement sur Dresde ; le duc de Raguse vous suit avec son corps ; le général Bertrand se rend sur Freyberg ; le comte Lauriston, sur Meissen ; l'Empereur est ici avec sa garde et ira, vraisemblablement, ce soir sur Nossen.

BERTHIER AU DUC DE REGGIO

Waldheim, 7 mai, 10 heures du matin.

Monsieur le duc de Reggio, vous devez avoir reçu l'ordre que je vous ai adressé de Colditz, le 5, pour que, d'Altenbourg, vous continuiez votre mouvement sur Dresde, l'Empereur me charge de vous réitérer cet ordre. Le quartier impérial sera ce soir à Nossen.

BERTHIER AU PRINCE D'ECKMUHL

Nossen, 7 mai.

Expédié au prince d'Eckmühl une lettre chiffrée qui se trouvera dans les archives.

BERTHIER A BERTRAND

Nossen, 7 mai, 5 h. 1/2 du soir.

L'Empereur, monsieur le général comte Bertrand, me charge de vous faire connaître que le quartier général est aujourd'hui à Nossen et que l'avant-garde est à Wilsdruf.

Sa Majesté juge convenable que vous partiez demain 8, de très bonne heure pour entrer à Dresde ; vous pouvez mettre en avant toute votre cavalerie, une bonne partie de votre artillerie et une bonne avant-garde pour pousser plus rapidement.

Arrivé à Tharand, vous ne vous trouverez qu'à une lieue de Wilsdruf et on pourra communiquer. Faites-moi connaître à quelle heure vos trois divisions seront arrivées ce soir, et à quelle heure vous pourrez vous mettre en marche demain. Le général Lauriston arrive ce soir sur Meissen.

BERTHIER A BERTRAND

Dresde, 8 mai, 11 heures du soir.

Monsieur le général Bertrand, le quartier général est à Dresde, l'intention de l'Empereur est que vous établissiez bien vos troupes où vous vous trouvez, que vos corps réunissent leurs hommes, que l'on se repose et surtout que l'on mange bien. Baraquez-vous et tâchez de vous faire fournir par le pays des vivres pour plusieurs jours ; empêchez la maraude, enfin maintenez dans vos troupes une bonne police et discipline. Envoyez-moi l'état de situation de votre corps d'armée.

— Même lettre au duc de Reggio.

BERTHIER A MORTIER

Dresde, 8 mai.

Monsieur le duc de Trévise, l'intention de l'Empereur est que vous fassiez bien baraquer vos troupes sur les hauteurs de Dresde où vous vous trouvez : il est possible que vous restiez quelques jours dans la même position ; il faut en profiter pour reposer vos troupes et les rallier. Faites-vous procurer des vivres par le pays et tâchez d'en avoir pour quelques jours à l'avance.

Envoyez-moi votre état de situation.

— Même lettre au duc de Raguse.

BERTHIER A LAURISTON

Dresde, 8 mai, 11 heures du soir.

Monsieur le général Lauriston, le quartier général de l'Empereur est établi à Dresde. Campez et baraquez vos troupes ; que les régiments réunissent leurs traîneurs. Maintenez une bonne discipline ; requérez des vivres dans le pays, ayez-en pour plusieurs jours d'avance. Reposez votre armée : il est possible que vous ne receviez pas d'ordre de mouvement demain : envoyez-moi votre état de situation. Faites prévenir le prince de la Moskova que vous êtes à Meissen et que l'Empereur a son quartier général à Dresde.

BERTHIER AU PRINCE EUGÈNE

Dresde, 8 mai.

Monseigneur, l'Empereur désire que le pont sur l'Elbe soit fait cette nuit, afin de passer demain sur la rive droite. Ralliez vos troupes ; qu'elles se reposent ; faites-vous fournir des vivres et tâchez de vous en procurer pour plusieurs jours. Ordonnez à votre chef d'état-major de m'envoyer votre état de situation.

BERTHIER A NEY

Dresde. 9 mai, 4 heures du matin.

L'Empereur, prince, est entré hier à Dresde, avec son armée ; on s'occupe sans relâche de la construction d'un pont pour passer sur la rive droite de l'Elbe. Sa Majesté a envoyé un membre de la régence à Torgau et nous aurons d'ailleurs dans 48 heures, réponse du roi de Saxe. L'Empereur, monsieur le maréchal, me charge de vous faire connaître que dans tout état de choses, il est important que vous arriviez rapidement sur Wittenberg, que vous réunissiez votre corps, celui du duc de Bellune et celui du général Sébastiani, et que vous laissiez le général Reynier dans la position où vous l'avez placé. Sa Majesté donne ordre au général Lauriston de laisser une division à Meissen et de se porter entre Torgau et Meissen pour pouvoir appuyer le général Reynier.

BERTHIER A LAURISTON

Dresde, 9 mai, 4 heures du matin.

L'Empereur, monsieur le général Lauriston, est entré hier à Dresde avec son armée, on s'occupe sans relâche de la construction d'un pont pour passer sur la rive droite de l'Elbe. Sa Majesté ordonne que vous laissiez une de vos divisions à Meissen, que vous fassiez sur-le-champ brûler les blockhaus et détruire tous les travaux qu'ont faits les Prussiens, et que vous vous portiez avec le reste de votre corps d'armée entre Meissen et Torgau. Le général Reynier est avec la division du général Durutte vis à-vis Torgau. Vous serez chargé, monsieur le comte, de le soutenir, et vous pourrez ainsi selon les circonstances vous porter sur Torgau ou sur Meissen. Le prince de la Moskova se porte sur Wittenberg ; il est essentiel que vous liiez bien vos communications avec lui.

BERTHIER AU PRINCE EUGÈNE

Dresde, 9 mai.

Monseigneur, l'Empereur ordonne que Votre Altesse impériale fasse détruire sur-le-champ, dans la nuit, tous les ouvrages que les Russes ont faits à la tête du pont de Dresde, que vous fassiez jeter le pont entre Priesnitz et Dresde, et que vous y fassiez sur-le-champ, palissader une tête de pont.

— Même ordre au général Rogniat.

BERTHIER A BERTRAND

Dresde, 9 mai, 8 heures du matin.

Monsieur le général comte Bertrand, l'Empereur me charge de vous donner l'ordre de pousser une division sur Pirna ; de rallier vos deux autres divisions ; de placer des piquets sur les différents chemins qui conduisent en Bohême, afin de savoir ce qui se passe et de vous faire couvrir sur les derrières.

BERTHIER A OUDINOT

Dresde, 9 mai, 8 heures du matin.

Ordre au duc de Reggio de prendre position à quatre lieues en avant de Freyberg, d'y rallier et d'y reposer ses troupes ; de faire des vivres. Il enverra son état de situation et fera connaître le lieu où il établira son quartier général.

BERTHIER AU PRINCE EUGÈNE

Dresde, 9 mai, 8 heures du soir.

Monseigneur, l'intention de l'Empereur est que vous fassiez occuper cette nuit par un bataillon la maison que vous avez fait occuper sur la rive droite par une compagnie de voltigeurs : ce bataillon s'y barricadera et s'y retranchera. Faites placer deux bataillons à la tête de pont avec un général de brigade. Donnez vos ordres pour que les trois divisions du XIᵉ corps soient toutes réunies demain à 9 heures du matin avec leur artillerie sur l'avant-train pour pouvoir effectuer le passage. A cet effet Votre Altesse y portera son quartier général à 7 heures.

Voici, monseigneur, les dispositions du passage :

Les trois batteries de 12 de la garde formant vingt-quatre pièces

de canon seront sur la gauche du village qui flanque la plaine, ainsi
que seize pièces d'artillerie à cheval de la garde : ce qui fera quarante
pièces d'artillerie qui flanqueront toute cette ligne : les quarante
autres pièces d'artillerie de la garde seront en batterie sur les hauteurs de droite et de gauche du pont. Toute l'artillerie du XI° corps
sera sur son avant-train et réapprovisionnée pour passer le pont.
Chaque brigade passera avec son artillerie. Vous ferez ranger les
divisions en bataille, la gauche à la hauteur du clocher du village de
gauche ; la droite au village de droite et on formera ainsi autant de
lignes qu'il sera nécessaire pour placer toutes les troupes. Une division sera jetée dans le village de droite et l'on ne fera passer
aucune cavalerie. L'Empereur donnera là des ordres, selon les dispositions de l'ennemi.

Le but de la journée de demain n'est que de descendre sur la rive
droite, de prendre l'autre partie de la ville appelée Neustadt et de
prendre position sur les hauteurs.

Je donne des ordres en conséquence de ces dispositions aux généraux Sorbier et Dulauloy. Une batterie d'artillerie à pied de la garde
restera dans la ville pour être placée sur le bastion et au pont : tout
le reste sera en batterie pour protéger le passage, s'il y a lieu, afin
que l'artillerie du XI° corps puisse passer.

Je donne l'ordre au général Rogniat de prendre toutes les mesures
nécessaires pour réunir les charpentiers et autres ouvriers de la
ville, afin de pouvoir, aussitôt qu'on sera maître de l'autre côté, réparer promptement le pont de la ville, et d'envoyer une compagnie de
sapeurs et un officier du génie pour se bien retrancher sur l'autre
rive.

Je donne ordre au général Bertrand d'appuyer avec son corps sur
la ville et de venir se placer entre Pirna et Dresde.

Je donne l'ordre au duc de Reggio de s'avancer à deux lieues de
Dresde.

Au duc de Raguse, d'être prêt à partir à 8 heures du matin avec
son artillerie et en marche de guerre pour passer le pont et soutenir Votre Altesse. Enfin je donne l'ordre à la jeune garde commandée par le duc de Trévise d'être sous les armes et à la vieille garde
commandée par le duc de Dalmatie de faire le service de la place. Je
donne aussi des ordres au général Walther commandant la cavalerie de la garde, pour qu'il fasse réunir dans la journée d'aujourd'hui
ou demain matin, au 1er corps de réserve de cavalerie du général
Latour-Maubourg, tous les détachements de cuirassiers et de cava-

lerie légère qui lui appartient. Donnez vos ordres, monseigneur, pour que tout le 1er corps de réserve de cavalerie commandé par le général Latour-Maubourg soit réuni demain à midi dans la plaine, devant le pont de radeaux. L'Empereur passera la revue de cette cavalerie. Veillez à ce qu'elle ait avec elle son artillerie légère.

L'Empereur vous recommande expressément, monseigneur, de donner les ordres les plus sévères pour qu'aucune voiture, si ce n'est l'artillerie, ne passe demain. A cet effet, toutes les voitures devront être parquées dans un lieu, que vous désignerez hors de la ville, entre Dresde et le pont. Ordonnez également que la cavalerie ne mette à sa suite, aucun homme démonté ni aucune espèce d'embarras, aucune voiture de fourrage, d'avoine, aucune charrette, sous quelque prétexte que ce soit. Tout ce qui se présenterait pour passer le pont sera brûlé et les chevaux confisqués pour l'artillerie. Je donne ordre et donnez-le aussi de votre côté, monseigneur, pour que toutes les troupes qui devront traverser la ville, ne la traversent qu'en belle tenue et d'une manière militaire.

Le duc de Trévise, le comte Bertrand, le duc de Raguse ont ordre de se trouver à 9 heures sur une hauteur près du pont où l'Empereur se trouvera lui-même.

— Expédié les ordres subséquents, en conséquence de ces dispositions, au général Sorbier, au général Dulauloy, au général Rogniat, au général Bertrand, au duc de Reggio, au duc de Raguse, au duc de Trévise, au duc de Dalmatie, au général Walther, au général Kirgener.

BERTHIER A REYNIER

Dresde, 10 mai, 4 heures du matin.

Monsieur le général Reynier, l'Empereur me charge de vous faire connaître qu'un ordre du roi de Saxe vient de mettre l'armée saxonne et la place de Torgau à la disposition de Sa Majesté. En conséquence, l'Empereur vous ordonne d'entrer à Torgau pour former une division de 8.000 hommes du corps saxon, ce qui, joint à la division Durutte, vous fera environ 12.000 hommes. Organisez à Torgau deux batteries d'artillerie en attendant que les attelages qui viennent de Bohême arrivent, et exécutez les ordres du prince de la Moskova. Vous laisserez dans Torgau au moins 1.500 à 2.000 Saxons de dépôt. Le général Lauriston entrera à Torgau avec son corps d'armée et débouchera sur la rive droite. Sa Majesté suppose que le prince de la Moskova sera déjà à Wittenberg. Le prince vous enverra des ordres sur la manière dont vous pourrez le rejoindre. L'Empereur, général, met le corps saxon sous vos ordres.

BERTHIER A LAURISTON

Dresde, 10 mai, 4 heures du matin.

Général, je m'empresse de vous faire connaître qu'un ordre du roi de Saxe vient de mettre l'armée saxonne et la place de Torgau à la disposition de l'Empereur. Sa Majesté vous ordonne, général, d'entrer à Torgau et de déboucher sur la rive droite. L'Empereur n'a pas encore de nouvelles du côté de l'ennemi, puisque l'Elbe nous forme rideau, mais aussitôt qu'on aura passé, on en aura des nouvelles positives ; l'intention de Sa Majesté est donc que vous entriez sur-le-champ à Torgau, vous garderez le commandement supérieur de la place; vous établirez un dépôt d'infanterie. Le général Reynier a l'ordre d'y laisser au moins 1.500 à 2.000 Saxons. Toute la cavalerie saxonne a l'ordre du roi de venir en toute hâte à l'armée. Je donne l'ordre au général Reynier de former à Torgau deux batteries d'artillerie, ce qui fera avec la division Durutte, environ 12.000 hommes. Ce général avec son corps doit exécuter tous les ordres qu'il recevra du prince de la Moskova. Envoyez par un officier de votre état-major ou un aide de camp bien monté et sûr les deux dépêches ci-incluses au prince de la Moskova et au général Reynier.

BERTHIER A NEY

Dresde, 10 mai, 4 heures du matin.

Monsieur le prince de la Moskova, comme l'Empereur vous le mande, le roi de Saxe vient de mettre l'armée saxonne et la place de Torgau à la disposition de Sa Majesté. Je vous envoie copie des deux lettres que j'écris aux généraux Reynier et Lauriston ; il tarde bien à l'Empereur d'apprendre que le duc de Bellune et le général Sébastiani vous ayent rejoint, ce qui mettrait votre corps d'armée en état de faire quelque chose d'éclatant. Vous pourriez, prince, déboucher par Torgau, si vous êtes encore à portée de cette place, mais comme Sa Majesté vous suppose dans ce moment à Vittenberg, vous serez là, plus près de menacer Berlin.

— Ecris en conséquence à M. le général Thielman à Torgau.

BERTHIER A MORTIER

Dresde, 10 mai, 5 heures du soir.

Monsieur le duc de Trévise, l'intention de l'Empereur est que la jeune garde quitte sa position pour venir loger ce soir chez l'habitant dans les faubourgs de Dresde. Défendez à vos troupes de brûler leur bivouac, afin qu'il serve au corps du duc de Reggio qui viendra demain occuper cette position.

Le prince vice-roi porte son quartier général dans la ville neuve et y réunit tout son corps. Le corps du général Bertrand traversera la ville demain de 8 à 9 heures du matin, et celui du duc de Raguse à midi pour se porter sur la rive droite.

Toute la garde, à pied et à cheval et toute l'artillerie de la garde seront placées autour de Dresde.

— Avis et lettres subséquents à M. le général Walther, au général Dulauloy, au général Durosnel, à M. le comte Daru pour faire arriver à Dresde toutes les administrations qui dépendent du quartier général.

BERTHIER AU PRINCE EUGÈNE

Dresde, 10 mai.

Monseigneur, l'intention de l'Empereur est que Votre Altesse porte son quartier général dans la ville neuve ; réunissez-y ce soir, s'il est possible, tout votre corps, votre artillerie, vos sapeurs, et tout ce qui vous appartient, afin de vous mettre en marche demain à la pointe du jour pour suivre l'ennemi.

BERTHIER A BERTRAND

Dresde, 10 mai.

L'intention de l'Empereur, monsieur le général Bertrand, est que vous réunissiez toutes vos troupes, cavalerie, infanterie, artillerie, et que vous fassiez vos dispositions de manière à traverser la ville demain de 8 à 9 heures du matin, avec vos trois divisions, toute votre cavalerie en tête, votre artillerie placée avec vos brigades et dans le plus grand ordre.

BERTHIER A MARMONT

Dresde, 10 mai, 5 heures du soir.

Monsieur le duc de Raguse, l'intention de l'Empereur est que vous fassiez vos dispositions pour traverser la ville demain à midi avec votre corps d'armée en grande tenue, ayant ses pièces d'artillerie et dans le meilleur ordre. Vous ferez passer vos bagages et tout ce qui peut n'être pas beau à voir par le pont de radeaux. Vous ferez marcher votre cavalerie en tête de vos troupes.

BERTHIER A OUDINOT

Dresde, 10 mai.

L'Empereur ordonne, monsieur le duc de Reggio, que vous partiez demain avec votre corps d'armée pour vous porter sur les hauteurs où se trouve maintenant la jeune garde. Envoyez à l'avance reconnaître cet emplacement. On a ordonné à la jeune garde de ne pas brûler son bivouac afin qu'il serve à vos troupes.

BERTHIER A NEY

Dresde, 10 mai.

Je vous préviens, prince, que l'Empereur a passé l'Elbe aujourd'hui ; le pont de Dresde est rétabli, et demain à midi toute l'armée, même le duc de Reggio, sera sur la rive droite. Le général Lauriston a l'ordre de rappeler la division du général Maison pour que tout son corps passe à Torgau ; il faut aussi, prince, que vous passiez également sur la rive droite. Sa Majesté vous enverra des ordres aussitôt qu'elle saura positivement si vous passez à Torgau ou à Wittenberg.

Les renseignements sont que les Russes se retirent par la Silésie ; quant aux Prussiens, il n'en est pas revenu plus de 20.000 de la bataille et, en supposant qu'ils reçoivent en route 10.000 hommes de renfort, ils ne peuvent être plus de 30.000.

— Lettre dans le même sens au général Lauriston.

BERTHIER A REYNIER

Dresde, 10 mai.

L'Empereur, monsieur le général Reynier, me charge de vous faire connaître qu'il désapprouve que vous ayez écrit au roi de Saxe ; vous devez désormais vous abstenir de toute correspondance avec le roi de Saxe et ses ministres, il faut vous adresser à moi pour tous ces objets, et, dans le cas où mon état-major serait trop éloigné, vous devez, du moins, vous adresser au ministre de Sa

Majesté près la cour de Saxe, mais ne jamais écrire directement ni au roi, ni au ministre saxon.

BERTHIER A NEY

Dresde, 12 mai.

J'ai mis sous les yeux de l'Empereur, prince, votre rapport du 11. Sa Majesté me charge de vous donner l'ordre de faire venir en toute diligence à Torgau le IIe corps que commande le duc de Bellune, ainsi que le général Sébastiani et la division du Ier corps que commande le général Philippon. L'Empereur est étonné qu'aujourd'hui 12, tous ces corps n'aient pas rejoint.

Ayez soin, monsieur le maréchal, de recommander à votre chef d'état-major de m'envoyer l'état de situation de votre corps d'armée, il ne m'en est pas parvenu depuis la bataille.

BERTHIER À MACDONALD

Dresde, 12 mai.

L'Empereur, monsieur le maréchal, vient d'ordonner la dissolution de l'armée de l'Elbe. Vous avez le commandement du XIe corps, vous devez maintenant correspondre directement avec moi. Votre cavalerie sera composée de deux escadrons du 4e régiment de chasseurs italiens et de deux escadrons de Wurzbourg, ce qui fera à peu près 400 hommes. Vous avez déjà sous vos ordres l'escadron de Wurzbourg, l'autre se trouve avec le maréchal duc de Raguse, je lui prescris de rejoindre votre corps. L'avant-garde du IVe corps est aujourd'hui à Königsbruck. Sa Majesté désire que votre corps continue son mouvement pour se porter sur Bischofswerda, route de Bautzen. Le général Bruyère, avec la 1re division de cavalerie légère, continuera à éclairer votre mouvement.

Ayez soin, monsieur le maréchal, de m'envoyer un officier pour me faire connaître où vous vous trouverez chaque soir et pour prendre les ordres de mouvement, cela est très essentiel.

BERTHIER AU PRINCE EUGÈNE

Dresde, 12 mai.

On lui fait connaître que l'armée de l'Elbe est dissoute, et que l'intention de Sa Majesté est que tout ce qui appartient à l'état-major de l'armée de l'Elbe, rejoigne de suite le grand état-major général.

BERTHIER A MARMONT

Dresde, 12 mai.

Ordre d'envoyer au maréchal duc de Tarente les chevau-légers de Wurzbourg qui sont avec lui pour rejoindre leur 1er escadron.

BERTHIER A LATOUR MAUBOURG

Dresde, 12 mai.

Avis de la dissolution de l'armée de l'Elbe ; l'intention de Sa Majesté est que le général Bruyère continue à éclairer le mouvement du duc de Tarente.

BERTHIER A DUMAS, A MONTHION, AU MINISTRE DE LA GUERRE

Dresde, 12 mai.

Avis de la dissolution de l'armée de l'Elbe.

BERTHIER AU PRINCE EUGÈNE

Dresde, 12 mai.

Monseigneur, l'Empereur me charge de faire connaître à Votre Altesse impériale que son intention est qu'elle parte de l'armée pour se rendre à Milan. Indépendamment de ses autres fonctions, Votre Altesse impériale aura le commandement de toutes les troupes de Sa Majesté dans les 27e, 28e, 29e et 30e divisions, ainsi que dans les provinces illyriennes....

BERTHIER A MACDONALD

Dresde, 13 mai, 4 h. 1/2 du matin.

Monsieur le duc de Tarente, l'Empereur s'attendait à recevoir plusieurs lettres de vous par jour ; vous vous trouvez à son avant-garde ; c'est donc à vous, monsieur le duc, à donner des nouvelles de l'ennemi, à questionner, à envoyer des espions, saisir les lettres aux postes des villes, et enfin employer tous les moyens, toutes les ruses de guerre pour savoir ce qui se passe ; M. de Beaufremont, l'un de mes aides de camp, est arrivé hier soir ; j'espérais recevoir par lui un long rapport de vous. Sa Majesté m'avait vingt fois questionné pour savoir si j'avais reçu de vos nouvelles ; M. de Beaufre-

7

mont m'a dit que vous deviez aller coucher à Bischofswerda et que vous aviez de l'infanterie, de la cavalerie et une trentaine de pièces de canon ennemies devant vous qui se retiraient en se battant; que nous recevrions vraisemblablement de vos nouvelles dans la nuit. Le rapport de cet officier dont je n'ai pas été content, laisse l'Empereur dans une incertitude pénible sur votre position, et votre silence l'empêche de faire aucune disposition. Sa Majesté, monsieur le maréchal, me charge de vous faire connaître que vous devez m'écrire plusieurs fois par jour en m'envoyant des officiers de votre armée. Ces officiers doivent m'apporter des rapports détaillés sur la position de l'ennemi; je vous répète, monsieur le duc, vous êtes à l'avant-garde et c'est à vous à instruire Sa Majesté. Correspondez donc plusieurs fois par jour avec moi.

Je vous envoie un ingénieur géographe pour être à l'avant-garde et faire le croquis des positions.

BERTHIER A MARMONT

Dresde, 13 mai, 5 heures du matin.

Ordre de porter les deux divisions et son quartier général qui sont à Dresde à mi-chemin de Dresde à Bischofswerda et en prenant la route de Radeberg. Il laissera sa cavalerie légère avec un ou deux bataillons dans la direction de Berlin encore la journée d'aujourd'hui, et il éclairera tout ce qui est passé de ce côté.

BERTHIER A BERTRAND

Dresde, 13 mai.

Ordre de porter son quartier général à Kœnigsbruck et d'envoyer des avant-gardes dans différentes directions pour connaître les mouvements de l'ennemi.

BERTHIER A OUDINOT

Dresde, 13 mai.

Ordre de passer aujourd'hui à midi le pont de Dresde et de venir prendre position avec ses trois divisions dans la ville neuve et les villages environnants. Il établira son quartier général dans la ville neuve. On lui fait connaître que l'Empereur veut qu'à 4 heures après-midi, il n'ait plus personne de ce côté-ci de Dresde.

BERTHIER A EXELMANS

Dresde, 13 mai.

L'Empereur ordonne, monsieur le général Exelmans, que vous preniez sur-le-champ le commandement d'un corps de 1.200 chevaux commandé par le général Dommanget qui a passé le pont de Dresde ce matin pour rejoindre le général Latour-Maubourg à Schœnen.

Ces 1.200 chevaux sont composés de détachements qui appartiennent tous au 2e corps de réserve de cavalerie que commande le général Sébastiani. Vous partirez à la tête de ces 1.200 chevaux, et vous vous dirigerez sur Torgau pour, de là, rejoindre le corps du général Sébastiani et alors chaque détachement se réunira à son corps. Envoyez en avant de vous un officier pour prendre les ordres du général Sébastiani, ou, en son absence, de monsieur le maréchal prince de la Moskova.

J'écris au général Latour-Maubourg de mettre de suite ces 1.200 chevaux à votre disposition; je joins ici ma lettre et celle que j'écris au général Dommanget. Partez sans aucun retard (par la rive gauche).

— Ordres subséquents.

BERTHIER A MARMONT

Dresde, 13 mai.

Monsieur le duc de Raguse, l'Empereur me charge de vous faire connaître que vous devez faire suivre à la division Bonet votre mouvement, mais votre cavalerie doit rester aujourd'hui dans la même position, et vous demanderez demain matin des ordres pour elle, si l'Empereur oubliait de vous en donner.

C'est dans la direction de Grossenhayn qu'il faut faire les reconnaissances et non dans celle de Kœnigsbruck, puisque le quartier général du général Bertrand se porte sur ce dernier point.

L'Empereur veut savoir ce qu'est devenue l'armée prussienne, le général Bertrand prétend qu'elle a pris la route de Breslau, d'autres prétendent qu'elle s'est retirée dans la direction de Berlin, il faut donc des notions claires là-dessus.

BERTHIER A NEY

Dresde, 13 mai.

L'Empereur, prince, reçoit à l'instant des nouvelles du duc de Bellune ; il sera, avec le général Sébastiani et les 1re et 4e divisions de l'armée, c'est-à-dire avec près de 25.000 hommes, aujourd'hui 13, à Cothen. Sa Majesté lui donne ordre de déboucher sur Wittenberg le 15, à 9 heures du matin, et de faire une demi-marche dans la direction de Luckau et de Berlin. La cavalerie du général Sébastiani peut y arriver de meilleure heure, afin de balayer toute la route, et il faut détruire le pont de Dessau, si l'ennemi en avait un là.

L'intention de l'Empereur, prince, est que demain 14, vous vous portiez avec vos cinq divisions sur Luckau où votre avant-garde peut être le 15 et votre quartier général le 16. Le même jour, 16, vous donnerez l'ordre au duc de Bellune d'être rendu à Wittenberg et Luckau, en menaçant Berlin.

Placez le VIIe corps que commande le général Reynier, entre Luckau et le duc de Bellune, et dirigez le général Lauriston sur Dobrilugk, où son avant-garde devra arriver le 14 et son quartier général le 15.

Aujourd'hui 13, le quartier général du général Bertrand est à Kœnigsbruck ; demain 14, il sera près de Hoyerswerda.

Le duc de Tarente avec le XIe corps est, aujourd'hui 13, à Bischofswerda et sera probablement le 14 à Bautzen ; d'ici au 15, l'Empereur prendra sa détermination définitive, selon ce qu'aura fait l'ennemi, pour faire occuper Berlin ou pour ordonner tout autre mouvement.

L'intention de l'Empereur, prince, est que vous ordonniez à la division du général Puthod qui appartient au corps du général Lauriston et qui vient avec le général Sébastiani, de rejoindre sur-le-champ le Ve corps d'armée. Donnez le même ordre au 3e régiment d'infanterie étranger qui était resté à Halberstadt, ainsi qu'à tout ce qui appartient à ce corps d'armée. Appelez à vous la cavalerie du général Sébastiani.

En vous disant, prince, que je donne l'ordre au duc de Bellune de faire une demi-marche dans la direction de Luckau et de Berlin, il est entendu que c'est de pousser une avant-garde sur chacune de ces deux directions.

BERTHIER A VICTOR

Dresde, 13 mai.

L'Empereur me charge de vous prévenir, monsieur le maréchal, que vous recevrez les ordres du prince de la Moskova, mais si vous tardiez à les recevoir, le prince de la Moskova partant demain pour se rendre à Luckau, vous devez, monsieur le duc, être le 15, de bonne heure à Wittenberg, et avoir débouché avec tout votre corps dans la journée, en plaçant une partie de votre avant-garde sur Berlin et une autre sur Luckau.

BERTHIER A LAURISTON

Dresde, 13 mai.

Monsieur le général Lauriston, l'intention de l'Empereur est que vous vous dirigiez avec votre corps d'armée sur Dobrilugk, de manière à ce que votre avant-garde y soit le 14, et votre quartier général le 15. J'en préviens le prince de la Moskova qui va se porter sur Luckau.

Je donne ordre à ce prince de faire réunir à votre corps la division du général Puthod, dès qu'elle sera arrivée ainsi que le 3e régiment d'infanterie étranger et généralement tout ce qui vous appartient. Aujourd'hui le 13, le quartier général du général Bertrand est à Kœnigsbruck, demain il sera près de Hoyerswerda.

Le duc de Tarente avec le XIe corps est, aujourd'hui 13, à Bischofswerda et sera probablement le 14 à Bautzen.

BERTHIER A REYNIER

Dresde, 13 mai.

On le prévient qu'il est sous les ordres de monsieur le maréchal prince de la Moskova.

BERTHIER À VICTOR

Dresde, 13 mai.

L'Empereur, monsieur le maréchal, a reçu la lettre par laquelle vous faites connaître que vous serez, aujourd'hui 13, à Cothen. Sa Majesté me charge de vous faire connaître qu'il est important que vous arriviez le plus tôt possible sur Wittenberg. Appelez à vous le 3e régiment d'infanterie étranger qui était resté à Halberstadt.

Sa Majesté n'approuve pas qu'on place ce régiment à Magdebourg. Appelez également à vous tous les détachements de troupes que vous trouverez dans votre direction, n'importe à quel corps ils appartiennent.

Prenez, monsieur le maréchal, les ordres du prince de la Moskova qui sera le 15 à Luckau ; l'intention de l'Empereur est que le 15, vous dépassiez Wittenberg pour vous porter dans la direction du prince de la Moskova.

BERTHIER A MACDONALD

Dresde, 14 mai, 4 heures du matin.

Mon aide de camp, M. Galbois, arrive, monsieur le maréchal, et me remet votre dépêche d'hier 13 à 8 heures du soir. Sa Majesté, après en avoir pris connaissance, me charge de vous prévenir qu'il paraît, d'après les renseignements que l'on reçoit de tous côtés, que l'armée prussienne qui avait traversé l'Elbe à Meissen, et même le corps de Kleist, s'est réunie, en passant par Kœnigsbruck, sur Bautzen, pour prendre la route de Silésie. L'Empereur approuve, monsieur le maréchal, que vous restiez en position. Je donne l'ordre qu'on envoie des voitures pour prendre vos blessés, lesquelles en même temps vous porteront du grain. Sa Majesté ordonne au duc de Raguse, qui a eu, hier 13, son quartier général à Radeberg, de le porter, aujourd'hui 14, au village de Frankenthal, c'est-à-dire tout près de vous, et en mesure de vous soutenir, si cela était nécessaire. Le général Bertrand, a eu hier 13, son quartier général à Kœnigsbruck : je lui donne l'ordre de le porter à Kamenz et d'envoyer sa première division à mi-chemin de Kamenz à Bautzen, de se mettre en communication avec vous, et au moindre besoin de marcher sur Bautzen.

J'expédie l'ordre au duc de Reggio, de pousser ce soir une de ses divisions jusqu'au village de Fischbach qui sera prête à se porter à votre secours, si cela était nécessaire. Ces dispositions, monsieur le duc, sont encore défensives.

Le prince de la Moskova sera, demain 15, à Luckau.

Le général Lauriston à Dobrilugk, le duc de Bellune à Wittenberg.

Il est très important, monsieur le maréchal, de faire évacuer vos blessés sur Dresde, de faire réapprovisionner votre artillerie, et rallier vos troupes.

Si toutefois l'ennemi montrait les dispositions d'évacuer Bautzen, vous êtes autorisé à vous y rendre.

BERTHIER A BERTRAND

Dresde, 14 mai, 4 heures du matin.

L'Empereur ordonne, général, que vous portiez votre quartier général à Kamenz, que vous placiez votre 1re division, dans une bonne position militaire, à mi chemin de Kamenz et Bautzen. Vous laisserez une division à Königsbruck et vous enverrez de fortes reconnaissances sur Ortrand et dans la direction de Wittichenau. Le duc de Tarente est à Bischofswerda. Mettez-vous en communication avec lui.

BERTHIER A MARMONT

Dresde, 14 mai, 4 heures du matin.

Monsieur le duc, l'intention de l'Empereur est que vous portiez aujourd'hui votre quartier général à Frankenthal, c'est-à-dire près de Bischofswerda où se trouve le duc de Tarente. Vous enverrez un de vos aides de camp près de ce maréchal pour être prêt à le soutenir s'il était attaqué.

BERTHIER A OUDINOT

Dresde, 14 mai, 4 heures du matin.

Monsieur le duc, l'Empereur ordonne que vous placiez aujourd'hui votre corps d'armée en colonne, depuis Dresde jusqu'à Bischofswerda la tête de votre corps formée par votre 1re division ; sera campée à deux lieues en arrière de Bischofswerda : le reste de votre corps échelonné en arrière ; ayez soin d'envoyer un aide de camp pour prévenir le duc de Tarente de l'heure à laquelle pourra arriver votre 1re division dans la position qu'elle doit prendre à deux lieues en arrière de Bischofswerda, afin de marcher à son secours s'il était attaqué. Votre quartier général restera la journée d'aujourd'hui 14 à Dresde pour achever de vous organiser, mais vous devez vous tenir prêt à partir demain 15.

BERTHIER A DUMAS

Dresde, 14 mai, 4 heures du matin.

Ordre à l'intendant général de faire partir sur des voitures du pays, ou si l'on n'en trouve pas assez, sur des voitures des équipages, aujourd'hui, de 9 à 10 heures, 25.000 rations de pain pour Bischofswerda destinées au XI° corps ; ces voitures ramèneront à Dresde les blessés du duc de Tarente. Toutes les voitures des équipages militaires appartenant au XII° corps, que Sa Majesté a vues hier à Neustadt, partiront ce matin chargées de pain et de farine pour Bischofswerda. L'Empereur ne veut pas que demain il reste un seul blessé à Bischofswerda. Toutes les voitures du XI° corps, même les voitures particulières, seront employées à cette évacuation. Aucun malade ou blessé ne sera placé à Neustadt sur la rive droite, tout sera mis à Dresde sur la rive gauche.

Aucun magasin, aucun établissement ne sera jusqu'à nouvel ordre formé dans la partie de la ville qui est sur la rive droite, tout sera placé sur la rive gauche. Cet ordre est de rigueur.

Même ordre au génie et à l'artillerie.

Aucun établissement ne sera formé sur la rive droite : on placera jusqu'à nouvel ordre tous les magasins et établissements dans la partie de la ville qui est sur la rive gauche. Cet ordre est de rigueur.

BERTHIER A LATOUR-MAUBOURG

Dresde, 15 mai, 9 heures du soir.

Monsieur le général Latour-Maubourg, l'Empereur me charge de vous faire connaître que vous devez vous tenir prêt à partir demain à 2 heures du matin, avec toute votre cavalerie et votre artillerie, si vous en recevez l'ordre de moi ou du maréchal duc de Trévise. Envoyez sur-le-champ un de vos aides de camp chez le duc de Trévise, dans le cas où il aurait des ordres à vous donner pour le mouvement projeté par l'Empereur.

BERTHIER A MACDONALD

Dresde, 15 mai, 10 heures du soir.

Monsieur le duc de Tarente, M. de Laplace, officier d'ordonnance de l'Empereur, arrive à l'instant. J'envoie l'ordre au duc de Reggio de réunir son corps d'armée à Bischofswerda, demain à la pointe du jour, de manière à pouvoir soutenir votre corps et celui du duc de Raguse qui sont en position. Le général Bertrand avait hier une division à Closter-Marienstern, aujourd'hui il a dû s'approcher à deux lieues de Bautzen et se mettre en communication avec vous ; par ce moyen il se trouve sur votre gauche, et les trois corps d'armée sont en ligne, et le corps du duc de Reggio en seconde ligne en réserve. Envoyez un officier par votre gauche pour communiquer au général Bertrand. Le général Lauriston et le prince de la Moskova reçoivent l'ordre de se diriger sur Hoyerswerda.

BERTHIER A LAURISTON

Dresde, 15 mai, 10 heures du soir.

L'Empereur ordonne, monsieur le général Lauriston, que vous partiez de Dobrilugk pour vous diriger sur Hoyerswerda, l'ennemi paraissant vouloir prendre position et tenir à Bautzen. Je donne l'ordre au prince de la Moskova, qui est à Herzberg, de se diriger sur Spremberg.

BERTHIER A NEY

Dresde, 15 mai, 10 heures du soir.

L'Empereur, monsieur le prince de la Moskova, ordonne que vous vous dirigiez de la position où vous êtes à Herzberg sur Spremberg, sur la Sprée, l'ennemi paraissant se réunir et vouloir tenir la position de Bautzen.

BERTHIER A OUDINOT

Dresde, 15 mai, 10 heures du soir.

L'Empereur, monsieur le duc de Reggio, ordonne que vous expédiiez des ordres pour que votre corps d'armée soit réuni demain au jour à Bischofswerda, de manière à pouvoir soutenir le duc de Tarente et le duc de Raguse qui sont en position devant l'ennemi qui occupe Bautzen, où il paraît vouloir tenir.

Le général Bertrand, qui est à Kamenz, et qui a une division à Closter-Marienstern, marche pour se rapprocher à deux lieues de Bautzen.

BERTHIER A BERTRAND

Dresde, 15 mai.

Monsieur le général Bertrand, nous recevons à l'instant des nouvelles du duc de Tarente qui nous annonce qu'avec son corps et celui du duc de Raguse, il est en position devant Bautzen où l'ennemi se réunit et paraît devoir tenir ; vous devez donc continuer votre marche sur Bautzen et vous mettre en communication avec le duc de Tarente, pour agir suivant les circonstances et vous trouver en ligne.

Le général Lauriston et le prince de la Moskova reçoivent l'ordre de se diriger sur Hoyerswerda.

BERTHIER A MORTIER

Dresde, 16 mai, 5 heures du matin.

Monsieur le duc de Trévise, partez et mettez vos troupes en mouvement, conformément aux ordres que vous avez reçus hier soir de l'Empereur ; envoyez des ordres au général Latour-Maubourg ; dans une demi-heure je vous enverrai des instructions détaillées.

Lettre en conséquence au général Latour-Maubourg.

BERTHIER A MORTIER

Dresde, 16 mai.

Monsieur le maréchal duc de Trévise, je vous préviens que, d'après les instructions de l'Empereur, je fais connaître au général Beaumont qu'il est sous vos ordres et sous ceux du général Latour-Maubourg. Je prescris à ce dernier de faire partir, pour rejoindre la division Bruyère, tous les détachements de cavalerie qui lui appartiennent, hormis le détachement de chasseurs italiens qui doit être de l'expédition d'aujourd'hui. Je lui fais connaître qu'il doit se mettre en marche sur-le-champ avec toute la cavalerie appartenant au général Chastel, avec la brigade italienne, avec la cavalerie saxonne et enfin avec ses cuirassiers et dragons, ce qui fera près de 6.000 chevaux. Je lui prescris de laisser devant Dresde tous les détachements de cavalerie appartenant au général Sébastiani, et je lui mande que le général Beaumont est à Moritzbourg avec 1.500 chevaux et deux bataillons d'infanterie français qui sont également sous ses ordres ; faites porter le général Beaumont sur Grossenhayn. Vous aurez donc sous vos ordres : 1° le général Latour-Maubourg, qui a près de 6.000 hommes de cavalerie, le général Beaumont qui en a 1.500 et deux bataillons d'infanterie légère ; 2° la division de la jeune garde. Sa Majesté ordonne que vous laissiez cette division en échelons, une brigade à une lieue d'ici, une brigade à mi-chemin et une que vous mènerez avec vous afin de ne pas la fatiguer inutilement. Votre expédition a deux buts : le premier d'arriver de bonne

heure à Grossenhayn, de cacher le plus possible à l'ennemi la grande
quantité de cavalerie que vous avez, afin de vous mettre à sa suite
avec toute cette cavalerie, de lui enlever son artillerie et son infanterie, s'il en a, et de la poursuivre vertement et sans relâche, de
manière à le disperser ; le deuxième de vous mettre en communication avec le général Lauriston qui est arrivé hier 15 à Dobrilugk et
avec le prince de la Moskova qui est arrivé hier à Luckau. L'ennemi
ayant beaucoup de patrouilles dispersées sur l'Elbe, Sa Majesté
vous recommande de prendre des renseignements partout pour
savoir où il peut en avoir et de les faire poursuivre. Comme le général Beaumont a déjà deux bataillons qui sont à mi-chemin, vous pouvez choisir les quatre bataillons les plus lestes de la garde pour
marcher avec vous. Le général Beaumont a quatre pièces de canon.
Le général Latour-Maubourg a 24 pièces d'artillerie légère, cela est
plus que suffisant. Vous devez donc tenir la jeune garde en réserve,
comme cela est expliqué plus haut, pour ne pas la fatiguer inutilement et pour la mettre à même de se porter sur Bautzen lorsque
vous en recevrez l'ordre. Vous établirez votre communication avec
le général Lauriston, aussitôt que vous croirez qu'il n'y a point de
danger. De Grossenhayn, vous dirigerez sur Dobrilugk toute la
cavalerie qui appartient au général Chastel (Sa Majesté croit qu'il y
a 700 à 800 hommes ici). Vous aurez soin de les faire accompagner autant que vous le jugerez nécessaire. De Grossenhayn, vous
écrirez par des gens du pays et des estafettes du pays au général
Lauriston pour lui faire connaître le mouvement que vous faites, et
pour que ce général envoie une division à votre rencontre jusqu'à
Elsterwerda ; s'il y avait quelque rassemblement de l'ennemi du
côté de Ortrand. vous y marcheriez également afin de purger
entièrement ce côté. Le général Beaumont qui est depuis plusieurs
jours dans cette position, a des renseignements sur ce qu'il y a.
Vous devez tâcher de surprendre l'ennemi, parce qu'il ne s'attend
pas à lutter contre une cavalerie supérieure.

Je vous envoie, avec votre aide de camp, deux officiers de mon
état-major que vous m'expédierez lorsque vous aurez quelque chose
d'intéressant à nous apprendre.

BERTHIER A NEY

Dresde, 16 mai, 10 heures du matin.

Je vous envoie, prince, un duplicata de l'ordre que je vous ai
adressé hier soir.

L'aide de camp, parti hier à 11 heures, avec vos notes à mi-chemin de Luckau, est arrivé. Nous sommes décidément en présence de l'ennemi à Bautzen, où l'ennemi est en force. Sa Majesté pense donc que vous devez venir avec le V⁰ corps vous placer sur Hoyerswerda.

BERTHIER A MORTIER

Dresde, 16 mai.

Je vous envoie, monsieur le maréchal, un duplicata des ordres que j'ai expédiés hier soir au prince de la Moskova pour se porter sur Spremberg, et au général Lauriston pour se porter sur Hoyerswerda ; faites-les passer, aussitôt que vous aurez communiqué avec le général Lauriston, ainsi que la nouvelle lettre que j'écris au prince de la Moskova pour lui faire connaître que, décidément, nous sommes en présence de l'ennemi à Bautzen, où l'ennemi est en force, et qu'en conséquence l'Empereur pense qu'il doit venir avec le V⁰ corps se placer sur Hoyerswerda.

BERTHIER A MACDONALD

Dresde, 16 mai à midi.

Le prince de la Moskova avec 60.000 hommes sera probablement arrivé après-demain 18 à Hoyerswerda ; ce ne sera donc qu'alors que l'Empereur pensera à forcer la position de l'ennemi ; d'ici à ce temps-là, vous devez, monsieur le duc, prendre une bonne position, vous lier avec le général Bertrand qui se trouve entre Kamenz et Bautzen ; enfin faire tout ce qui est convenable pour ne pas être exposé à une attaque de l'ennemi.

Le duc de Reggio qui doit être réuni à Bischofswerda se porte à moitié chemin de Bautzen.

Vous devez même, monsieur le duc, vous retrancher dans votre position.

BERTHIER A OUDINOT

Dresde, 16 mai à midi.

L'intention de l'Empereur, monsieur le duc, est qu'avec votre corps d'armée vous preniez position entre Bischofswerda et Bautzen.

BERTHIER A NEY

Dresde, 16 mai, 1 heure après-midi.

Monsieur le maréchal prince de la Moskova, l'Empereur vous ordonne de vous porter en toute diligence du point où vous recevrez cet ordre sur Hoyerswerda. Je vous ai écrit ce matin par un officier qui passe par Torgau, mais ce duplicata vous est porté par un gendarme du pays qui passe par la route directe.

Je fais donner le même ordre au comte Lauriston ; mais adressez-le lui de votre côté.

— Même ordre au général comte Lauriston.

BERTHIER A NEY

Dresde, 16 mai.

Monsieur le maréchal prince de la Moskova, je vous ai expédié hier à dix heures du soir l'ordre de vous diriger sur Spremberg : l'officier que vous avez envoyé et qui est parti hier à 11 heures du matin, qui vous a laissé à mi-chemin de Torgau à Luckau, a fait connaître à l'Empereur la position de votre corps d'armée. Sa Majesté approuve que vous arriviez le plus tôt possible avec votre corps et celui du général Lauriston sur Hoyerswerda d'où vous ne serez plus qu'à une marche de Bautzen où l'ennemi paraît être en force et vouloir tenir.

Ordonnez à la division du général Puthod qui appartient au corps du général Lauriston, de prendre la plus courte direction pour se rendre sur Hoyerswerda. Envoyez des ordres à Torgau pour qu'on y arrête tout ce qui arriverait pour rejoindre votre corps d'armée, ainsi que celui du général Lauriston, parce que, du moment que vous serez arrivé à Hoyerswerda, vous prendrez votre ligne d'opérations par Dresde.

L'intention de l'Empereur, prince, serait que le duc de Bellune, sous les ordres duquel vous placeriez le général Reynier, manœuvrât sur Berlin, qu'il prît possession de cette ville, réoccupât Spandau, si cela est possible, dans le cas où les brèches ne seraient pas réparées et enfin, suivant les circonstances, poursuivît le corps de Bülow, selon la direction qu'il prendra. Arrivé à Berlin, il sera facile au duc de Bellune de connaître si l'ennemi attaque Stettin, Custrin ou Glogau, et il irait au secours de celle de ces trois places qui en aurait le plus besoin. Si aucune de ces places n'était assiégée et qu'elles n'eussent pas besoin de sa présence, il agirait suivant les circonstances, de manière à faire une diversion en passant l'Oder, soit à Custrin, Stettin ou Glogau pour établir un camp retranché sur la rive droite de ce fleuve et, de cette position, menacer tout le pays entre l'Oder et la Vistule. Le duc de Bellune devra aussi se mettre en communication avec le prince d'Eckmühl qui a l'ordre de se porter de Hambourg sur le Meklembourg. Vous aurez soin, monsieur le maréchal, de prescrire au duc de Bellune de se placer militairement à Berlin, de ne pas y laisser entrer ses troupes, mais de les mettre en position et de les baraquer, de manière à pouvoir en disposer promptement et sur toutes les directions. Ainsi donc, la première opération qu'aura à faire le duc de Bellune sera d'obliger le général Bülow à repasser l'Oder et de forcer l'ennemi à brûler le pont de Schwedt qu'il a établi sur l'Oder ; il aura soin de faire détruire la tête de pont.

BERTHIER A MORTIER

Dresde, 17 mai, 3 h. 1/2 du matin.

L'Empereur ordonne, monsieur le duc, qu'aujourd'hui, 17, l'infanterie de la garde et la cavalerie Latour-Maubourg rétrogradent et prennent position entre Dresde et Bischofswerda, afin de pouvoir se trouver, le 18, rendu au camp devant Bautzen.

BERTHIER A BERTRAND

Dresde, 17 mai, 3 h. 1/2 du matin.

L'Empereur me charge de vous mander, monsieur le comte, qu'il est surpris de ce que vous n'ayez pas encore fait, dans la matinée du 16, votre jonction avec le duc de Tarente. Sa Majesté ordonne qu'avec votre corps, vous vous approchiez de Bautzen et que vous preniez la même ligne d'opérations que le duc de Tarente par Bischofswerda ; vous pourrez laisser des corps d'observation à Kamenz.

Ce mouvement, monsieur le comte, est très urgent, puisque l'ennemi a toute son armée à Bautzen.

BERTHIER A MACDONALD

Dresde, 17 mai, 3 h. 1/2 du matin.

L'Empereur me charge de vous mander, monsieur le maréchal,

que les renseignements qu'on reçoit de tous côtés ne laissent pas de doute que l'ennemi ne veuille livrer bataille à Bautzen. Sa Majesté suppose que le général Bertrand se sera placé sur votre gauche, avec son corps. Le duc de Reggio sera aussi en position. Dans la journée du 18, toute la jeune garde et la cavalerie Latour-Maubourg seront rendues au camp.

L'Empereur y sera de sa personne, et le prince de la Moskova sera rendu à la position qu'il doit occuper sur Hoyerswerda avec 60.000 à 70.000 hommes.

BERTHIER A OUDINOT

Dresde, 17 mai, 5 heures du matin.

Monsieur le duc de Reggio, l'Empereur vous recommande d'envoyer des voltigeurs pour fouiller les forêts en avant et en arrière de votre position, afin d'assurer nos communications et de chasser les partis de cosaques.

BERTHIER A NEY ET A LAURISTON

Dresde, 17 mai, 10 heures du matin.

De Hoyerswerda, dirigez-vous sur Bautzen, en marchant militairement par la rive droite de la Schwarz Elster ; toute notre armée touche à Bautzen ; l'armée ennemie et la nôtre sont en présence. Faites-moi connaître par le retour du porteur la direction que vous prendrez et le jour où vous arriverez sur Bautzen où est l'ennemi.

Monsieur le prince de la Moskova, donnez des ordres au duc de Bellune, au général Reynier, au général Sébastiani, selon ce que vous aurez appris de l'ennemi et que vous jugerez les plus convenables suivant les circonstances ; tout porte à penser que nous allons avoir une bataille.

L'intention de l'Empereur est donc que le prince de la Moskova et le général Lauriston marchent de Hoyerswerda sur Bautzen.

BERTHIER AU PRINCE D'ECKMÜHL

Dresde, 17 mai à midi.

J'ai reçu, monsieur le maréchal, votre lettre du 12 ; je l'ai mise sous les yeux de l'Empereur. Sa Majesté ne voit rien dans votre correspondance qui lui fasse croire que les Danois sortent de leur système, toutes les nouvelles qu'ils donnent par commerce (?) doivent être comptées pour rien. L'Empereur espère donc qu'à l'heure qu'il est, vous êtes maître de Hambourg. Vous devez faire fortifier cette ville, y établir un réduit pour la garnison, faire fortifier les îles pour assurer le passage et mettre sur-le-champ à exécution les autres mesures ordonnées par Sa Majesté. Vous devez penser sérieusement, monsieur le maréchal, à l'organisation de votre corps d'armée. Le général Lemarois doit avoir, ou aura dans le courant de mai, sa 3e division. Aussitôt que vous l'aurez, vous devez la réunir avec la 2e, de manière à ce que chaque régiment serve sous son nom, au lieu d'être en régiment provisoire. Sa Majesté a été obligée de se servir de votre 1re division pour le corps du duc de Bellune : mais, aussitôt qu'il sera possible, vous devez envoyer la 5e division du duc de Bellune et recevoir en place votre 1re division, en réunissant par ce moyen trois bataillons de chaque régiment. Le général Jouffroy organisera votre artillerie. L'Empereur, par un décret spécial, vous a chargé d'organiser quatre compagnies du 10e et du 12e bataillons des équipages militaires. Vous prendrez les chevaux et les charrettes dans la 32e division. Ces deux bataillons seront attachés à votre corps d'armée. Vous devez arranger les choses de manière qu'au mois de juillet, tous vos régiments aient quatre bataillons réunis, que votre corps ait son artillerie à pied et à cheval et ses batteries de réserve, et qu'il soit dans un état respectable.

BERTHIER A BERTRAND

Dresde, 17 mai, 10 heures du soir.

Monsieur le général Bertrand, nous recevons des lettres de M. le général Lauriston qui a dû coucher ce soir 17 à Senftenberg, et qui arrivera demain 18 à Hoyerswerda ; l'Empereur vous recommande de vous mettre en communication avec le général Lauriston et d'établir des postes entre vous et lui, de manière à communiquer facilement.

BERTHIER A OUDINOT

Dresde, 17 mai, 10 heures du soir.

L'Empereur ordonne, monsieur le duc de Reggio, que vous envoyiez trois colonnes de 1.200 hommes d'infanterie avec de l'artillerie pour fouiller la forêt de Neukirchen, afin de balayer notre flanc droit de tous les partis ennemis jusqu'à la frontière de Bohême qui est à peu de distance ; cela est de la plus haute importance ; faites occuper Neutsdadt ; entrez en ligne pour appuyer la droite du duc de Tarente et la vôtre aux montagnes.

BERTHIER A MORTIER

Dresde, 17 mai, 10 heures du soir.

Monsieur le duc de Trévise, j'ai reçu votre lettre par laquelle vous me faites connaître que le général Latour-Maubourg arrivera demain à Fischbach ; le général Lauriston qui couche ce soir à Senftenberg couchera demain 18 à Hoyerswerda. C'est sur ce point qu'il faut diriger les troupes qui lui appartiennent ; vous ne me dites pas où vous couchez ce soir, je pense que c'est à Fischbach.

BERTHIER A MACDONALD

Dresde, 17 mai, 10 heures du soir.

Monsieur le duc de Tarente, je n'ai rien à vous mander de particulier ; nous attendons de vos nouvelles ; le général Lauriston arrive demain 18 à Hoyerswerda ; je donne l'ordre au général Bertrand de se mettre en communication avec lui ; je donne l'ordre au duc de Reggio d'envoyer de fortes colonnes d'infanterie et de cavalerie dans la forêt de Neukirchen pour en chasser tous les partis ennemis ; je lui donne l'ordre de se placer de manière à appuyer votre droite et d'appuyer lui-même sa droite aux montagnes.

BERTHIER A SOULT

Dresde, 18 mai, 5 heures du matin.

L'Empereur, ordonne, monsieur le maréchal, que toute la vieille garde, avec les réserves des batteries de la garde parte aujourd'hui à 7 ou 8 heures du matin pour se rendre à une journée sur la route de Bautzen. La division Barrois se trouvera également prête à partir à 11 heures du matin : il sera distribué avant le départ une livre de riz à chaque soldat de la vieille garde et de la division Barrois ; cela fera une réserve pour quatre jours en cas d'embarras de transport. Donnez l'ordre à votre commissaire des guerres de se rendre chez le comte Daru qui a reçu des ordres pour la distribution de ce riz à faire à la garde ; la garde doit emmener ce qui est nécessaire pour un jour de bataille ; ayez soin de prévenir les chefs de corps de la distribution de ce riz. Donnez tous les ordres.

BERTHIER A DULAULOY

Dresde, 18 mai, 5 heures du matin.

Même ordre au général Dulauloy pour ce qui regarde les réserves des batteries de la garde.

BERTHIER A MORTIER

Dresde, 18 mai, 5 heures du matin.

L'Empereur ordonne, monsieur le maréchal duc de Trévise, que vous vous portiez aujourd'hui, avec le général Latour-Maubourg, en avant de Bischoffswerda. Aussitôt que votre tête sera arrivée, le duc de Reggio se portera entièrement en ligne. Je donne l'ordre au duc de Reggio de faire occuper Neukirchen et les positions de la droite, de manière à ce qu'il n'y ait aucun ennemi dans ces bois. Le général Latour-Maubourg fait fouiller aussi toute la droite et vivement poursuivre tous les cosaques sur les routes de Neustadt et de Neukirchen.

— Même ordre au général Latour-Maubourg.

BERTHIER A OUDINOT

Dresde, 18 mai, 5 heures du matin.

Monsieur le maréchal duc de Reggio, je vous préviens que je donne l'ordre au duc de Trévise de se porter aujourd'hui avec le général Latour-Maubourg en avant de Bischoffswerda. Aussitôt que sa tête arrivera, l'intention de l'Empereur est que vous vous portiez entièrement en ligne. Sa Majesté vous réitère l'ordre de faire occuper Neukirchen et les positions de droite de manière à ce qu'il n'y ait aucun ennemi dans ces bois. Le général Latour-Maubourg fera fouiller aussi toute la droite et vivement poursuivre tous les cosaques sur les routes de Neustadt et de Neukirchen.

BERTHIER A BERTRAND

Dresde, 18 mai, 5 heures du matin.

L'Empereur, monsieur le général comte Bertrand, me charge de vous réitérer l'ordre de vous mettre en communication avec le général Lauriston et le prince de la Moskova qui arrivent aujourd'hui à Hoyerswerda.

BERTHIER AU COMTE DARU

Dresde, 18 mai, 5 heures du matin.

Ordre au comte Daru pour la distribution à faire à chaque soldat de la vieille garde, des réserves des batteries de la garde et de la division Barrois, une livre de riz comme réserve pour quatre jours.

Ordre de faire partir tout ce qui est nécessaire pour un jour de bataille, avec la garde.

BERTHIER A BEAUMONT

Dresde, 18 mai, 6 heures du matin.

L'Empereur ordonne, monsieur le général Beaumont, que vous restiez en observation pour couvrir Dresde, à Moritzbourg, ayant des postes à Grossenhayn, à Radeberg et sur la route de Konigsbruck ; Sa Majesté vous recommande, monsieur le comte, d'avoir soin d'instruire de tous les mouvements le quartier général qui est à Bautzen et le général Durosnel qui reste à Dresde, d'envoyer des espions et de bien vous éclairer sur toutes les routes ; surtout ne vous laissez pas surprendre aucun poste ; faites exercer la plus grande vigilance.

BERTHIER A KIRGENER

Dresde, 18 mai.

L'Empereur ordonne, monsieur le général Kirgener, que vous fassiez partir aujourd'hui avant 9 heures du matin pour le quartier général à Schmiedefeld, l'équipage de pont, les sapeurs et tout ce qui compose le génie sous vos ordres, en laissant ce qui est nécessaire pour la confection des ponts et des travaux ordonnés par Sa Majesté. L'Empereur ordonne aussi que tout le matériel des ponts, du génie, de l'artillerie et des équipages militaires, tous les caissons soient parqués, attelés ou non attelés, sur la rive gauche, dans le lieu qui sera indiqué par le général Durosnel et que rien ne reste sur la rive droite. Donnez, en ce qui vous concerne, les ordres nécessaires pour l'exécution de cette mesure.

Vous ferez prendre a vos troupes, avant de partir, du pain pour quatre jours.

BERTHIER A ROGNIAT

Dresde, 18 mai.

L'Empereur ordonne, monsieur le général Rogniat, que vous fassiez partir aujourd'hui avant 9 heures du matin pour le quartier général à Schmiedefeld l'équipage des ponts, les sapeurs et tout ce qui compose le génie de l'armée, en laissant ce qui est nécessaire pour la confection des ponts et des travaux que sa Majesté a ordonnés. Vous ferez prendre du pain pour quatre jours aux troupes que vous mettrez en marche. J'écris au général Kirgener pour qu'il donne les ordres nécessaires aux troupes du génie qui sont sous son commandement. L'Empereur ordonne aussi que tout le matériel des ponts, du génie, de l'artillerie et des équipages militaires, tous les caissons soient parqués, attelés ou non attelés, sur la rive gauche, dans le lieu qui sera indiqué par le général Durosnel et que rien ne reste sur la rive droite. Donnez, en ce qui vous concerne, des ordres pour l'exécution de cette mesure. Vous laisserez à Dresde ce qui sera nécessaire pour continuer les travaux de la tête de pont.

BERTHIER A DARU

Dresde, 18 mai.

On l'informe de ces dispositions et on lui réitère l'ordre que les hôpitaux soient placés d'abord sur la rive gauche, et on le prévient qu'il faut que, pour tout ce qui concerne l'administration, on puisse évacuer la rive droite en six heures, si les circonstances l'exigeaient.

— Avis des dispositions ci-dessus au général Durosnel.

BERTHIER A OUDINOT

Dresde, 18 mai, 10 heures du matin.

Monsieur le duc, je vous ai écrit trois fois pour vous faire connaître l'importance que met l'Empereur à ce que vous fassiez poursuivre et chasser les cosaques qui infestent votre droite. Sa Majesté pense que vous n'avez pas pris de mesures, puisque nous en avons toujours beaucoup.

Envoyez donc de fortes colonnes, comme je vous l'ai prescrit, cela est de la plus haute importance.

BERTHIER A NEY

Dresde, 18 mai, 10 heures du matin.

Je vous préviens de noùveau, prince, que nous sommes à une portée de canon de la petite ville de Bautzen, que l'ennemi occupe comme tête de position et où il a fait des retranchements ; les Prussiens sont placés sur la droite et les Russes sur la gauche. L'Empereur désire qu'avec le général Lauriston et toutes vos forces réunies, vous vous dirigiez en marche militaire sur Dresa, au delà de la Sprée, près Gottamelde ; ayant ainsi dépassé la Sprée, vous vous trouverez avoir tourné la position de l'ennemi. Vous prendrez là une bonne position.

Sa Majesté suppose que vous êtes dans le cas d'arriver à Hoyerswerda le 19 bien complètement. Vous vous approcherez de nous le 19 et le 20, et vous pourrez le 21 vous porter sur la position, ce qui aura l'effet, ou que l'ennemi évacue pour se retirer plus loin ou de nous mettre à même de l'attaquer avec avantage.

BERTHIER A DUROSNEL

Dresde, 18 mai.

Monsieur le général Durosnel, vous conserverez après le départ de l'Empereur :

1o Cinq bataillons de troupes westphaliennes commandées par le général Lageon formant, en présents sous les armes, y compris les détachements qu'ils avaient dans les places en arrière, et qui rejoignent, 2.200 hommes présents.

2o Les dépôts des IVe, VIe, VIIe, XIe et XIIe corps d'armée.

Je ne connais encore que la situation de ceux des VIe et XIe corps qui sont aujourd'hui de 800 hommes.

3o Le dépôt général de cavalerie établi à Dresde dont la force aujourd'hui est de 600 hommes et 725 chevaux.

Total, non compris les dépôts des IVe, VIIe et XIIe corps dont la situation n'est pas encore connue : 3.600 hommes, 725 chevaux.

Avec ces forces, général, vous devez garder la tête du pont, nos ponts, la ville et vous servir de la cavalerie du dépôt général pour garder les bacs en-dessus et en-dessous de Dresde.

On laisse en outre ici 25 gendarmes attachés à M. le comte Dumas, intendant général qui reste à Dresde ; ces gendarmes serviront pour assurer l'arrivage des subsistances et faire la police.

Vous aurez sous vos ordres, pour assurer le commandement de la place, le général de brigade Pelet et un officier supérieur que le général Monthion a nommé pour commander à Neustadt.

Vous devez avoir vos trois aides de camp; le général Pelet doit en avoir deux ; le général Fresia doit en avoir trois, ce qui est bien suffisant pour les détails du service. Vous trouverez d'ailleurs faci-

lement dans les dépôts des officiers susceptibles d'être employés au
service d'adjudant de place et, indépendamment de cela, il y a ici
les autorités militaires saxonnes.

BERTHIER A DUROSNEL

Dresde, 18 mai.

Je vous préviens, monsieur le général Durosnel, que le roi de
Saxe donne des ordres pour que 300 hommes de troupes saxonnes
partent de Kœnigstein et se rendent à Dresde pour le service du
palais ; il viendra également de cette forteresse une escouade d'artillerie avec quatre canons de 12.

200 convalescents saxons, venant de Torgau, formeront une compagnie provisoire qui se rendra à Kœnigstein ; quand ils y seront
rendus, tout ce qui reste de garde à Kœnigstein viendra ici, ce qui
formera, avec les 400 hommes qui arrivent de la Bohême, deux
petits bataillons ; ces deux petits bataillons, à l'aube du jour,
seront sous les armes entre le palais et le pont tous les jours.

Une compagnie d'artillerie avec six pièces de 12, de 6 ou de 8, et
deux obusiers, va se rendre aussi de Torgau à Dresde, de sorte
qu'il y aura à Dresde 800 grenadiers saxons, 12 pièces d'artillerie
et 100 hommes de cavalerie saxons.

Vous resterez ici, général, vous aurez cinq bataillons que vous
ferez camper à la ville neuve ; vous confierez la garde du pont aux
grenadiers saxons, en y mettant aussi un poste de gendarmes français pour la garde de police. Vous veillerez à ce qu'il y soit placé à
chaque bac, depuis Kœnigstein jusqu'à Meissen, un gendarme
saxon et quatre ou cinq hommes d'infanterie française. Vous ferez
fournir par le dépôt de cavalerie du général Fresia des détachements
à Pirna, et vous vous en servirez pour surveiller le passage.

Vous défendrez qu'aucun passage de l'Elbe ait lieu pendant la
nuit, depuis Kœnigstein jusqu'à Meissen.

Le général Gersdorf donnera ordre aux baillis de veiller à l'exécution de ces dispositions et de donner main forte aux bacs si
cela était nécessaire. Ce général sera prévenu par eux de tous les
événements qui arriveraient et de la moindre apparence des cosaques. A la pointe du jour, toutes les troupes devront être sous les
armes. Veillez à ce que le commandant du génie fasse établir demain
à la tête du pont, une barrière qui sera tenue fermée pendant
toute la nuit et ne sera ouverte qu'avec les précautions d'usage. Les

deux ponts de bateaux devront avoir tous les soirs un bateau levé, et en outre le commandant du génie devra établir un tambour à la tête de pont.

On organisera au palais un petit service composé d'officiers saxons ; la nuit, on ne laissera passer personne par le palais et on tracera une route afin de pouvoir l'éviter.

BERTHIER A DUROSNEL

Dresde, 18 mai.

L'Empereur me charge de vous adresser les instructions suivantes, monsieur le général Durosnel, pour faire suite à celles que je vous ai données ce matin.

Le général Boyeldieu, adjudant général de la garde, restera à Dresde, ainsi que le régiment des flanqueurs de la garde. Vous donnerez le commandement de tout le camp de la rive droite à ce général ; il aura sous ses ordres : deux bataillons de flanqueurs, quatre bataillons de Westphaliens, six pièces saxonnes. Il occupera une maison près des palissades ; il veillera sur l'enceinte de la nouvelle ville, comme dans une place forte ; il aura soin que l'on n'ouvre, entre les deux soleils, les barrières qui ont été établies qu'avec les formalités en usage pour les portes des villes de guerre.

Toute sa troupe sera consignée ; personne ne pourra sortir, hors la nouvelle ville, ou pour venir en ville, si ce n'est pour les corvées.

Vous lui fournirez un détachement de gendarmes pour la police du pont et des portes, pour savoir tout ce qui entre et qui sort et en envoyer tous les jours la note à l'état-major général ; vous ne laisserez établir sous quelque prétexte que ce soit aucune voiture sur la rive droite, soit artillerie, soit équipages militaires, soit bagages, ni aucun hôpital ou magasin.

Le général Boyeldieu aura soin de faire arrêter tous les fuyards et valets d'armée pour les empêcher de passer et de venir porter l'alarme en ville. Il sera prévenu de l'arrivée de ces fuyards par des patrouilles de cavalerie et des postes qu'il établira sur la route de Bautzen, Berlin et les hauteurs au delà du faubourg, les postes seront retranchés et à l'abri de la cavalerie ; ils peuvent consister, comme cela avait lieu sur la route de Moscou, en une maison entourée de palissades avec un tambour.

Il fera passer de nuit tous les convois de blessés, en ayant soin de le faire par les ponts de bateaux, de manière que ces convois ne traversent pas la ville. Il fera jalonner les routes et chemins qui conduisent à chacun des trois ponts, en mettant des indications écrites sur les jalons, de manière que si l'armée devait repasser l'Elbe, chacun sut quelle route il doit prendre.

Le général Boyeldieu fera placer aujourd'hui ses troupes auprès des palissades et les visitera avec l'officier de génie pour voir qu'elles soient en bon état et placées comme cela a été ordonné.

Il fera faire, tous les jours, l'exercice à feu à sa troupe qui est jeune et peu instruite.

Vous mettrez sous ses ordres le commissaire de police et le commandant de police de la ville neuve ; il chargera un capitaine des détails et fonctions de commandant de la ville neuve.

Le régiment des flanqueurs fournira une garde au parc et au magasin d'administration de la garde qui resteront sur la rive gauche.

Le régiment fournira aussi au pont une garde de 30 hommes commandée par un officier pour garder le pont, conjointement avec les grenadiers saxons.

Enfin le général Boyeldieu veillera à ce que ses officiers donnent l'exemple, qu'ils baraquent auprès de la troupe et qu'ils ne s'en écartent jamais.

BERTHIER A DUROSNEL

Harthau, 18 mai.

Monsieur le général, l'Empereur ordonne impérativement qu'il ne parte de Dresde pour l'armée qu'un seul convoi. Vous ferez défendre, au pont et à la sortie des barrières de la ville neuve de Dresde, qu'aucun détachement ou homme isolé en sorte sans faire partie du convoi dont je vais vous parler ci-après. Ce convoi, qui partira tous les jours, après avoir été rassemblé dans le lieu que vous désignerez, et dont vous ferez dresser un état, se composera de ce que l'artillerie, les équipages militaires, le génie, les dépôts d'infanterie et de cavalerie devront faire partir pour l'armée. Les dépôts d'infanterie et de cavalerie devant faire partir ce qu'ils ont de disponible et de bien armé, on joindra à ce convoi qui doit partir tous les jours la poste de l'armée. Ce convoi devra sortir chaque jour de la porte des palissades de la ville neuve parfaitement organisé, ayant un commandant que vous nommerez et au moins 400 hommes d'escorte de toute arme. Cette escorte formera quatre compagnies de 100 hommes armés et ayant leurs cartouches (le commandant de la ville neuve en fera l'inspection). Ces quatre compagnies seront disposées : une à la tête du convoi, une en arrière, une sur le flanc droit, l'autre sur le flanc gauche.

Si vous ne portez pas, monsieur le général comte Durosnel, une grande attention aux dispositions ci-dessus, nous aurons beaucoup de monde pris et nous encouragerons cette canaille de cosaques, au lieu que si chaque jour ils ne rencontrent qu'un convoi bien en ordre et qu'ils reçoivent des coups de fusils, ils se dégoûteront du métier de partisans. Il est impossible, monsieur le général Durosnel, que vous n'ayez pas tous les jours 400 hommes à faire partir, soit en détachement d'infanterie, cavalerie, artillerie, etc., qui arrivent successivement. Enfin s'il arrivait qu'il y eut des jours où vous n'auriez pas ces 400 hommes pour escorter le convoi et que vous eussiez des munitions et des vivres à faire partir, vous compléteriez les 400 hommes avec votre garnison. Arrivés au quartier général, je vous les renverrai, mais je vous le répète, les dépôts d'infanterie, de cavalerie et les détachements qui arrivent successivement doivent vous fournir ce nombre. Vous sentez combien il est important que les gardes des ponts ne laissent rien passer qui ne fasse partie du convoi, excepté les estafettes. Vous ferez faire un état de chaque convoi, de ce qui le compose, du nombre d'hommes d'escorte : vous ferez signer cet état par le commandant du convoi et vous me l'adresserez. Faites une instruction imprimée, bien détaillée, qui contiendra le devoir qu'aura à remplir chaque commandant de convoi, qui spécifiera la manière dont doit marcher le convoi, dont l'escorte de 400 hommes doit être partagée et placée, comme il doit bivouaquer au lieu d'étape.

De Dresde, les convois viendront coucher à la poste de Schmiedefeld où j'envoie ce soir même un officier supérieur commandant d'armes, un bataillon bavarois pour garnison et quatre brigades de gendarmerie, avec un officier, un officier du génie et une demi-compagnie de sapeurs pour retrancher une ou deux maisons de ce poste, c'est-à-dire de palissader deux ou trois maisons qui seront à l'abri des cosaques. L'Empereur ordonne de faire partir dès demain matin à la pointe du jour, de Dresde, une pièce de canon, soit de bronze, soit de fer, pour être employée à la défense du poste de Schmiedefeld ; cette pièce aura le double effet de servir d'alarme si l'ennemi paraissait ; vous enverrez des canonniers de Dresde pour la servir ; vous ferez approvisionner la garnison de Schmiedefeld pour 300 à 400 hommes pendant huit jours. L'officier supérieur commandant ce poste désignera le lieu où les convois devront parquer sous la protection de la pièce d'artillerie et, s'il arrivait quelque incident qui la retardât ou empêchât le départ du convoi, vous m'en préviendriez. Vous recevrez cet ordre pendant la nuit, ainsi, dès demain matin, vous ferez défense que rien ne parte, et vous formerez dans la matinée le premier convoi, vous composerez son escorte avec des compagnies de sapeurs, des détachements d'artillerie de la garde qui doivent être arrivés et des hommes des dépôts en état de partir. Ordonnez au général Boyeldieu, commandant la ville neuve, de passer la revue de chaque convoi pour vérifier s'il est conforme à l'état que vous aurez remis au commandant et dont vous m'enverrez le double. Le général Boyeldieu ne laissera sortir aucun isolé ou détachement qui ne ferait pas partie du convoi. Tous les hommes qui viendraient de l'armée isolément, sans être malades, seront arrêtés pour être renvoyés par le convoi. Comme la cavalerie saxonne doit avoir des chevaux en état, envoyez 25 hommes au poste de Schmiedefeld où ils serviront d'ordonnances. Le commandant de ce poste en enverra pour épier ce qui se passe sur nos derrières ; ce commandant enverra aussi des espions. Le poste de Schmiedefeld est donc fort intéressant pour arrêter tout ce qui passerait isolément et maintenir l'ordre et la sûreté de la route. La garnison étant composée d'un bataillon bavarois, un officier, 20 gendarmes et 25 cavaliers saxons, vous recommanderez bien à l'officier du génie de faire entourer de palissades plusieurs maisons et de placer militairement les pièces d'artillerie.

BERTHIER AU CHEF DE BATAILLON COSTANETZKI

Harthau, 18 mai.

Ordre d'aller prendre le commandement du poste de Schmiede-feld. On lui remet, pour instruction, copie de celle adressée au général Durosnel.

BERTHIER A MORTIER

Harthau, 18 mai.

Monsieur le duc de Trévise, il paraît que les chevau-légers de la garde, en allant occuper le village de Weigelsdorf, ont aperçu quelques cosaques, et que les paysans leur ont assuré qu'il y en avait

2.000 dans la forêt qui touche à ce village. L'Empereur fait envoyer ce soir à Weigelsdorf un bataillon de chasseurs de la garde ; demain, dès la pointe du jour, il est nécessaire que vous envoyiez de l'infanterie et de la cavalerie pour fouiller cette forêt située entre le village de Weigelsdorf et Putzka, au midi de Bischoffswerda, afin de chasser toute cette canaille qui infecte notre droite.

BERTHIER A MORTIER

Harthau 19 mai, 7 heures du matin.

Monsieur le duc de Trévise, l'intention de l'Empereur est que vous et le général Latour-Maubourg vous vous mettiez en mouvement, en continuant votre marche sur la position de Bautzen occupée par notre armée.

— Même ordre au général Latour-Maubourg, au général Walther, au général Barrois.

BERTHIER A MACDONALD

Klein-Forstgen, 20 mai, 6 heures du matin.

L'intention de l'Empereur, monsieur le maréchal, est que vous fassiez jeter trois ponts de chevalets sur la rivière de la Sprée, en profitant des points les plus favorables et les plus éloignés des batteries de la ville. Vous chasserez l'ennemi de toutes ses positions sur la rive droite de la Sprée.

Je donne ordre au duc de Reggio de prendre position, sa gauche à votre corps d'armée et sa droite aux montagnes : il jettera aussi de son côté deux ponts sur la Sprée, entre ceux que vous avez jetés et les montagnes.

BERTHIER A OUDINOT

Klein-Forstgen, 20 mai, 6 heures du matin.

L'intention de l'Empereur, monsieur le duc de Reggio, est que vous preniez position : votre gauche appuyée au maréchal duc de Tarente et votre droite aux montagnes. Je donne ordre à ce maréchal de jeter trois ponts de chevalets sur la rivière de la Sprée ; jetez de votre côté deux ponts sur cette rivière, entre ceux qu'aura jetés le duc de Tarente et les montagnes.

BERTHIER A LATOUR-MAUBOURG

Klein-Forstgen, 20 mai, 6 heures du matin.

L'Empereur ordonne, général, que vous fassiez monter à cheval à 7 heures du matin la cavalerie qui est sous vos ordres.

— Même ordre au général Walther.

BERTHIER A MARMONT

Klein-Forstgen, 20 mai, 6 heures du matin.

L'Empereur ordonne, monsieur le duc, que vous fassiez entrer en ligne vos trois divisions, de manière qu'elles occupent une partie de la position qu'avaient les troupes du général Bertrand. Ce général occupera le plateau et marchera au secours du général Lauriston, aussitôt qu'il entendra le canon, afin d'opérer la jonction. L'intention de l'Empereur est que vous souteniez le général Bertrand si cela était nécessaire. Faites reconnaître les emplacements où vous pourriez faire jeter trois ponts sur la Sprée, au-dessous et loin des batteries de la ville ; et faites tout préparer pour cette opération.

BERTHIER A BERTRAND

Klein-Forstgen, 20 mai, 6 heures du matin.

L'intention de l'Empereur, monsieur le général Bertrand, est que vous occupiez le plateau et que vous marchiez au secours du général Lauriston, aussitôt que vous entendrez la canonnade, afin d'opérer notre jonction. Je donne ordre au duc de Raguse de mettre ses trois divisions en ligne et d'occuper une partie de la position que vous aviez, je lui prescris de vous soutenir si cela devenait nécessaire.

BERTHIER A SOULT

Klein-Forstgen, 20 mai.

Monsieur le duc de Dalmatie, l'Empereur met sous vos ordres, pour la mission dont vous êtes chargé, le corps du général Bertrand et celui de cavalerie du général Latour-Maubourg à l'exception de la division Doumerc qui passe aux ordres du duc de Tarente, et qui est remplacé auprès du général Latour-Maubourg par la division Bruyère.

BERTHIER A BERTRAND

Klein-Forstgen, 20 mai.

Je vous préviens, monsieur le général Bertrand, que l'Empereur ayant donné des instructions à M. le duc de Dalmatie, vous êtes avec votre corps à ses ordres.

BERTHIER A LATOUR-MAUBOURG

Klein-Forstgen, 20 mai.

L'Empereur, monsieur le général Latour-Maubourg, ayant donné des instructions à M. le duc de Dalmatie, je vous préviens que vous êtes à ses ordres avec votre corps d'armée, excepté la division Doumerc qui reste avec le duc de Tarente. La division Doumerc sera remplacée par la division Bruyère qui marchera avec vous.

BERTHIER A OUDINOT

Klein-Forstgen, 20 mai.

Ordre de former une brigade avec quatre ou six pièces d'artillerie, infanterie et cavalerie ayant pour instruction de suivre partout le corps de partisans qui s'est jeté sur nos derrières, de prendre son artillerie et de le harceler.

BERTHIER A NEY

Sur le champ de bataille en avant de Bautzen, 20 mai.

L'Empereur ordonne, prince, que vous vous dirigiez sur Dresa, chassant l'ennemi de ses positions, vous liant avec nous, et que, de là, vous vous dirigiez sur Weissenberg, de manière à tourner l'ennemi.

Je vous recommande, prince, d'envoyer dans la nuit à l'état-major général un officier d'état-major qui connaisse votre quartier général.

BERTHIER A NEY

Au bivouac en avant de Bautzen, 21 mai, 8 heures du matin.

Monsieur le prince de la Moskova, l'intention de l'Empereur est que vous suiviez toujours le mouvement de l'ennemi. Sa Majesté a fait voir à votre officier d'état-major la position de l'ennemi qui paraît définitive par les redoutes qu'il a construites et qu'il occupe.

L'intention de l'Empereur est que vous soyez ce matin à 11 heures au village de Preititz. Vous serez sur l'extrême droite de l'ennemi. Aussitôt que l'Empereur vous verra engagé à Preititz, nous attaquerons franchement sur tous les points.

Faites marcher le général Lauriston sur votre gauche pour être en mesure de tourner l'ennemi, si votre mouvement le décide à abandonner sa position.

BERTHIER A SOULT (1)

Monsieur le duc de Dalmatie, je viens d'envoyer l'ordre ci-après au prince de la Moskova.

L'intention de l'Empereur est, monsieur le duc de Dalmatie, que vous attaquiez vigoureusement l'ennemi avec vos trois divisions en marchant entre le prince de la Moskova et le duc de Raguse. L'Empereur est sur le plateau à une demi-lieue en avant de Bautzen, au centre de l'armée avec sa garde.

BERTHIER A OUDINOT

Au camp de Klein-Priesultz, 22 mai, 4 heures 1/2 du matin.

Monsieur le maréchal, l'intention de l'Empereur est, qu'avec votre corps d'armée, vous gardiez Bautzen et le champ de bataille ; que vous envoyiez des colonnes et des partis pour nettoyer les bois, chasser et ramasser tout ce qui pourrait s'y trouver, faire relever les blessés. Ordonnez aux autorités de faire enterrer les morts. Le duc de Tarente se porte sur Hohkirch : Envoyez des patrouilles sur toutes les parties du champ de bataille pour ramasser les blessés.

BERTHIER A MACDONALD

Au camp de Klein-Priesnitz, 22 mai, 4 heures 1/2 du matin.

L'intention de l'Empereur, monsieur le duc, est que vous marchiez sur Hohkirch avec votre corps d'armée et que vous suiviez l'ennemi. J'ordonne au duc de Reggio de garder Bautzen et le champ de bataille.

BERTHIER A MARMONT

Au camp de Klein-Priesnitz, 22 mai, 4 heures 1/2 du matin.

Monsieur le maréchal, l'intention de l'Empereur est que l'ennemi

(1) Cet ordre et le précédent ont été envoyés en duplicata.

ne tient pas Hohkirch, point sur lequel se porte le duc de Tarente, vous suivrez l'ennemi dans la direction de Wurschen.

J'ordonne au duc de Reggio de garder Bautzen et le champ de bataille.

BERTHIER A REYNIER

Nied-Markersdorf, 23 mai, 6 heures 1/2 du matin.

Monsieur le général Reynier, l'Empereur ordonne que vous vous mettiez en mouvement pour attaquer l'ennemi sur Gœrlitz, s'il y tient encore et vous emparer de cette ville, où vous aurez soin d'établir le plus grand ordre. Le général Bertrand a l'ordre de marcher sur votre droite pour tourner la ville, et le général Lauriston qui est votre gauche, reçoit l'ordre de faire le même mouvement.

L'Empereur est ici, derrière vous, avec sa garde.

BERTHIER A LAURISTON

Nied-Marckersdorf, 23 mai.

Je donne l'ordre au général Reynier d'attaquer la position de l'ennemi sur Gœrlitz ; l'intention de l'Empereur est que si l'ennemi tient cette position, vous la tourniez par la droite de l'ennemi.

Le général Bertrand, qui est à notre droite, reçoit l'ordre de tourner la position de l'ennemi par sa gauche, c'est-à-dire par notre droite.

BERTHIER A BERTRAND

Nied-Marckersdorf, 23 mai.

Je donne l'ordre au général Reynier de marcher sur Gœrlitz et d'en chasser l'ennemi, s'il s'y tient ; l'intention de l'Empereur est que vous tourniez la position de l'ennemi par la gauche de Gœrlitz c'est-à-dire par notre droite. Le général Lauriston qui est à notre gauche, fait le même mouvement sur la droite de la position de l'ennemi, s'il se tient à Gœrlitz.

BERTHIER A MACDONALD (1)

Nied-Marckersdof, 23 mai, 8 heures 1/2 du matin.

Monsieur le maréchal duc de Tarente, l'Empereur ordonne que de Ober Sohland, vous vous dirigiez sur Schemberg ; en général, l'intention de Sa Majesté est que vous poursuiviez vivement ce que

____

(1) Ordre annulé.

vous rencontrerez de l'ennemi. Nous avons couché devant Gœrlitz. L'Empereur continue à poursuivre l'ennemi.

BERTHIER A MACDONALD

Nied-Marckersdorf, 23 mai.

Monsieur le maréchal duc de Tarente, l'ennemi étant en retraite sur tous les points, il faut vous diriger sur les directions où vous croiriez lui faire le plus de mal ; mais si vous n'avez aucun renseignement particulier qui dirige votre mouvement dans le sens de cette instruction, marchez sur Schemberg, occupant Seidenberg. frontière de Bohême, et arrêter ainsi tout ce qui voudrait passer.

BERTHIER A BERTRAND

Nied-Marckersdorf, 23 mai.

L'intention de l'Empereur, monsieur le général Bertrand, est que vous vous dirigiez sur Hermsdorf, et si vous entendez le canon, sur Gœrlitz pour concourir à en chasser l'ennemi.

BERTHIER A LAURISTON

Nied-Marckersdorf, 23 mai.

L'intention de l'Empereur, monsieur le général Lauriston, est que vous coupiez la route de Gœrlitz à Breslau à Hennersdorf. Vous vous formerez de là en avant-garde pour marcher sur la route de Breslau.

BERTHIER A VICTOR

Nied-Marckersdorf, 23 mai.

Monsieur le maréchal duc de Bellune, l'intention de l'Empereur est qu'avec votre corps d'armée vous marchiez contre le général Bulow, ou contre tout ce qui serait sur nos derrières. Si donc vous n'aviez aucune nouvelle qui décidât votre mouvement, vous le feriez sur Rothenbourg. Le quartier général de l'Empereur sera ce soir à Gœrlitz.

BERTHIER A NEY

Gœrlitz, 23 mai, à 4 heures 1/2 du soir.

Monsieur le maréchal, l'Empereur, conformément à l'ordre verbal qu'il vous a donné ce matin, met sous vos ordres le général Lauriston qui commande le Ve corps, le général Reynier qui commande le VIIe et le général Latour-Maubourg avec sa cavalerie. Le duc de Raguse qui commande le VIe corps vient de passer à Gœrlitz, et il a ordre de vous appuyer si vous le trouvez en ce point ; je l'en préviens. Sa Majesté, prince, désire qu'avec ces troupes, vous vous portiez sur la route de Breslau par Bunzlau où il paraît que se dirige l'ennemi. Quant au général Bertrand, il a l'ordre de prendre position à Hermsdorf : la jeune garde et la cavalerie de la garde sont en position en avant de Gœrlitz.

BERTHIER A REYNIER

Gœrlitz, 23 mai, 4 heures après-midi.

Monsieur le général Reynier, je vous préviens que l'Empereur vous met, avec votre corps, aux ordres de M. le prince de la Moskova. Prenez les ordres de ce maréchal et exécutez en tout point ce qu'il vous prescrira, vous devez vivement poursuivre l'ennemi.

BERTHIER A LATOUR-MAUBOURG

Gœrlitz, 23 mai, 4 heures après-midi.

Monsieur le général Latour-Maubourg, l'Empereur met votre corps d'armée sous le commandement du prince de la Moskova qui a aussi le commandement du VIIe et du Ve corps, commandés par les généraux comte Lauriston et Reynier. Prenez les ordres de ce prince.

BERTHIER A LAURISTON

Gœrlitz, 23 mai, 4 heures après-midi.

Monsieur le général comte Lauriston, l'Empereur vient de donner la direction du commandement supérieur de votre corps d'armée, de celui du général Reynier et du corps de cavalerie du général Latour-Maubourg à M. le prince de la Moskova. Sa Majesté croit que vous avez passé la rivière et que vous poursuivez l'ennemi sur la route de Breslau.

Prenez les ordres de ce maréchal.

BERTHIER A MARMONT

Gœrlitz, 23 mai, 4 heures après-midi.

Monsieur le duc de Raguse, l'Empereur vient de mettre sous les ordres de M. le maréchal prince de la Moskova, le corps du général Lauriston, celui du général Reynier et la cavalerie du général Latour-Maubourg avec ordre de poursuivre vivement l'ennemi sur la route de Breslau par Bunzlau, par où l'ennemi paraît s'être retiré.

L'Empereur, monsieur le duc, ordonne que vous souteniez les troupes du prince de la Moskova et que vous l'appuyiez au besoin. Ayez en conséquence un aide de camp près de ce maréchal.

BERTHIER A MACDONALD

Gœrlitz, 23 mai, 7 heures du soir.

Monsieur le maréchal duc de Tarente, l'Empereur ordonne que, de Schemberg, où vous avez reçu l'ordre de vous rendre, vous continuiez votre marche demain pour vous rendre sur Lauban. Je donne l'ordre au général Bertrand qui est ce soir à Hennersdorf, de se rendre également sur Lauban.

BERTHIER A BERTRAND

Gœrlitz, 23 mai.

Monsieur le général comte Bertrand, je vous ai donné l'ordre de vous porter sur Hermsdorf où vous devez arrivez ce soir vers 5 heures. Continuez demain votre route pour vous rendre sur Lauban, je donne également l'ordre au duc de Tarente qui marche sur Schemberg de se rendre demain à Lauban.

BERTHIER A VICTOR

Gœrlitz, 24 mai, 3 heures du matin.

Monsieur le duc de Bellune, l'Empereur ordonne que vous vous rendiez de suite avec votre corps d'armée sur Rothenbourg pour suivre le mouvement de l'armée. Sa Majesté pense que, d'après ma dernière lettre, vous y êtes déjà. De Rothenbourg, monsieur le duc, vous suivrez franchement l'ennemi qui paraît se retirer sur Bunzlau. Vous tiendrez toujours une route sur notre gauche, à plusieurs lieues de la grande route de Gœrlitz à Bunzlau, qui est celle que suit l'armée.

Le prince de la Moskova, avec le corps du général Lauriston et celui du général Reynier et la cavalerie Latour-Maubourg part ce matin de la position qu'il occupe à Hochkirch, pour se porter sur

Bunzlau ; ainsi vous devez vous porter parallèlement à plusieurs
lieues sur sa gauche qui marche sur Bunzlau.

L'Empereur, sur les observations que vous faites, s'est déterminé
à envoyer un autre corps d'armée sur Berlin.

BERTHIER A NEY

Gœrlitz, 24 mai, 3 heures du matin.

Monsieur le prince de la Moskova, l'intention de l'Empereur est
que, conformément aux ordres que je vous ai envoyés hier soir, vous
partiez aujourd'hui 24, à 6 heures du matin de la position où se
trouve le général comte Lauriston à Hochkirch, pour marcher sur
Bunzlau, où il faut tâcher d'arriver aujourd'hui. Vous donnerez,
prince, la même direction au corps du général Reynier et à celui
de cavalerie du général Latour-Maubourg, de manière à arriver sur
Bunzlau avec le V⁵ corps et le VII⁵ et la cavalerie ; ce qui vous
donnera le moyen de forcer l'arrière-garde ennemie.

Le général comte Bertrand sera aujourd'hui de bonne heure à
Lauban, le duc de Tarente doit aussi y arriver ce soir. Je donne
l'ordre au duc de Raguse de partir ce matin à 5 heures de la position qu'il occupe à Hermsdorf pour Bunzlau ; il a l'ordre de vous
appuyer. J'ordonne au III⁵ corps de partir du point où il se trouve
pour arriver ce soir à Gœrlitz : ce corps partira demain pour suivre
la direction de Bunzlau. Je vous prie, monsieur le maréchal, de lui
envoyer de votre côté l'ordre de se rendre ce soir à Gœrlitz. S'il est
nécessaire, prince, le comte Bertrand et le duc de Tarente qui arrivent à Lauban, pourraient aussi se diriger sur Bunzlau. L'Empereur
restera encore la plus grande partie de la journée à Gœrlitz, mais
pourrait arriver à Bunzlau dans la nuit, si cela était nécessaire.

Le duc de Bellune doit être arrivé à Rothenbourg avec le général
Sébastiani, il a l'ordre de marcher parallèlement à vous sur l'ennemi.
Les nouvelles que nous avons, sont que l'ennemi a encore la plupart
de ses blessés qui ne sont pas pansés et, qu'en le poursuivant rapidement sur Liegnitz, on l'empêchera de se rallier et on augmentera
le désordre de sa retraite. Je vous prie, monsieur le maréchal, de
m'accuser la réception de cet ordre et de me faire connaître à quelle
heure vous comptez partir. Il serait bon de laisser un poste de correspondance à mi-chemin de Bunzlau, afin que vous puissiez plusieurs fois dans la journée nous faire parvenir promptement de vos
nouvelles.

BERTHIER A MARMONT

Gœrlitz, 24 mai, 3 heures 1/2 du matin.

L'Empereur ordonne, monsieur le duc de Raguse, que vous partiez avec votre corps d'armée aujourd'hui 24 à 5 heures du matin pour Bunzlau. L'intention de Sa Majesté est que vous souteniez le maréchal prince de la Moskova qui avec le V° et le VII° corps et la cavalerie du général Latour-Maubourg se porte sur Bunzlau avec l'ordre d'attaquer l'ennemi et de forcer ses positions.

Envoyez donc un officier de votre état-major près le prince de la Moskova.

Le duc de Bellune qui est à Rothenbourg, a l'ordre de marcher parallèlement sur la gauche du prince de la Moskova.

Gœrlitz, 24 mai à 4 heures du matin.

Ordre au III° corps d'armée, faisant partie du commandement de M. le maréchal prince de la Moskova, de partir, aussitôt après la réception du présent ordre, de Weissenberg pour arriver ce soir à Gœrlitz. Le corps passera le pont et prendra position sur la rive droite.

BERTHIER A DAVOUT

Gœrlitz, 24 mai.

L'intention de l'Empereur, monsieur le maréchal prince d'Eckmühl, est de fortifier Hambourg avec une citadelle ou réduit dans lequel 4.000 hommes puissent se défendre longtemps. Par ce moyen, ces 4.000 hommes défendront les remparts tout le temps convenable et auront toujours pour réfuge cette citadelle.

Donnez, aussitôt votre arrivée à Hambourg, monsieur le maréchal, les ordres nécessaires au commandement du génie de votre corps d'armée pour que les intentions de Sa Majesté soient remplies.

L'Empereur a aussi le projet d'établir une place à l'embouchure du Havel : cette place doit remplir le même rôle que Wittenberg : Wittenberg est le point le plus proche de Berlin sur le haut Elbe : cette place du Havel est le point le plus proche sur le bas Elbe et elle complètera la défense de l'Elbe. Je donne l'ordre au gouverneur de Magdebourg de fournir le bataillon qui doit y rester : le commandant du génie de Magdebourg donnera les fonds nécessaires et les officiers du génie : les travaux seront commencés sans délai. Je mande au général Haxo que Sa Majesté s'en rapporte à la direction qu'il donnera à ces travaux, sans qu'il ait besoin d'attendre son approbation. L'Empereur a son quartier général à Gœrlitz ; le prince de la Moskova avec les Ve et VIIe corps et la cavalerie du général Latour-Maubourg marche sur Bunzlau, poursuivant vigoureusement l'ennemi. Le IIe corps est à Rothenbourg marchant parallèlement au prince de la Moskova sur le Bober.

Le IVe et le XIe corps seront ce soir à Lauban ; nous faisons des prisonniers, nous ramassons des blessés, l'ennemi fait sa retraite en désordre : tout va bien ici. Nous avons eu avant-hier une affaire de cavalerie où notre cavalerie s'est distinguée.

— Ordre en conséquence à M. le général Haxo et avis à M. le général Rogniat.

BERTHIER A DAVOUT

Gœrlitz, 24 mai.

L'Empereur me charge de vous faire connaître, prince, qu'il désire qu'aussitôt que vous serez entré à Hambourg, vous y restiez avec la division de Hambourg et la 3e que vous ferez venir de Wesel et que vous réunirez à Brême et Hambourg. L'intention de Sa Majesté est que vous fassiez partir de Hambourg, le général Vandamme avec les 2e et 5e divisions et l'artillerie nécessaire dans la direction de Mecklembourg et de Berlin, afin de couvrir le flanc gauche du corps qui est à Berlin.

BERTHIER A EXELMANS

Gœrlitz, 24 mai.

L'Empereur ordonne, monsieur le général Exelmans, que vous vous mettiez en marche avec tous les détachements de cavalerie qui sont sous vos ordres et qui appartiennent au 2e corps de réserve de cavalerie pour rejoindre le général Sébastiani. Vous vous dirigerez d'abord sur Rothenbourg et, si le corps du général Sébastiani avait déjà dépassé ce point, vous suivrez son mouvement pour le rejoindre. A votre arrivée, chaque détachement rejoindra son corps et vous prendrez le commandement de la 4e division de cavalerie légère, conformément à vos lettres de service.

BERTHIER A OUDINOT

Gœrlitz, 24 mai.

L'Empereur ordonne, monsieur le maréchal, que vous partiez

avec les trois divisions de votre corps d'armée et que vous manœuvriez sur Berlin.

Le général Beaumont avec deux bataillons, l'artillerie et les 1.200 chevaux qu'il a sous ses ordres vous rejoindra et sera [sous votre commandement. Ce général est à Moritzbourg, envoyez-lui vos ordres avec ma lettre que je joins ici.

Le bataillon que vous avez laissé à Schmiedefeld vous rejoindra pareillement. Je vous ai envoyé ce matin des ordres pour ce bataillon.

La garnison de Bautzen sera composée de deux bataillons westphaliens qui vont y être envoyés de Dresde ; s'ils ne sont pas arrivés demain quand vous vous mettrez en marche, vous laisserez à Bautzen, jusqu'à leur arrivée, deux de vos bataillons avec ordre de vous rejoindre dès qu'ils seront relevés.

Vous devez, monsieur le duc, opérer votre mouvement en vous portant d'abord sur Hoyerswerda, où vous pourrez être demain ; de là, en vous portant sur Luckau et Luben.

L'armée va se diriger sur Glogau, ainsi vos communications auront lieu par votre droite, il est probable que nous sommes aujourd'hui à Bunzlau où le quartier général sera demain.

Le duc de Padoue commandant le 3e corps de réserve de cavalerie arrive à Leipzig où il réunit son corps qui sera bientôt de 4.000 chevaux.

L'Empereur, monsieur le maréchal, met à votre disposition :

1° Un corps composé de quatre bataillons de la 1re division et deux bataillons de la 2e division qui sont à Magdebourg, d'où ils pourront partir le 1er juin ;

2° Deux bataillons des 123e et 124e régiments qui sont [à Torgau] et auxquels je donne l'ordre de se rendre à Wittenberg.

Ces huit bataillons seront commandés par un des généraux de brigade qui sont à Magdebourg ; il leur sera attaché une batterie de huit pièces de canon, c'est-à-dire la 2e batterie destinée au IIe corps. Vous donnerez des ordres pour que cette division vienne vous rejoindre, lorsque vous serez sur Berlin.

En attendant, donnez des ordres pour son organisation et pour que ces bataillons soient prêts à partir. Cela augmentera vos forces de huit bataillons et de huit bouches à feu.

L'Empereur pense que votre artillerie est en bon état, puisqu'elle a peu tiré à la bataille.

Votre principal but, monsieur le maréchal, est de contenir Bülow et de le rejeter au delà de l'Oder. Donnez-moi fréquemment de vos nouvelles et instruisez-moi de vos mouvements.

BERTHIER A SOULT

Gœrlitz, 25 mai.

L'Empereur ordonne, monsieur le duc de Dalmatie, que vous preniez le commandement non seulement de la vieille garde, mais aussi de l'administration, des équipages militaires, de l'artillerie qui n'est pas attachée au duc de Trévise et de la cavalerie de la garde. L'intention de Sa Majesté est que vous preniez des mesures :

1º Pour que la cavalerie de la garde fasse un service actif et tienne tout parti éloigné de trois lieues du quartier général de l'Empereur ;

2º Pour qu'aucun convoi d'équipages militaires ne vienne qu'avec une escorte d'au moins 300 hommes pour le mettre à l'abri des cosaques ;

3º Pour qu'aucun convoi d'artillerie ne marche qu'avec la même escorte ;

4º Pour qu'il n'y ait jamais un homme isolé ;

5º Pour que les équipages militaires soient toujours bien parqués. Vous en désignerez toujours l'emplacement, de même que le lieu où doivent être les bagages de Sa Majesté, et ceux des officiers de sa maison. Vous ordonnerez les fourrages, tant pour les équipages militaires que pour l'artillerie de la garde et les équipages de la maison de l'Empereur. Vous veillerez à ce qu'il y ait des escortes de cavalerie et d'infanterie. Enfin, monsieur le maréchal, vous prendrez toutes les mesures convenables pour la conservation du matériel de la garde.

BERTHIER A BERTRAND

Gœrlitz, 25 mai, 3 heures 1/2 du matin.

L'Empereur, monsieur le général Bertrand, ordonne qu'avec votre corps d'armée vous continuiez votre mouvement de Lauban sur Liegnitz, de manière à avoir une colonne qui passe la rivière dans un point intermédiaire entre Bunzlau et Landsberg, afin de rester en communication avec le quartier général qui suit la route de Gœrlitz à Bunzlau et Haynau.

Je donne le même ordre au duc de Tarente.

BERTHIER A MACDONALD

Gœrlitz, 25 mai, 3 heures 1/2 du matin.

Monsieur le duc de Tarente, je donne l'ordre au général Bertrand de continuer avec son corps d'armée son mouvement de Lauban sur Liegnitz, de manière à avoir une colonne qui passe la rivière dans un point intermédiaire entre Bunzlau et Landsberg, afin de rester en communication avec le quartier général qui suit la route de Gœrlitz à Bunzlau et Haynau. L'intention de Sa Majesté est que vous fassiez le même mouvement avec votre corps d'armée, en continuant votre marche sur Liegnitz, ayant, comme le général Bertrand, une colonne qui passe la rivière dans un point intermédiaire entre Bunzlau et Landsberg, afin de vous tenir aussi en communication avec le quartier général qui suit la route de Bunzlau et Haynau.

BERTHIER A VICTOR

Gœrlitz, 25 mai, à 3 heures 1/2 du matin.

L'Empereur ordonne, monsieur le duc de Bellune, qu'avec votre corps d'armée et le général Sébastiani, vous fassiez une marche en avant sur la direction de Bunzlau, en vous tenant en communication avec le quartier général qui marche sur la route de Gœrlitz à Bunzlau, où sera vraisemblablement le quartier général ce soir.

BERTHIER A MORTIER

Gœrlitz, 25 mai, 4 heures du matin.

L'Empereur, monsieur le duc de Trévise, ordonne que vous partiez aujourd'hui à 6 heures du matin avec la jeune garde pour faire une bonne journée sur la route de Bunzlau. Je donne l'ordre au petit quartier général, commandé par l'adjudant commandant Terrier, d'être rendu à votre camp à 5 heures et demie du matin pour suivre votre mouvement et marcher sous l'escorte d'une de vos brigades. Je vous prie de désigner le général qui répondra de la sûreté du petit quartier général.

BERTHIER A TERRIER

Gœrlitz, 25 mai, 4 heures du matin.

Il est ordonné à M. l'adjudant commandant Terrier d'être rendu avec tout ce qui compose le petit quartier général au quartier général du duc de Trévise qui est en position sur les hauteurs de la rive gauche de la Neisse à Gœrlitz, à 5 heures et demie du matin. L'adjudant commandant Terrier suivra la jeune garde et marchera sous la protection d'une brigade qui laissera derrière lui une bonne arrière-garde ; il présentera son ordre à M. le duc de Trévise et prendra ceux du maréchal.

BERTHIER A SOUHAM

Gœrlitz, 25 mai, 4 heures du matin.

L'Empereur ordonne à Monsieur le général Souham, de se mettre en marche de la position qu'il occupe aujourd'hui, à 6 heures du matin, pour faire une bonne journée sur la route de Bunzlau. Monsieur le général Souham donnera l'ordre au général Marchand avec sa division de rester à Gœrlitz pour garder ce point important jusqu'à ce que la garnison y soit organisée définitivement. Monsieur le général Souham laissera en position à l'entrée de la ville une brigade, de tout autre division que celle du général Marchand, qui ne partira qu'à 8 heures du matin avec les équipages du grand quartier général qu'elle sera chargée d'escorter. Le général Souham me fera connaître par le retour de mon officier d'état-major le nom du général de brigade et la position de sa brigade, afin que le commandant des équipages du quartier général prenne ses ordres pour ce départ. Cette brigade rejoindra ce soir Monsieur le général Souham. Le général de brigade se rendra près de moi, ici, pour prendre mes ordres. Monsieur le général Souham fera passer ses troupes par les ponts de gauche de ·la ville ; la garde qui part aussi ce matin, devra passer par les ponts de droite.

Il fera reconnaître à cet effet les débouchés.

— Au colonel Lassaux. Ordre de réunir tout ce qui appartient au grand quartier général pour partir à 8 heures du matin aujourd'hui 25, sous l'escorte de la brigade du III⁰ corps et faire une bonne journée sur la route de Bunzlau. Réunir à son convoi les caissons chargés de pain que le comte Daru enverra aux corps qui sont en avant.

BERTHIER A SOULT

Gœrlitz, 25 mai, 4 heures du matin.

Monsieur le duc de Dalmatie, j'ai donné l'ordre au duc de Trévise de partir de la position aujourd'hui à 6 heures du matin avec la jeune garde pour faire une bonne journée sur la route de Bunzlau. L'intention de l'Empereur est que vous donniez l'ordre à la garde à cheval et à la vieille garde de partir à 6 heures du matin pour suivre le mouvement de la jeune garde par la route de Bunzlau. Je vous prie, monsieur le maréchal, de donner des ordres en conséquence et de prendre ceux de Sa Majesté à l'égard de la cavalerie que commande le général Exelmans, qui est sous les ordres du général Walther, et qui a fait hier un mouvement en conséquence de ceux que vous avez adressés à ce général pour cette cavalerie.

Vous voudrez bien, monsieur le maréchal, prescrire toutes les dispositions qui vous concernent d'après l'ordre de Sa Majesté d'hier soir 24.

La garde et tout ce qui lui appartient passera par les ponts de droite de la ville.

Le IIIe corps qui a l'ordre de faire le même mouvement que la garde, passera par le pont de gauche.

La division Marchand a l'ordre de rester en ville. J'ai écrit à ce général de se concerter avec vous et de prendre vos ordres pour relever les postes.

BERTHIER A OUDINOT

Gœrlitz, 25 mai.

Monsieur le maréchal duc de Reggio, l'Empereur compte que vous serez aujourd'hui à Hoyerswerda ; que vous rallierez le général Beaumont et que vous pousserez le général Bülow. Nous sommes à Bunzlau et le duc de Bellune marche sur notre gauche. Sa Majesté pense que la meilleure manière de vous procurer des nouvelles de l'ennemi, est de suivre une correspondance avec le général Durosnel à Dresde, parce que là on reçoit des nouvelles de tous les points de la Saxe, et qu'ainsi ce général peut vous tenir au courant de tous les mouvements de l'ennemi.

BERTHIER A DUROSNEL

Gœrlitz, 25 mai.

L'Empereur, monsieur le général comte Durosnel, suppose que la tête de pont de Dresde doit être enfin dans un état de défense : vous devez la faire armer de six pièces de canon par bastion, en tirant quelques canonniers saxons de Kœnigstein et de Torgau ; faites faire sur-le-champ toutes les barrières et tout ce qui est nécessaire, car Sa Majesté est très impatiente de voir cette tête de pont en état, pour que l'on se trouve à Dresde à l'abri d'un coup de main.

BERTHIER A SOUHAM

Bunzlau, 25 mai, 9 heures du soir.

L'Empereur ordonne, monsieur le général Souham, qu'avec le IIIe corps, vous partiez demain à 5 heures du matin pour vous rendre ici. Avant d'entrer en ville, vous enverrez un officier prendre des ordres. Quant à la brigade du général Dumoulin, elle doit rester pour la garde des équipages du quartier général impérial jusqu'ici. Nous désirons que vous puissiez nous donner des nouvelles du duc de Bellune qui a dû arriver à Rothenbourg.

BERTHIER A MORTIER

Bunzlau, 25 mai, 9 heures du soir.

Monsieur le maréchal duc de Trévise, l'Empereur ordonne que vous partiez demain matin avec la jeune garde, pour vous rendre ici.

BERTHIER A SOULT

Bunzlau, 25 mai, 9 heures du soir.

Monsieur le maréchal duc de Dalmatie, donnez l'ordre à la vieille garde à pied et à cheval de partir des positions qu'elles occupent ce soir, demain à 5 heures du matin, pour se rendre ici, où il sera donné de nouveaux ordres.

BERTHIER A MARMONT

Bunzlau, 25 mai, 9 heures du soir.

Monsieur le duc de Raguse, il est bien important que vous soyez en communication avec le général Bertrand qui a dû partir de Lauban avec le duc de Tarente, pour suivre la direction de Liegnitz. Nous entendons depuis deux heures une canonnade assez vive de votre côté. Dites-nous ce que vous savez.

BERTHIER A NEY

Bunzlau, 26 mai, à 6 heures du matin.

L'Empereur ordonne, monsieur le maréchal prince de la Moskova, qu'avec les Ve et VIIe corps vous vous portiez sur Haynau et que vous poussiez une avant-garde sur Liegnitz et une sur Glogau. Faites porter le général Latour-Maubourg sur la droite dans la direction de Goldberg ; dès que ce général aura été rejoint par le duc de Raguse, l'intention de Sa Majesté est qu'il soit sous ses ordres. Je donne l'ordre au duc de Raguse de manœuvrer avec le corps du général Latour-Maubourg, de manière à couper l'arrière-garde ennemie, à tomber sur son flanc droit, à communiquer avec le duc de Tarente et le comte Bertrand et à pousser vivement l'ennemi.

Donnez l'ordre au général Souham de prendre position avec le IIIe corps en avant de Bunzlau : là il sera à vos ordres ; la division Chastel restera avec le Ve corps.

BERTHIER A MARMONT

Bunzlau, 26 mai, 6 heures du matin.

Monsieur le maréchal duc de Raguse, je donne l'ordre au prince de la Moskova de se porter avec les Ve et VIIe corps sur Haynau et de pousser une avant-garde sur Liegnitz et une sur Glogau. Le général Latour-Maubourg se porte sur la droite dans la direction de Goldberg. Dès que ce général vous aura joint, l'Empereur le met sous vos ordres : l'intention de Sa Majesté est qu'avec le corps du général Latour-Maubourg vous manœuvriez pour couper l'arrière-garde ennemie et tomber sur son flanc droit : que vous communiquiez avec le duc de Tarente et le comte Bertrand, et que vous poussiez vivement l'ennemi.

Le IIIe corps prend position à une lieue en avant de Bunzlau.

La division Chastel reste avec le Ve corps.

— Ordre au général Latour-Maubourg pour le prévenir qu'il est sous les ordres du duc de Raguse.

— Avis de ces dispositions au duc de Tarente et au général comte Bertrand.

BERTHIER A VICTOR

Bunzlau, 26 mai, 6 heures 1/2 du matin.

Monsieur le duc, l'Empereur ordonne que vous vous portiez sur Sprottau et que vous tâchiez d'y arriver aujourd'hui. Si là vous apprenez que quelque chose s'est dirigé sur Berlin, vous vous dirigerez à sa suite. Vous enverrez des partis dans les différentes directions pour avoir des nouvelles du corps de Bülow et savoir si celui-ci s'est approché de l'Oder et de Berlin ou s'il a continué son mouvement sur Luckau. Enfin si vous apprenez que le siège de Glogau soit levé, vous tâcherez de communiquer avec cette place : mais votre principal but doit être de vous tenir prêt à vous porter sur Berlin pour seconder le duc de Reggio, qui marche sur cette ville, et tomber sur les derrières de Bülow.

BERTHIER A MARMONT

Bunzlau, 26 mai, 6 heures 1/2 du matin.

Je vous ai écrit il y a une heure, monsieur le duc, l'Empereur me charge de vous écrire de nouveau, afin que vous compreniez bien ses intentions. L'ennemi, ne s'attendant pas à avoir sur ses flancs une aussi grande quantité de cavalerie, pourrait éprouver beaucoup de mal. Le prince de la Moskova se rend aujourd'hui à Haynau. Le général Bertrand et le duc de Tarente doivent être arrivés aujourd'hui à Goldberg. Si vous pouvez prendre une position intermédiaire pour vous rendre sur Liegnitz, on pourrait demain déboucher sur Liegnitz en trois colonnes. Toutefois vous devez vous appuyer à celle des deux routes où, d'après les renseignements que vous recueillerez, la plus forte partie de l'armée ennemie aura passé.

BERTHIER A VICTOR

Bunzlau, 26 mai, 6 heures 1/2 du matin.

Monsieur le duc, l'Empereur me charge de vous faire connaître qu'il voit avec peine que vous avez été un jour sans correspondre. Sa Majesté pense que vous pouviez envoyer un homme du pays qui, sous la promesse d'une forte récompense, aurait traversé les postes ennemis s'il en avait rencontrés. Ayez soin de recueillir à Sprottau des renseignements et de nous en faire part à Bunzlau, car s'il n'avait rien passé sur la route de Berlin et que Bulow se fût rapproché de Berlin ou de l'Oder, vous pourriez recevoir l'ordre de vous porter demain sur Glogau, afin de débloquer entièrement cette place.

BERTHIER A EXELMANS

Bunzlau, 26 mai, 6 heures 1/2 du matin.

Monsieur le général Exelmans, l'Empereur ordonne que, de l'endroit où vous recevrez cet ordre (Sa Majesté vous suppose à trois lieues en arrière d'ici), vous vous dirigez pour rejoindre la cavalerie du général Sébastiani ; en conséquence vous vous rendrez à Wehrau, sur la Queisse, où a couché cette nuit le duc de Bellune et le général Sébastiani, venant de Rothenbourg. Le duc de Bellune a l'ordre de se rendre aujourd'hui à Sprottau. Accusez-moi la réception de cet ordre.

Wehrau est à trois lieues en arrière et sur la gauche de Bunzlau.

Le général Sébastiani doit partir de Wehrau ce matin à 11 heures : aussitôt que vous l'aurez rejoint, chaque détachement rentrera à son corps.

BERTHIER A MARCHAND

Bunzlau, 26 mai, 10 heures du matin.

L'Empereur ordonne, monsieur le général Marchand, que vous vous mettiez sur-le-champ en marche avec votre division pour vous rendre à Bunzlau, vous ferez faire à vos troupes quatre lieues aujourd'hui, de manière à arriver demain à Bunzlau de bonne heure.

BERTHIER A MORTIER

Bunzlau, 26 mai, 10 heures du matin.

L'Empereur ordonne, monsieur le maréchal, que vous vous portiez aujourd'hui avec la jeune garde en avant de Thomaswalde.

BERTHIER A MORTIER

Bunzlau, 26 mai, 9 heures du soir.

L'Empereur ordonne que vous vous mettiez en marche demain à 4 heures du matin avec la jeune garde pour vous porter sur Liegnitz.

Je vous prie de faire remettre l'ordre ci-joint à l'adjudant commandant Terrier pour que le petit quartier général continue demain sa marche avec la jeune garde.

BERTHIER A SOULT

Bunzlau, 26 mai, 9 heures du soir.

Monsieur le duc de Dalmatie, l'Empereur ordonne que vous fassiez mettre en marche demain à 5 heures du matin la vieille garde et la cavalerie de la garde pour se porter sur Liegnitz.

BERTHIER A ROGNIAT

Bunzlau, 26 mai, 9 heures du soir.

Monsieur le général Rogniat, l'Empereur ordonne que vous fassiez mettre en marche les troupes du génie demain à 4 heures du matin pour se rendre à Liegnitz.

BERTHIER A SOUHAM

Bunzlau, 26 mai.

L'Empereur ordonne, monsieur le général Souham, que vous envoyiez ici, à Bunzlau, un régiment du III⁰ corps d'armée pour prendre le service de la place jusqu'au moment de l'arrivée de la division du général Marchand, venant de Gœrlitz, qui doit arriver ici demain de bonne heure. Il faut que ce régiment soit rendu dans la ville demain à 4 heures du matin. Vous lui prescrirez de partir aussitôt que la division Marchand sera arrivée afin de vous rejoindre. Vous pourrez prendre ce régiment dans ceux de la brigade du général Dumoulin qui, avec le restant de sa brigade, continuera d'escorter le quartier général qui part à 4 heures du matin pour Liegnitz.

Quant au III⁰ corps d'armée, l'Empereur ordonne, général, que vous le fassiez partir de sa position actuelle demain à 6 heures du matin pour se rendre sur Liegnitz.

BERTHIER A MARCHAND

Bunzlau, 26 mai.

L'Empereur ordonne, monsieur le général Marchand, qu'avec votre division qui doit arriver ici demain 27, vous teniez garnison à Bunzlau jusqu'à nouvel ordre. Vous aurez soin, aussitôt votre arrivée ici, de faire partir, pour rejoindre le III⁰ corps d'armée, le régiment qui lui appartient et qui reste ici pour le service de la place, en attendant que vous y soyez rendu.

BERTHIER A DUMOULIN

Bunzlau, 26 mai.

Monsieur le général Dumoulin, mettez-vous en mouvement demain à 4 heures du matin avec le quartier général pour continuer votre marche en bon ordre et vous porter sur Liegnitz.

BERTHIER A DUROSNEL

Bunzlau, 26 mai.

Monsieur le général Durosnel, le duc de Reggio doit être aujourd'hui à Hoyerswerda, et l'armée, arrivant sur Glogau, fera un mouvement pour couper Berlin, ce qui probablement fera rapidement replier le général Bülow ; il sera alors nécessaire, monsieur le comte, que vous donniez l'ordre à un des deux bataillons saxons qui sont à Gœrlitz de se rendre à Bunzlau. L'Empereur juge également convenable que vous fassiez successivement filer de Dresde les bataillons qui vous seraient inutiles, afin d'occuper la ligne d'opération.

Faites-moi connaître les dispositions que vous ferez pour remplir à cet égard les intentions de Sa Majesté. Le Trésor venu d'Erfurt doit rester à Dresde jusqu'à nouvel ordre.

BERTHIER A VICTOR

Bunzlau, 26 mai.

L'Empereur me charge de vous faire connaître, monsieur le duc, que toute votre artillerie sera complétée à Glogau, savoir : une batterie de réserve de huit pièces de 12 ; deux batteries pour chacune de vos divisions et une batterie d'artillerie à cheval. Il vous y sera aussi fourni les caissons d'infanterie dont vous avez besoin; je mande au général Sébastiani que Sa Majesté est surprise qu'il ne balaie pas les cosaques : qu'il paraît qu'il reste toujours réuni : mais qu'il ait à se concerter avec vous, monsieur le duc, pour envoyer des colonnes d'infanterie et de cavalerie pour les balayer.

— Lettre dans ce sens au général Sébastiani; avis au général Sorbier.

BERTHIER A DOUCET

Bunzlau, 26 mai, 10 heures du soir.

L'Empereur ordonne, monsieur le général Doucet, que vous ne laissiez plus partir d'Erfurt aucun détachement de cavalerie qu'il n'ait avec lui de l'infanterie, ni aucun convoi d'artillerie qu'il ne soit escorté. A cet effet toutes les colonnes que vous ferez partir d'Erfurt devront être de 1.000 hommes dont, au moins 300 ou 400 hommes d'infanterie. Sa Majesté ne comprend pas dans le nombre de 1.000 hommes dont chaque colonne doit se composer, les soldats du train d'artillerie ni ceux des équipages militaires.

Vous aurez soin de numéroter tous ces convois ou colonnes 1er, 2e, 3e, etc. ; vous désignerez bien le nom de l'officier qui le commandera ; vous lui donnerez de bonnes instructions pour la route ; vous dirigerez toutes ces colonnes sur Dresde ; vous m'adresserez l'état exact et détaillé de leur composition, tant en troupe qu'en matériel ; vous adresserez un semblable état au général Durosnel, pour qu'il puisse bien reconnaître ces colonnes à leur arrivée ; vous vous assurerez que chaque soldat ait des cartouches ; enfin vous donnerez aux commandants des ordres très précis, pour que ces convois marchent militairement et se mettent à l'abri de toute surprise et de toute perte.

BERTHIER A NEY

Liegnitz, 28 mai, 11 heures du matin.

Monsieur le prince de la Moskova, l'intention de l'Empereur est que les corps d'armée à vos ordres rallient tous leurs traîneurs et se reposent ; que l'on se garde bien militairement.

Le général Souham a l'ordre de rester à Haynau ; la brigade Dumoulin est ici à Liegnitz et attendra également mes ordres. Je vous envoie une lettre du général Souham que j'ai ouverte ce matin.

BERTHIER A SOUHAM

Liegnitz, 28 mai, 11 heures 1/2 du matin.

Je reçois votre lettre d'aujourd'hui, monsieur le général Souham, l'armée ne fait aucun mouvement aujourd'hui. Ralliez et faites bien reposer vos troupes et ne faites aucun mouvement sans mon ordre. Le général Dumoulin est ici et y restera jusqu'à nouvel ordre. Maintenez le bon ordre parmi les troupes et ne laissez passer aucun homme isolé ; tout doit être réuni à la colonne qui part de Dresde sur l'armée. Tâchez d'avoir des nouvelles de Glogau.

BERTHIER A BERTRAND

Liegnitz, 28 mai.

L'Empereur ordonne, monsieur le général Bertrand, que vous ralliez tous vos traîneurs : que les troupes à vos ordres se reposent : qu'elles se placent militairement : qu'elles se gardent : que vous fassiez bien éclairer toutes les directions : qu'on nettoie les armes :

que vous mettiez de l'ordre dans les bagages et les équipages de votre corps d'armée : que vous passiez et fassiez passer des revues pour restreindre aux proportions prescrites par le décret du 22 février le nombre des chevaux et voitures accordés à chaque grade. Envoyez-moi les rapports sur vos reconnaissances : faites brûler tous les embarras qui sont à la suite de votre corps d'armée, de manière que l'on puisse manœuvrer librement.

Envoyez-moi ce soir un officier avec les présents sous les armes de votre corps d'armée.

Envoyez la lettre ci-jointe au duc de Tarente.

— Même lettre que celle ci-dessus à Bertrand, Macdonald, Marmont, Latour-Maubourg, Mortier, Ney, Lauriston, Reynier, Rogniat, et Sorbier.

BERTHIER A MILHAUD

Liegnitz, 28 mai, 9 heures du soir.

Ordre de partir sur-le-champ en poste de Gœrlitz pour se rendre à Liegnitz et prendre le commandement supérieur de cette place. Instructions à cet effet.

BERTHIER A MARCHAND

Liegnitz, 28 mai.

L'Empereur ordonne, monsieur le général Marchand, que vous partiez demain 29 de Bunzlau avec votre division pour vous rendre à Haynau où vous attendrez de nouveaux ordres ; vous laisserez un bataillon pour fournir la garnison de Bunzlau. Vous vérifierez, en partant de cette ville, si l'on a travaillé à retrancher les portes avec des tambours, de manière que le bataillon que vous laisserez soit à l'abri d'un coup de main. A votre arrivée à Haynau, la division que le général Souham y aura laissée, en partira pour rejoindre ce corps.

BERTHIER A SOUHAM

Liegnitz, 28 mai, 9 heures du soir.

L'Empereur ordonne, monsieur le général Souham, que vous partiez demain à la pointe du jour de Haynau avec trois des quatre divisions du IIIe corps pour vous rendre de bonne heure à Liegnitz. Vous laisserez à Haynau une division qui ne quittera cette ville que lorsque la division Marchand, qui part demain matin de Bunzlau, y sera arrivée.

Vous ordonnerez à la division que vous laisserez à Haynau d'envoyer une colonne d'infanterie, cavalerie et artillerie sur Glogau jusqu'à ce que la communication soit établie avec le duc de Bellune ou avec Glogau.

BERTHIER A VICTOR

Liegnitz, 28 mai.

J'ai mis sous les yeux de l'Empereur, monsieur le maréchal, votre lettre du 27. Sa Majesté a vu avec plaisir que vous soyez tombé vigoureusement sur le convoi d'artillerie ennemie que vous avez joint.

L'Empereur approuve le parti que vous prenez de marcher sur Primkenau. Sa Majesté vous suppose aujourd'hui à Glogau ou à Polckwitz: si vous êtes à Glogau, vous devez pousser de forts partis sur la route de Posen et sur celle de Kalisch.

Sa Majesté vous recommande, monsieur le duc, de faire sur-le-champ toutes les dispositions nécessaires pour réapprovisionner et ravitailler la place de Glogau.

Envoyez des partis sur l'Oder, afin d'arrêter les bateaux de toute espèce qu'on assure remonter ce fleuve, chargés d'effets de toute nature appartenant à l'ennemi. L'Empereur marche demain 29, de Liegnitz, sur la direction de Breslau.

BERTHIER A NEY

Liegnitz, 28 mai.

L'intention de l'Empereur, prince, est que vous vous teniez prêt à partir demain 29 à 6 heures du matin avec le corps du général Lauriston et celui du général Reynier pour exécuter l'ordre que vous recevrez cette nuit. L'Empereur a donné l'ordre au général Reynier, d'être posté et réuni avec tout son corps d'armée demain à 6 heures du matin à l'abbaye de (1) .... qui se trouve à une lieue et demie sur la gauche de Jauer; cette abbaye a été désignée au général Reynier par l'Empereur lui-même. Veillez, prince, à l'exécution de cet ordre.

J'envoie l'ordre au général Souham de partir de Haynau demain à la pointe du jour avec trois des quatre divisions du IIIe corps pour

______

(1) En blanc dans le texte.

se rendre de bonne heure à Liegnitz. Je lui prescris de laisser à Haynau une division qui ne quittera cette ville que quand la division du général Marchand qui part demain matin de Bunzlau, y sera arrivée. Le général Souham ordonnera à la division qu'il laissera à Haynau d'envoyer une colonne d'infanterie, cavalerie et artillerie sur Glogau, jusqu'à ce que la communication soit établie avec le duc de Bellune ou avec Glogau. "

Donnez l'ordre au général Dumoulin, qui est ici, d'y attendre avec ses troupes l'arrivée du général Souham.

BERTHIER A SOULT

Liegnitz, 28 mai, 9 heures du soir.

L'intention de l'Empereur, monsieur le maréchal, est que la vieille garde et la garde à cheval se tiennent prêtes à partir demain à 8 heures du matin pour suivre la direction qui vous sera prescrite par l'ordre que vous recevrez cette nuit. Donnez à cet effet vos ordres.

BERTHIER A MORTIER

Liegnitz, 28 mai, 9 heures du soir.

L'intention de l'Empereur, monsieur le maréchal, est que vous soyez prêts à partir demain à 6 heures du matin pour suivre la direction qui vous sera prescrite par l'ordre que vous recevrez cette nuit.

Laissez ici un bataillon pour protéger la marche des équipages du quartier général qui partira demain à 8 heures du matin sous le commandement du colonel de gendarmerie Lassaux.

Je donne ordre à l'adjudant commandant Terrier d'être rendu demain à 6 heures du matin au camp de la jeune garde avec tout ce qui compose le petit quartier général pour marcher sous la protection de l'une de vos brigades.

Liegnitz, 28 mai.

Ordre au petit quartier général d'être réuni demain à 6 heures du matin au camp de la jeune garde pour se rendre à la destination qui sera fixée.

Ordre aux équipages du grand quartier de se tenir prêts à partir demain à 8 heures du matin sous le commandement du colonel Lassaux.

BERTHIER A NEY

Liegnitz, 29 mai. 6 heures 3/4 du matin.

Monsieur le prince de la Moskova, l'Empereur ordonne qu'avec le V⁰ corps commandé par le général Lauriston et avec le VII⁰ corps commandé par le général Reynier, vous vous portiez sur Neumarck, route de Breslau.

Je pense que Sa Majesté suivra votre mouvement avec sa garde. Mettez-vous de suite en marche et donnez des ordres en conséquence aux généraux Reynier et Lauriston.

BERTHIER A MORTIER

Liegnitz, 29 mai.

Monsieur le duc de Trévise, quand vous jugerez qu'il y a un intervalle convenable entre le corps du général Lauriston, vous vous mettrez en marche avec vos troupes pour suivre la même direction sur Neumarck, route de Breslau. Attendez qu'il y ait une distance convenable afin de ne pas être embarrassé par ce corps.

BERTHIER A SOUHAM

Liegnitz, 29 mai.

Ordre au général Souham de prendre position en avant de la ville de Liegnitz sur les hauteurs, comme était le général Lauriston.

BERTHIER A MARMONT

Liegnitz, 29 mai, 2 heures après-midi.

L'Empereur ordonne, monsieur le maréchal, qu'avec le VII⁰ corps d'armée et le corps de cavalerie aux ordres du général Latour-Maubourg, vous vous portiez, de Jauer, en avant de Eisendorf, route de Neumarck. Le prince de la Moskova avec le V⁰ et le VII⁰ corps se porte sur Neumarck, et le quartier général impérial y sera probablement ce soir avec la garde. Le III⁰ corps d'armée reste en avant de Liegnitz. Le duc de Tarente avec son corps d'armée et le général Bertrand avec le IV⁰ corps resteront à Jauer.

BERTHIER A MACDONALD

Liegnitz, 29 mai, 2 heures après-midi.

L'Empereur ordonne, monsieur le maréchal, qu'avec votre corps d'armée, vous vous portiez sur Jauer ; vous pousserez une avant-garde sur Striegau en choisissant une bonne position.

Sa Majesté marche sur Breslau ; le prince de la Moskova avec le V⁰ et le VII⁰ corps se porte sur Neumarck ; le quartier général impérial y sera probablement ce soir avec la garde ; le IIIe corps d'armée reste en avant de Liegnitz ; le duc de Raguse avec le VIe corps et le corps de cavalerie du général Latour-Maubourg, se porte, de Jauer, en avant d'Eisendorf, route de Neumarck. Je donne l'ordre au général Bertrand de se rendre, ainsi que vous, à Jauer, avec son corps d'armée.

— Ordre en conséquence au général Bertrand.

BERTHIER A REYNIER

Liegnitz, 2e mai.

Monsieur le général Reynier, désignez un général de brigade, un escadron, un bataillon de la division Durutte et deux pièces de canon pour prendre position au village de Neudorf et y recevoir les parlementaires russes et prussiens.

Le général de brigade que vous aurez désigné recevra ces parlementaires dans une maison : vous le préviendrez qu'il devra écrire que les parlementaires seront reçus et que le parlementaire français ne pourra y être avant 11 heures.

BERTHIER A LAURISTON

Rosnig, le 30 mai, 5 heures du matin.

Monsieur le général comte de Lauriston, l'intention de l'Empereur est que vous vous placiez dans une position très militaire à Neumarck, parce que dans ce moment on parlemente aux avant-postes. Cependant vous devez vous tenir prêt à marcher, parce qu'il est possible que, vers midi, vous receviez des ordres pour faire quelques lieues sur la route de Breslau, afin que nous puissions y entrer demain. Tâchez de vous mettre en communication avec le duc de Raguse qui a eu l'ordre de partir hier de Jauer pour se rendre à Eisendorf, moitié chemin de la route de Jauer à Neumarck. Envoyez-nous des nouvelles de Neumarck.

— Lettre au prince de la Moskova pour le même motif.

BERTHIER A MACDONALD

Rosnig, 30 mai, midi et demi.

Monsieur le maréchal, si l'ennemi n'a qu'une arrière-garde à Striegau, vous devez le suivre et le déposter. Vous vous ferez soutenir par le IVe corps, en couvrant toujours la route de Jauer. Mettez-vous en communication avec le duc de Raguse qui est aujourd'hui à Eisendorf, à peu près à moitié chemin de Jauer à Neumarck. Le duc de Raguse est lui-même en communication avec le reste de l'armée : le VIIe corps est à Neumarck.

L'Empereur désire que vous donniez plus souvent des nouvelles de l'ennemi.

BERTHIER A BERTRAND

Rosnig, 30 mai, midi et demi.

Je vous préviens, monsieur le général Bertrand, que je fais connaître à M. le maréchal duc de Tarente que si l'ennemi n'a qu'une arrière-garde à Striegau, il doit le suivre et le déposter. Je lui recommande de se faire soutenir par le IVe corps, en couvrant toujours la route de Jauer ; de se mettre en communication avec le duc de Raguse, qui est aujourd'hui à Eisendorf, à peu près à moitié chemin de Jauer à Neumarck. Le duc de Raguse est lui-même en communication avec le reste de l'armée ; le VIIe corps est à Neumarck. Conformez-vous, monsieur le comte, à ces dispositions, en ce qui vous concerne, et aux ordres que vous serez dans le cas de recevoir de M. le maréchal duc de Tarente.

L'Empereur désire que vous donniez plus souvent des nouvelles de l'ennemi.

BERTHIER A OUDINOT

Rosnig, 30 mai, midi et demi.

L'Empereur, monsieur le duc, a reçu la lettre apportée par votre aide de camp datée de Hoyerswerda le 28. Sa Majesté suppose que dans la journée d'hier ou d'aujourd'hui, vous aurez marché dans la direction de Berlin.

L'Empereur voit avec peine que vous ayez affaibli votre artillerie, ce qui affaiblit votre corps ; vous avez par là une grande force de moins.

BERTHIER A MARCHAND

Neumarck, 30 mai, 11 heures du soir.

L'Empereur ordonne, monsieur le général Marchand, que vous partiez d'Haynau pour vous rendre avec votre division à Liegnitz, où vous resterez jusqu'à nouvel ordre, en occupant cette ville et prenant une position militaire avec vos troupes. Vous laisserez un bataillon pour former la garnison de Haynau.

Le III° corps reçoit l'ordre de partir de Liegnitz pour se rendre à Neumarck ; il laissera à Liegnitz une brigade qui en partira pour le rejoindre aussitôt que la tête de vos troupes arrivera dans cette ville.

BERTHIER A SOUHAM

Neumarck, 30 mai, 11 heures du soir.

L'Empereur ordonne, monsieur le général Souham, que vous vous mettiez en marche avec le III° corps d'armée pour vous rendre à Neumarck.

Vous laisserez à Liegnitz une brigade qui gardera cette ville jusqu'au moment où la division d'infanterie du général Marchand, venant de Haynau, y arrivera. Dès que la tête de cette division sera rendue à Liegnitz, la brigade que vous y aurez laissée, en partira pour vous rejoindre.

BERTHIER A DAVOUT

Neumarck, 30 mai.

L'Empereur me charge de vous faire connaître, prince, que la 32° division étant hors de la constitution, et que vous, vous trouvant revêtu de pouvoirs extraordinaires, vous êtes maître d'y imposer toute contribution que vous jugerez convenable : que les réclamations des préfets ne sont pas fondées, et que tout ce que vous ferez sera bien fait, pourvu que tous les fonds soient levés régulièrement, soient versés dans les mains des préposés du trésor, et que les paiements soient faits sur les ordonnances des agents des ministres de la Guerre et de l'Administration de la guerre. Toute cette division est coupable, ainsi qu'on l'a jugé, lorsqu'elle a été placée hors la constitution.

Dans cette situation des choses, les préfets doivent obéir à vos ordres et les faire exécuter.

BERTHIER A VICTOR

Neumarck, 31 mai.

L'Empereur me charge de vous faire connaître, monsieur le maréchal, qu'il attend toujours l'officier qui lui apportera le rapport du commandant de Glogau.

Si la place a été débloquée le 26, voilà cinq jours de perdus. Tant que le gouverneur n'aura pas envoyé à Sa Majesté l'état de situation de sa garnison, le récit de ce qui s'est passé, l'état de situation de ses vivres et approvisionnements, elle ne peut considérer la place comme débloquée, ni disposer de votre corps. Elle ne conçoit pas d'où vient cette négligence et cette lenteur dans une chose aussi importante.

BERTHIER A NEY

Neumarck, 31 mai, 9 heures 1/2 du matin.

L'Empereur ordonne, prince, que vous vous mettiez en mouvement avec le V⁰ et le VII⁰ corps d'armée pour vous porter aujourd'hui sur Breslau. Vous laisserez le VII⁰ corps à Lissa pour garder la communication et pour éloigner moins de forces du centre de l'armée.

Sa Majesté désire que les troupes restent campées aux portes de Breslau, qu'il n'entre dans la ville que ce qui est nécessaire pour y établir la police, qu'on y fasse faire des vivres pour envoyer à l'armée, et qu'on se tienne toujours prêt à se porter où les circonstances l'exigeraient.

Faites d'abord rétablir les ponts, s'ils étaient brûlés, afin de pouvoir manœuvrer sur les deux rives.

BERTHIER A NEY

Neumarck, 31 mai, 10 heures du matin.

Monsieur le prince de la Moskova, dans la position actuelle de l'armée, il est possible qu'on soit dans le cas de manœuvrer demain avec le V⁰ et le VII⁰ corps ; il ne faut donc pas qu'ils fassent une trop forte marche aujourd'hui, parce qu'il est déjà tard ; il paraîtrait donc convenable de n'aller que jusqu'à Lissa, mais vous pourriez faire dire à Breslau qu'on vous envoie des députés. Recommandez bien au général Lauriston et au général Reynier de marcher en ordre et d'avoir une arrière-garde pour faire rejoindre leurs traîneurs.

BERTHIER A MARMONT

Neumarck, 31 mai, 3 heures du soir.

L'Empereur, monsieur le maréchal duc de Raguse, me charge de vous faire connaître que vous ne devez faire aucun mouvement aujourd'hui.

Un convoi de munitions destiné pour le duc de Tarente part à l'instant pour Eisendorf ; l'Empereur ordonne que vous fournissiez à ce convoi l'escorte que vous jugerez suffisante pour qu'il rejoigne en toute sûreté le XI⁰ corps là où il se trouve. Sa Majesté vous recommande de vous mettre en communication avec ce maréchal et de vous tenir en position de marcher à son secours s'il était attaqué.

Il y a une grande route qui va, de Striegau, sur l'Oder vers Leubus, et qui doit couper la route de Jauer à Neumarck, non loin d'Eisendorf où vous êtes ; il faut bien surveiller cette route : il est nécessaire aussi que vous preniez position sur la route de Striegau à Neumarck pour l'intercepter. Je donne l'ordre qu'on vous envoie ce qui reste disponible de pain. Quant à des munitions, on vous en enverra sur un grand convoi qui arrive aujourd'hui au parc général de l'armée.

Liez-vous bien avec le duc de Tarente, afin de faire cause avec lui. Placez des postes de cavalerie légère entre Eisendorf et Neumarck afin de correspondre très vite avec nous. Le prince de la Moskova sera ce soir avec le V⁰ et le VII⁰ corps à Lissa. L'Empereur restera ce soir à Neumarck. Si le III⁰ corps, qui était resté à Liegnitz, arrive ce soir à Neumarck, il enverra une division coucher à Tietzdorf où était le général Reynier.

Le duc de Tarente doit être à Jauer ou vers Striegau, vous devez connaître sa position et celle du général Bertrand. Donnez une instruction au chef de l'escorte du convoi d'artillerie qui doit rejoindre le duc de Tarente.

BERTHIER A MACDONALD

Neumarck, 31 mai, 3 heures du soir.

Monsieur le maréchal, je vous envoie un convoi de munitions que je charge le duc de Raguse de faire escorter jusqu'à votre quartier général ; je recommande à ce maréchal de se mettre en communication avec vous ; je lui donne l'ordre de marcher à votre secours si vous étiez attaqué et si vous en aviez besoin. J'ai reçu votre lettre d'hier apportée par l'officier polonais Niegolewski.

BERTHIER A MARMONT

Neumarck, 1ᵉʳ juin, 2 heures du matin.

J'ai reçu, monsieur le duc de Raguse, votre lettre d'aujourd'hui à 4 heures et demie du soir où il y a plusieurs phrases chiffrées. L'Empereur me charge de vous mander que le III⁰ corps est à Tietzdorf et le général Latour-Maubourg à Moys ; que de Tietzdorf à Moys il n'y a que 3.300 toises. Sa Majesté ne conçoit donc pas comment vous vous trouvez en l'air, ayant trois divisions et un corps de cavalerie et à 3.000 toises de l'armée ; dans ce genre de guerre, il faut éviter de se trop serrer ; les Russes ayant beaucoup de cavalerie, leur situation est toute différente. L'Empereur me charge de vous prévenir qu'à Eisendorf il y a une route qui va sur Schweidnitz, d'où vous ne vous trouvez qu'à six petites lieues ; il paraît que vous n'aurez pas fait d'attention à la route dont je vous ai parlé hier qui, de Striegau, va à l'Oder ; cette route est large et bonne et faite depuis peu d'années. Sa Majesté l'a fait reconnaître jusqu'au point où elle rejoint l'Oder. Elle sert spécialement à conduire des charbons à ce fleuve. Sa Majesté trouve que vous n'entrez pas dans des détails qui fassent connaître si vous avez de l'infanterie devant vous ; toutes les reconnaissances faites près de votre camp n'ont vu que de la cavalerie fort loin : on assure avoir entendu une canonnade aujourd'hui entre le Zobtenberg et Schweidnitz ou Striegau ; vous devez nous faire connaître si vous n'en avez rien entendu. L'Empereur ordonne que vous nous fassiez savoir demain à la pointe du jour ce que vous avez devant vous. Sa Majesté me charge de vous répéter qu'il faut éviter l'inconvénient de prendre une position trop serrée qui empêche aux armes de se déployer et donne un grand avantage à la cavalerie ennemie.

Tout ce qui est à Neumarck et au village de Tietzdorf viendrait rapidement à votre secours ; vous devez tâcher de communiquer avec le duc de Tarente et de nous donner de ses nouvelles. L'Empereur pense qu'avec la cavalerie du général Latour-Maubourg, en la faisant soutenir par quelques bataillons et de l'artillerie ; vous auriez pu pousser très bien aujourd'hui vos reconnaissances et savoir positivement ce que vous avez devant vous ; il paraît que vous n'en avez rien fait puisque vous avez des inquiétudes là-dessus. Quelques gens affidés disent que l'ennemi est en mouvement de Schweidnitz sur Zobten ; ce serait alors la poussière que vous auriez vue sur une ligne qui serait à six lieues de vous. Si ce mouvement se vérifiait, c'est que l'ennemi voudrait se rapprocher de Breslau par sa droite. L'Empereur ordonne que vous poussiez demain de fortes reconnaissances et de nous instruire des résultats. Le duc de Tarente a mandé hier 30 qu'il marcherait le 31 sur Striegau, ainsi cette canonnade entendue pourrait être son mouvement sur Striegau. Si le duc de Tarente était venu à Striegau, l'Empereur juge qu'il serait utile que vous vous portassiez en avant sur la route de Schweidnitz sur la Striegau Wasser du côté par exemple de Neuhof ou de Kostenblutt, en prenant là une bonne position. Je vous préviens que nous devons être entrés aujourd'hui à Breslau.

BERTHIER A MACDONALD

Neumarch, 1er juin, 2 heures du matin.

Monsieur le duc de Tarente, l'Empereur m'ordonne de vous expédier un officier pour me rapporter le rapport de ce qui s'est passé aujourd'hui ; le prince de la Moskova est à Lissa et sur Breslau ; Glogau est débloqué.

Je vous écris ce matin pour vous dire que le duc de Raguse est à Eisendorf et a l'ordre de vous soutenir si vous en avez besoin.

Je mande au duc de Raguse que, s'il apprenait que vous fussiez venu à Striegau, il serait utile qu'il se portât en avant sur la route de Schweidnitz sur la Striegauer Wasser, du côté, par exemple, de Neuhof ou de Kostenblutt en prenant là une bonne position.

BERTHIER A SOUHAM

Neumarck, 1er juin, 8 heures du matin.

Monsieur le général Souham, faites prendre les armes à votre corps d'armée : passez derrière la ville et portez-vous au village de Tietzdorf où se trouvent une de vos divisions et votre cavalerie légère. Ainsi vous aurez votre gauche à Tietzdorf et votre droite à Michelsdorf, de manière à vous trouver en communication avec le général Latour-Maubourg qui est à Nied-Moys, par conséquent avec le duc de Raguse qui est à Eisendorf.

BERTHIER A NEY

Neumarck, 1er juin, midi.

L'Empereur, prince, a reçu votre lettre par laquelle vous lui annoncez votre entrée à Breslau. L'ennemi paraît toujours en force sur Schweidnitz. Sa Majesté désire que la garde bourgeoise de Breslau fasse la police de la ville. Assurez les habitants de cette grande ville de la protection de l'Empereur. Si, passé 3 heures de l'après-midi, vous n'avez pas reçu l'avis du duc de Vicence de la cessation des hostilités, mettez-vous en mouvement avec les troupes à vos ordres pour vous rapprocher de Schweidnitz en tenant votre droite appuyée à nous, afin qu'à tout événement nous soyons réunis, si l'ennemi tentait quelque chose demain. En faisant cette marche, vous

pouvez vous échelonner de manière que votre dernier échelon main-
tienne encore Breslau, sauf à l'abandonner tout à fait, si vos troupes
devenaient nécessaires au point que l'ennemi menacerait. Ne laissez
aucune troupe dans la ville et faites valoir aux habitants que vous leur
confiez la garde de leur ville et le maintien de la police. Suivant les
renseignements que vous aurez, poussez le corps ennemi que vous
auriez devant vous avec les corps des généraux Reynier et Lauriston.

BERTHIER A MACDONALD

Neumarck, 1er juin.

Monsieur le duc de Tarente, je reçois à l'instant votre lettre de
ce jour datée de Jauer que m'apporte M. Soltik, officier de mon
état-major. Je pense qu'il n'y a rien de nouveau, puisque vous ne
me donnez aucun détail. Comme vous le savez, le duc de Vicence
est aux avant-postes, en parlementaire, relativement à une armistice ; il a dû vous faire passer l'ampliation d'un ordre de moi. L'Empereur désire qu'on profite de ce moment pour se placer ; il serait
convenable que votre droite fût à Jauer, votre gauche dans la direction de la position du duc de Raguse, en plaçant le général Bertrand
à deux ou trois lieues de vous, intermédiaire entre vos positions et
celles du duc de Raguse ; mais comme en ce moment il y a suspen-
sion d'hostilités, il faut que ces mouvements se fassent en arrière de
notre ligne ; il faut que les troupes aient une position moins entas-
sée ; qu'elles soient placées militairement et qu'on se garde avec la
plus grande surveillance.

— Envoyé au duc de Raguse, copie de la lettre écrite au duc de
Tarente.

Ecrit au général Bertrand commandant le IVᵉ corps.

BERTHIER A MACDONALD

Neumarck, 3 juin, 2 heures après-midi.

Monsieur le duc de Tarente, tenez-vous prêt à reprendre les hostilités demain matin pour vous porter sur la route de Striegau. Prévenez le général Bertrand. Les négociations ne sont pas rompues,
mais il paraît qu'on ne veut pas s'arranger.

BERTHIER A NEY

Neumarck, 3 juin, 2 heures après-midi.

Monsieur le maréchal prince de la Moskova, tenez-vous prêt au jour, pour mettre vos troupes en mouvement sur Schweidnitz, il ne faudra rien laisser dans Breslau, ni troupes, etc., afin de ne pas les compromettre ; les négociations ne sont pas rompues, mais il paraît qu'on ne veut pas s'arranger.

BERTHIER A BERTRAND

Neumarck, 3 juin, 2 heures après-midi.

Monsieur le général Bertrand, vous devez vous tenir prêt à reprendre demain les hostilités ; les négociations ne sont pas rompues, mais il paraît que l'on ne veut pas s'arranger.

— Même avis au duc de Raguse.

BERTHIER AU DUC DE PADOUE

Neumarck, 3 juin.

L'intention de l'Empereur, monsieur le duc de Padoue, est que vous nettoyiez la rive gauche de l'Elbe de tous les détachements ennemis qui s'y trouvent.

Je vous ai déjà prévenu que je donnai l'ordre au complément du contingent Wurtembergeois qui se compose d'environ 4.500 hommes, dont 3.035 hommes d'infanterie, 1.300 de cavalerie avec 12 bouches à feu et qui doit être réuni le 5 à Erfurt, de se diriger sur Leipzig ; je donne aussi des ordres pour faire diriger sur Leipzig les bataillons entiers qui viennent à l'armée. Le général Doucet est chargé de vous instruire de leur marche, mais je vous préviens que cette disposition ne s'applique qu'aux bataillons entiers, et non aux bataillons de marche ; ces derniers doivent rejoindre à Dresde.

Vous allez recevoir les deux batteries d'artillerie à cheval qui doivent être attachées au 3e corps de réserve de cavalerie.

Enfin, général, l'Empereur vous autorise à tirer de Torgau et de Wittemberg le 2e bataillon du 123e et le 2e bataillon du 124e régiment, ainsi qu'à tirer de Magdebourg et de Wittemberg toute l'infanterie qui serait disponible pour en accroître votre corps.

Le général Dombrowski, commandant une division polonaise, composée de deux régiments d'infanterie, deux régiments de cavalerie et une batterie d'artillerie part de Wetzlar et des environs, du 1er au 5 de ce mois, il a l'ordre de se diriger par Leipzig et l'Empereur le met à votre disposition. Je joins ici des ordres pour ce général, pour le commandant de Magdebourg et pour le commandant des troupes wurtembergeoises.

Toutes ces forces, monsieur le duc, vous mettront en état de marcher sur Dessau, de détruire le pont qui a été établi par l'ennemi et de former un grand nombre de colonnes d'infanterie et de cavalerie, afin de nettoyer toute la rive gauche de l'Elbe. Ayez 'soin de m'instruire fréquemment du résultat de vos opérations ; correspondez aussi avec M. le général Durosnel à Dresde.

BERTHIER A DOUCET

Neumarck, 3 juin.

Je vous préviens, général, que j'ai donné l'ordre à M. le duc de Padoue, commandant le 3e corps de réserve de cavalerie à Leip_zig, de nettoyer la rive gauche de l'Elbe de tous les détachements ennemis qui s'y trouvent. Il emploiera à cet effet, indépendamment de son corps et de ce que pourront lui fournir les garnisons des places de l'Elbe, le complément du contingent wurtembergeois, infanterie, cavalerie et artillerie, auquel je vous ai déjà chargé de faire prendre la direction de Leipzig. Le duc de Padoue aura aussi à sa disposition la division du général Dombrowski, infanterie, cavalerie et artillerie pour laquelle je vous ai pareillement adressé des ordres, afin de la faire marcher en masse et de lui donner aussi la direction de Leipzig.

Enfin, général, l'intention de l'Empereur est que vous dirigiez également sur Leipzig, les bataillons entiers qui viennent à l'armée, comme le 3e bataillon du 3e régiment de même arme, etc., etc. ; mais cette disposition ne s'applique qu'aux bataillons entiers et non aux bataillons de marche, ces derniers devront rejoindre à Dresde, sans être employés à aucun autre service en route.

Vous ne devez pas, général, vous en tenir sans examen aux destinations que l'on donne, soit à Mayence, soit ailleurs, aux troupes en marche, mais les diriger conformément aux ordres que vous recevez de moi.

Ayez soin de faire connaître à M. le duc de Padoue tout ce que vous dirigez sur Leipzig, comme au général Durosnel tout ce que vous dirigez sur Dresde. Rendez-moi des comptes très clairs et très précis de tous ces mouvements.

BERTHIER AU DUC DE PADOUE

Neumarck, 3 juin.

L'Empereur, monsieur le duc, me charge de vous adresser les

présentes instructions qui sont un développement de celles que je vous ai envoyées ce matin.

L'intention de Sa Majesté est que vous commandiez une réserve pour balayer et assurer toute la rive gauche de l'Elbe.

Je vous ai fait connaître la composition de la brigade d'infanterie wurtembergeoise de 3.000 hommes, de la brigade de cavalerie wurtembergeoise de 1.300 chevaux, des douze bouches à feu, formant le complément du contingent wurtembergeois qui doivent être réunis le 5 à Erfurt et se diriger de là sur Leipzig.

Ces troupes sont mises sous vos ordres, assurez-vous de leur marche, afin qu'elles ne s'écartent pas de la direction que je leur ai prescrite sur Leipzig. Ayant déjà près de 3.000 hommes du 3° corps de cavalerie, vous aurez, après avoir reçu ce renfort : 4.000 hommes de cavalerie, 3.000 hommes d'infanterie, les douze pièces wurtembergeoises et les deux batteries d'artillerie à cheval du 3° corps de cavalerie, faisant aussi douze pièces.

Vous êtes autorisé à tirer de Torgau et de Wittemberg le 2° bataillon du 123° régiment et le 2° bataillon du 124° régiment.

Vous êtes pareillement autorisé à retirer de Magdebourg quatre bataillons de la 1re division d'infanterie et deux bataillons de la 4° division qui s'y trouvent, et dont le duc de Reggio devait précédemment disposer, je le préviens de ce changement ; ces six bataillons forment les 32°, 36° et 37° régiments provisoires.

Vous vous trouverez avoir alors, monsieur le duc, 4.000 hommes de cavalerie, 24 pièces de canon et 7.000 à 8.000 hommes d'infanterie.

Je vous ai prévenu que la division polonaise du général Dombrowski composée de deux régiments d'infanterie, deux régiments de cavalerie et une batterie d'artillerie, partait de Giessen du 1er au 5 juin, que je lui avais donné l'ordre de se rendre à Leipzig et qu'il sera également à votre disposition. Je lui mande, à son passage à Erfurt, de vous envoyer son état de situation à Leipzig et de vous demander des ordres. Cela vous fera une augmentation de forces de 1.500 hommes de cavalerie, de 2.000 d'infanterie et d'une batterie d'artillerie à cheval.

Enfin, comme je vous l'ai déjà mandé, il sera dirigé sur Leipzig des bataillons entiers de ceux qui n'ont pas encore dépassé Dresde pour se joindre à votre corps. Mais l'intention expresse de l'Empereur, monsieur le duc, est que, sous quelque prétexte que ce soit, vous ne détourniez aucun bataillon, escadron ou détachement de marche. Ils doivent tous être dirigés sur Dresde afin de rejoindre l'armée à quelque corps qu'ils appartiennent, excepté ce qui appartiendrait au premier corps commandé par le prince d'Eckmühl qui est devant Hambourg. Vous devez, général, correspondre avec le général Durosnel comme gouverneur de la Saxe.

Aussitôt que vous aurez réuni suffisamment de forces, vous pourrez vous porter sur Dessau et détruire le pont de l'ennemi. La position qui paraîtrait la plus convenable à l'Empereur serait de vous porter en avant de Wittenberg, en conservant vos communications avec Magdebourg, et en formant le nombre de colonnes nécessaires pour poursuivre les partisans qui ont passé l'Elbe.

Indépendamment de vos propres ressources, vous pourrez vous servir de toutes les ressources que les places de Wittenberg et de Magdebourg offrent en généraux et en artillerie.

Dans l'éloignement où nous sommes, monsieur le duc, vous sentez que vos instructions ne peuvent être très précises et qu'elles doivent nécessairement être considérées comme direction générale ; mais votre principal but doit être de couvrir le dépôt de Hanovre, de tenir libre la rive gauche de l'Elbe, de protéger nos lignes de communication et de nettoyer les avenues de Magdebourg et de Wittenberg ; je donne ordre aux gouverneurs de ces deux places, de vous envoyer leur état de situation et de vous obéir pour tout ce qui est relatif à votre mission.

Si Wittenberg n'était pas menacé, et après vous être assuré qu'il y eût un bon commandant, vous pourriez vous servir du général Lapoye pour commander une partie de votre infanterie.

Enfin, monsieur le duc, vous protégerez le passage des détachements de cavalerie que le général Bourcier envoie à l'armée ; vous les réunirez à votre corps, sans leur faire faire de service, jusqu'à ce qu'ils soient au nombre de 1.000 hommes, et vous les dirigerez ensuite avec la prudence convenable sur Dresde, afin qu'ils rejoignent l'armée. Correspondez avec le général Bourcier pour être très instruit de tout ce qu'il m'enverra, et lui faire connaître la direction qu'il doit donner aux régiments ou escadrons de marche.

Correspondez avec Sa Majesté le roi de Westphalie qui pourra vous seconder avec ses troupes et vous communiquer tous les renseignements qu'il reçoit par sa police, vous correspondrez pareillement avec le prince d'Eckmühl.

Envoyez-moi tous les jours un rapport ; vous vous servirez du chiffre que je vous adresse pour toutes les choses secrètes.

Je prescris au général Doucet, commandant à Erfurt, de vous envoyer aussi son état de situation.

Vous serez, enfin, général, la grande réserve pour couvrir toute la rive gauche de l'Elbe, vous porter partout où il sera nécessaire et remédier à tous les inconvénients. Vous aurez l'autorité nécessaire pour changer, si les circonstances l'exigent, la route de l'armée et la faire passer par Altenbourg et Iéna ou par Leipzig.

Le général de division Teste, commandant la 23e division d'infanterie, réunit cette division à Magdebourg où il a déjà quatre bataillons; les autres la joindront successivement, cette division est également à votre disposition.

L'Empereur vous recommande au surplus très expressément, monsieur le duc, de faire vos dispositions de manière que Magdebourg et Wittenberg ne restent jamais sans garnison suffisante, et que ces places soient toujours à l'abri de tout événement.

— Lettres subséquentes → à Durosnel et copie des instructions, au commandant du complément du contingent wurtembergeois, à Dombrowski, à Doucet, à Lapoye, à Haxo, à Teste, à Oudinot, au roi de Westphalie, à Bourcier, à Davout, au maréchal Kellermann.

BERTHIER A VICTOR

Neumarck, 3 juin.

Monsieur le duc de Bellune, l'Empereur ordonne que vous partiez avec votre corps d'armée le plus tôt possible, et que vous vous dirigiez en grande marche sur Sagan, d'où vous manœuvrerez pour vous réunir au duc de Reggio et tomber sur le flanc gauche du général Bülow qui doit être vis-à-vis le duc de Reggio entre Hoyerswerda et Luckau; il semblerait à Sa Majesté que vous pourriez venir de Sagan sur Forsta et manœuvrer alors selon les circonstances; vous aurez avec vous une des divisions de cavalerie légère du général Sébastiani, de manière que vous ayez un millier de chevaux. Le général Sébastiani avec le reste de la cavalerie se portera demain par Parchwitz sur le chemin de Neumarck à Schweidnitz du côté d'Eisendorf ou de Moys. L'Empereur vous recommande qu'une fois réuni au duc de Reggio, vous tâchiez de vous diriger sur Berlin.

L'intention de Sa Majesté est que vous teniez toujours la droite du duc de Reggio, du côté de l'Oder. Je préviens le duc de Reggio de ces dispositions.

BERTHIER A SÉBASTIANI

Neumarck, 3 juin.

L'Empereur ordonne, monsieur le général Sébastiani, que vous donniez au duc de Bellune une de vos divisions de cavalerie légère de 1.000 chevaux. Avec le reste de votre cavalerie, vous vous porterez demain par Parchwitz sur le chemin de Neumarck à Schweidnitz, du côté d'Eisendorf où de Moys. Vous m'enverrez un officier pour me faire connaître la position que vous occuperez.

BERTHIER A OUDINOT

Neumarck, 3 juin.

Monsieur le maréchal, je vous préviens que, d'après les intentions de l'Empereur, je donne l'ordre au duc de Bellune qui est aujourd'hui à Rauden, près Glogau, d'en partir avec son corps d'armée le plus tôt possible et de se diriger en grande marche sur Sagan d'où il manœuvrera pour se réunir à vous et tomber sur le flanc gauche du général Bülow, que Sa Majesté suppose être vis-à-vis à vous entre Hoyerswerda et Luckau. L'Empereur pense que le duc de Bellune pourrait venir de Sagan sur Forsta et manœuvrer alors suivant les circonstances. Le duc de Bellune aura avec lui deux divisions d'infanterie et une division de cavalerie légère de 1.000 chevaux. L'intention de l'Empereur, monsieur le duc, est que lorsque vous et le duc de Bellune serez réunis, vous tâchiez de vous diriger sur Berlin. Je recommande au duc de Bellune de tenir toujours votre droite, du côté de l'Oder. En cas de réunion, le plus ancien commandera.

— On a donné avis des dispositions ci-dessus au général Durosnel, gouverneur à Dresde.

BERTHIER A DUROSNEL

Neumarck, 3 juin.

L'Empereur ordonne, monsieur le général Durosnel, que vous formiez quatre colonnes, chacune de 150 hommes d'infanterie et de 100 de cavalerie, pour poursuivre les partisans ennemis qui se trouvent en Saxe. Vous attacherez à chacune de ces colonnes des officiers saxons pour la diriger ; vous ferez fournir des fonds aux commandants des colonnes pour les dépenses secrètes : vous aurez soin de ne pas y employer de Westphaliens, à moins que vous puissiez être assuré qu'ils ne déserteront pas.

L'Intendant général a l'ordre de mettre à votre disposition une somme de 12.000 francs pour dépenses secrètes.

BERTHIER A AUGEREAU

Neumarck, 3 juin.

Je vous préviens, monsieur le maréchal, que l'Empereur étend votre commandement sur Bamberg, Bayreuth et sur toute la Regnitz : vous aurez l'inspection de Cronach, de Forchheim, et des autres places de cette rivière ; les duchés de Saxe-Cobourg et de Saxe-Meiningen seront dans votre commandement. Le corps d'observation de Mayence sera sous vos ordres ; le général Pernety commandera votre artillerie. Je lui donne l'ordre de se rendre en poste à Mayence. Le ministre directeur de l'administration de la guerre vous nommera un ordonnateur et le ministre de la Guerre un commandant du génie.

L'intention de l'Empereur est que vous vous concertiez avec la cour de Bavière par l'intermédiaire de M. le comte de Mercy d'Argentau, ministre de Sa Majesté à Munich et, qu'aussitôt que vous aurez 6.000 hommes réunis à Francfort, vous portiez votre quartier général à Wurzbourg. Le roi de Bavière mettra sous vos ordres la portion de troupes qu'il destine à observer ses frontières sur la rive gauche du Danube. Je vous préviens au surplus, monsieur le maréchal, que toutes ces dispositions doivent rester secrètes.

BERTHIER AU ROI DE BAVIÈRE

Neumarck, 3 juin.

Sire, j'ai l'honneur de prévenir votre Majesté, que l'Empereur juge nécessaire d'étendre le commandement du maréchal duc de Castiglione, commandant militaire des grands duchés de Francfort et de Wurzbourg, sur Bamberg, Bayreuth et toute la Regnitz, et de lui donner l'inspection de Cronach, de Forchheim et des autres places de cette rivière Je prie Votre Majesté de vouloir bien faire donner à cet effet ses ordres aux commandants de ces places ; les duchés de Saxe-Cobourg et de Saxe-Meiningen seront aussi dans le commandement du duc de Castiglione qui a sous ses ordres le corps d'observation de Mayence.

Le duc de Castiglione a l'ordre de porter son quartier général à Wurzbourg, aussitôt qu'il aura 6.000 hommes réunis à Francfort. L'Empereur, Sire, désire que Votre Majesté fasse mettre sous ses ordres la portion de troupes qu'elle destine à observer ses frontières sur la rive gauche du Danube. Je mande au duc de Castiglione que toutes ces dispositions doivent rester secrètes.

L'Empereur, Sire, me charge de faire connaît..e aussi à Votre Majesté qu'il sera nécessaire qu'elle forme également sur l'Iun à Passau un corps d'observation, de manière à ce qu'il soit vu, mais cependant qu'il ne soit pas trop menaçant.

BERTHIER A AUGEREAU

Neumarck, 3 juin.

L'intention de l'Empereur, monsieur le maréchal, est qu'on travaille avec activité à la forteresse de Wurzbourg, qu'elle soit fortement approvisionnée, et que les portes de la ville soient organisées de manière à ce que la garnison y soit à l'abri des troupes légères ; veillez à l'armement de cette place qu'il faut compléter sans délai à 50 pièces de canon. Sa Majesté a ordonné qu'on y envoie des fonds et que tout y soit mis en état.

Faites-vous rendre compte de la situation de Cronach et des forts de la Regnitz, tout cela doit être armé et approvisionné. Correspondez activement avec le ministre de la Guerre pour faire arriver vos généraux de division et de brigade et vos commandants d'artillerie et du génie, afin d'organiser promptement votre corps.

L'Empereur désirerait que vous puissiez porter votre quartier général à Wurzbourg, du 15 au 20 juin, et commencer d'avoir autour de vous la tête des quatre divisions qui, selon ce qu'annonce le ministre de la Guerre, seront tout à fait arrivées à Mayence dans le courant de juin.

Comme l'Empereur suppose que le roi de Bavière mettra sous vos ordres la division qu'il destine à garder sa gauche, ce sera en tout cinq divisions et au moins 50.000 hommes que vous aurez.

— Avis au duc de Valmy et au ministre de la Guerre.

BERTHIER A PERNETY

Neumarck, 3 juin.

L'Empereur ordonne, monsieur le général Pernety, que vous partiez de suite et que vous vous rendiez de suite en poste à Mayence pour y prendre le commandement de l'artillerie du corps d'observation du Rhin dont le commandement est donné à M. le maréchal duc de Castiglione qui a son quartier général à Francfort.

Ce corps doit être composé de quatre divisions d'infanterie ; il est nécessaire qu'il y ait huit batteries d'artillerie à pied, deux batteries d'artillerie à cheval et deux de réserve de 12. Vous vous occuperez sans délai, général, à organiser cette artillerie le plus promptement possible, afin qu'elle soit disponible en même temps que les quatre divisions qui le seront dans le courant de ce mois. Prenez les ordres de M. le général commandant en chef l'artillerie ; et, à votre arrivée à Mayence, voyez M. le maréchal duc de Valmy, et correspondez avec le ministre de la Guerre, pour tout ce qui pourra tendre à accélérer l'organisation de l'artillerie du corps d'observation. Faites m'en connaître la situation par de fréquents rapports.

— Avis à Sorbier, au ministre de la Guerre, au duc de Valmy, au duc de Castiglione.

BERTHIER A PERNETY

Neumarck, 3 juin.

Indépendamment du commandement de l'artillerie du corps d'observation du Rhin, général, l'intention de l'Empereur est que vous vous occupiez de tout ce qui est relatif à l'armement de la citadelle de Wurzbourg.

Sa Majesté veut qu'on y travaille avec activité, que l'armement soit complété sans délai à 50 pièces de canon. L'Empereur a ordonné qu'on y envoyât des fonds et que tout y soit mis en état : que les portes de la ville soient organisées de manière à ce que la garnison y soit à l'abri des troupes légères. Enfin, général, vous êtes chargé spécialement de tout ce qui est relatif au personnel et au matériel de l'artillerie qui se trouvent à Wurzbourg.

L'Empereur vous charge en outre, général, de tout ce qui est relatif à l'armement de la place d'Erfurt et à l'expédition des fusils pour l'armée.

— Avis à Sorbier, au ministre de la Guerre, à Kellermann, à Augereau.

BERTHIER A SÉBASTIANI (1)

Neumarck, 4 juin, 2 heures du matin.

Monsieur le comte de Sébastiani, je vous ai ordonné hier de partir aujourd'hui avec la cavalerie qui vous restait, après avoir mis aux ordres du maréchal duc de Bellune, une division de 1.000 chevaux

(1) Cet ordre a été retiré au moment où l'officier allait monter à cheval pour le porter.

pour vous rendre, par Parchwitz, sur le chemin de Neumarck à Schweidnitz. L'Empereur ordonne qu'au lieu d'exécuter ce mouvement, vous vous portiez du point où vous recevrez le présent ordre sur Haynau où l'on dit qu'un millier de cosaques sont réunis, et interceptent nos commun'"* tions ; tombez sur eux à l'improviste et détruisez ces partis. Laissez toujours au duc de Bellune, pour qu'il exécute son mouvement comme il lui a été ordonné hier, la division de 1.000 hommes de cavalerie légère qu'il vous a été ordonné de mettre à sa disposition.

BERTHIER A SÉBASTIANI

Neumarck, 4 juin, midi.

Monsieur le général Sébastiani, ne pressez pas votre mouvement. Couchez ce soir à Parchwitz, et envoyez-moi un officier pour prendre des ordres pour demain.

BERTHIER A CASTEX

Neumarck, 4 juin.

L'Empereur ordonne, monsieur le général Castex, que vous vous arrêtiez à Liegnitz avec les 900 hommes de cavalerie de la garde impériale qui sont sous vos ordres. Vous réunirez au commandement de votre cavalerie, celui du 3ᵉ bataillon du 4ᵉ régiment de la marine qui doit arriver aujourd'hui à Haynau où je lui prescris de s'arrêter et de prendre vos ordres.

Avec ces forces qui formeront au moins 1.500 hommes, l'intention de Sa Majesté est que vous fassiez autant de colonnes que vous le jugerez nécessaire, et que vous vous mettiez à la poursuite des partisans qui inquiètent la route de Haynau à Bunzlau.

La deuxième portion de votre cavalerie, forte d'environ 900 chevaux, doit arriver aujourd'hui 4 à Weissenberg. Je lui donne l'ordre d'arriver le plus tôt possible sur Bunzlau, elle s'y réunira à un bataillon de marche de la vieille garde qui arrive aujourd'hui 4 à Bunzlau et auquel je donne l'ordre de s'y arrêter. Cette colonne, forte ainsi de 900 chevaux et de 500 hommes de bonne infanterie, se mettra à la poursuite des partisans qui infestent la route. Le commandant de votre seconde colonne de cavalerie aura le commandement et sera chargé de toute cette partie de l'opération. Vous vous concerterez, général, avec le commandant de la colonne de Bunzlau.

Par ce moyen, il y aura du Bunzlau à Liegnitz pour nettoyer toute la route 1.600 hommes de cavalerie et 1.200 hommes d'infanterie, c'est-à-dire près de 3.000 hommes.

L'Empereur vous charge, général, de la direction supérieure des opérations : vous ferez former autant de colonnes que vous le jugerez nécessaire.

Vous prendrez tous les renseignements dont vous aurez besoin auprès des commandants de gendarmerie et des commandants de places ; vous enverrez des espions et enfin vous ferez en sorte de détruire les partisans ennemis.

BERTHIER A HAXO

Neumarck, 4 juin.

L'Empereur a pris connaissance, monsieur le général Haxo, du rapport que vous m'avez adressé ; l'intention de Sa Majesté est que les deux places construites à l'embouchure du Havel et à celle du canal de Plauen. soient des petites places du troisième ordre, où il suffira d'une garnison de 1.500 hommes. Il faut les faire construire en terre, de manière à être déjà en état de défense au 1er août et de pouvoir, à cette époque, être confiées à leur garnison sans crainte que les troupes légères ou l'artillerie de campagne puissent les enlever.

Le général Rogniat, commandant le génie de l'armée, donnera les instructions pour la comptabilité et les fonds nécessaires ; mais pour les places, l'Empereur s'en rapporte à vos talents et à vos lumières.

1° Ces places doivent être sur la rive gauche de l'Elbe ; mais elles doivent être sur le bord du fleuve et comprendre des îles, si cela est possible ;

2° Elles doivent intercepter la navigation de l'Elbe et battre l'embouchure du Havel et du canal de Plauen, de manière à ce que rien ne puisse remonter ni descendre l'Elbe, ni sortir ou entrer dans le Havel ou le canal de Plauen.

Ces places doivent être disposées de manière à ce qu'aussitôt que nous serons maîtres de la rive droite, l'Empereur puisse adapter une tête de pont qui défendrait le pont qui serait construit dans ces deux endroits, et se lierait avec ces places sur la rive gauche, de manière à ne former qu'un tout soit en forme d'ouvrage détaché, soit autrement, de sorte que l'ennemi ne puisse investir ces places qu'en ayant deux ponts sur l'Elbe, un pont sur le Havel et un pont sur le canal de Plauen. Comme par l'armistice Sa Majesté ne garde que la rive gauche et par conséquent, comme il n'y a pas un moment à perdre, l'Empereur vous charge, général, de déterminer les emplacements de ces places, d'en arrêter le tracé et de faire commencer sur-le-champ les travaux en attendant que Sa Majesté ait approuvé définitivement les plans. Vous fournirez des sapeurs et des outils sur ce que vous avez à Magdebourg ; l'Empereur me charge de vous prévenir qu'il importe de travailler à chacune de ces places avec 5.000 à 6.000 ouvriers.

— Avis au général Rogniat.

BERTHIER A LAPLANE, DARU, ROGNIAT, SORBIER, DUROSNEL, KELLERMANN, AU MINISTRE DE LA GUERRE

Neumarck, 4 juin.

L'Empereur, monsieur le général Laplane, me charge de vous témoigner sa satisfaction, ainsi qu'à la garnison de la place de Glogau, pour la bonne conduite qu'elle a tenue pendant le blocus. Je vous ai déjà adressé plusieurs lettres d'avis des grâces que Sa Majesté a accordées aux troupes sous vos ordres. J'en joins ici de nouvelles.

L'Empereur ordonne, général, que désormais les magasins de siège de Glogau soient fermés et que tout ce que l'on pourra tirer de Breslau y soit réuni pour les augmenter, de manière à ce que cette place soit approvisionnée pour 6.000 hommes pendant un an. La garnison doit vivre sur le journalier des habitants. Sa Majesté ordonne aussi que vous réunissiez des bois en coupant des arbres partout, n'importe à qui ils appartiennent, afin d'avoir beaucoup de palissades et de blindages. Je donne des ordres pour qu'on travaille sur-le-champ à la tête de pont.

Sa Majesté veut employer cette année 500.000 francs à cette place ; les travaux de la tête de pont paraissant être ce qu'il y a de plus pressé.

Le conseil de défense fera connaître les ouvrages les plus urgents pour mettre en équilibre les différents fronts et augmenter la défense de la place.

Je donne l'ordre au général Sorbier de diriger 60.000 kilogr. de poudre sur Glogau, trois ou quatre mortiers et cinq à six obusiers, en choisissant les calibres propres à employer les bombes et les obus qui se trouvent dans la place. Je lui prescris de prendre des mesures pour que tout cela soit fait avant le 15 juin.

Toutes les mesures ci-dessus sont urgentes, général ; veillez à ce qu'on s'en occupe avec activité.

BERTHIER (Ordre)

Neumarck, 4 juin, minuit.

Ordre à la garde à pied de partir demain à 4 heures du matin pour Liegnitz.

A la garde à cheval de partir à 6 heures.

A la réserve d'artillerie de suivre la garde à pied.

Ordre à tout le quartier général de se rendre demain à Liegnitz.

BERTHIER A RAPP

Neumarck, 5 juin.

Monsieur le général Rapp, vous trouverez dans la collection du *Moniteur* que je vous envoie le détail des batailles de Lutzen et de Wurschen.

L'officier porteur de la présente lettre vous donnera tous les détails qui vous feront connaître la situation des affaires.

Vous trouverez également copie de l'armistice qui vient d'être convenu jusqu'au 20 juillet prochain. En supposant donc que la paix n'ait pas lieu, les hostilités ne pourraient pas reprendre avant le 1er août et il n'est pas probable que vous puissiez être débloqué avant le mois d'octobre. J'espère être instruit par le retour de l'officier, de la situation exacte de vos vivres et de votre garnison et avoir le détail de toutes les affaires qui se sont passées.

Ménagez vos vivres afin que vous puissiez aller le plus loin possible.

Indépendamment des vicissitudes de la guerre, il pourrait y avoir des combinaisons qui retarderaient la marche de l'Empereur sur la Vistule. Il faut donc admettre comme possible les chances que vous ne serez débloqué qu'au mois de mai prochain, et vous devez, dans ce cas, trouver dans l'économie de vos vivres, en renvoyant une portion des habitants, de quoi vous soutenir jusque-là.

Vous me répondrez exactement par le retour de mon officier aux questions ci-dessus.

Vous devez être sourd à toutes les insinuations qu'on pourrait vous faire sur les affaires de France. Elles vont, on ne peut pas mieux. Nous avons en ce moment 1.200 000 hommes sur pied. La France entière n'est qu'une place d'armes.

Nous sommes très bien avec le Danemark.

BERTHIER A NEY

Neumarck, 5 juin.

L'intention de l'Empereur est que vous ayez votre quartier général à Liegnitz ; vous administrerez le cercle de Liegnitz et celui de Lüben. M. l'intendant général désignera un auditeur qui sera chargé de l'arrondissement de ces deux cercles tant sous le rapport de l'administration du pays que pour faire fournir à vos troupes tout ce dont elles pourront avoir besoin. Le VIIe corps commandé par le général Reynier pourra se mettre en marche demain pour se rendre à petites journées à Gœrlitz ; vous lui donnerez l'ordre de camper sur les hauteurs de cette ville.

Le IIIe corps pourra commencer son mouvement demain pour occuper Liegnitz, Parchwitz et Lüben, où camperont les différentes divisions de ce corps. Vous pourrez, prince, laisser une division à Neumarck ainsi que votre cavalerie légère pour maintenir la communication avec le Ve corps d'armée commandé par le général Lauriston qui est à Breslau. Le Ve corps restera dans cette ville autant que le permet la convention de l'armistice dont je vous ai envoyé copie. Après cela, le Ve corps se retirera sur Goldberg, où le cercle de Goldberg sera à la disposition du général Lauriston ; ce général formera deux ou trois camps en avant des petites villes de ce cercle ; vous donnerez des ordres pour que le général Lauriston conserve la division Chastel.

On doit faire de petites marches ; les troupes pourront cantonner d'abord jusqu'à ce que les généraux aient eu le temps de choisir les emplacements des camps et fait les dispositions nécessaires pour se baraquer.

Je vous ai envoyé l'ampliation du traité d'armistice ; vous aurez soin de calculer la marche des troupes du corps du général Lauriston de manière à ce que nos troupes aient dépassé la ligne du pays neutralisé, en se conformant à la limite désignée dans l'article 4 du traité. Il est convenable d'éviter toute discussion.

Enfin je vous préviens que des commissaires des parties belligérantes résideront à Neumarck pour faire exécuter de part et d'autre les dispositions du traité d'armistice ; ces commissaires sont, pour l'Empereur et Roi, le général de division Dumoustier et le général de brigade Gressot, et, pour les armées prussienne et russe, M. de Schouvalow et M. de Kutusow, l'un et l'autre, aides de camp généraux de l'empereur de Russie. Vous sentez, prince, qu'il est nécessaire que vous donniez des instructions bien précises aux généraux commandant les IIIe, V[e] et VIIe corps pour leur tracer la limite et qu'ils prennent des mesures pour qu'on ne la dépasse pas.

Comme tout ce qui n'est pas limité par un ruisseau sera susceptible de rectification, c'est à messieurs les commissaires à Neumarck que vous vous adresserez ; des officiers d'état-major des parties belligérantes sont à Neumarck pour déterminer définitivement les détails de la limite.

Par le traité, vous n'avez qu'une portion du cercle de Liegnitz ; l'intendant général donnera aux auditeurs des instructions sur les devoirs qu'ils auront à remplir. Je vous préviens, prince, et je vous prie d'en prévenir les généraux en chef sous vos ordres, que le quartier général impérial sera ce soir à Liegnitz où chacun fera connaître demain le lieu où il se trouve.

BERTHIER, A MACDONALD

Neumarck, 5 juin.

Monsieur le duc de Tarente, l'intention de l'Empereur est que vous vous mettiez en marche pour vous retirer sur Lœwenberg. Vous formerez de votre corps d'armée un, deux ou trois camps.

Vous ne devez faire que de petites marches ; vos troupes pourront cantonner d'abord jusqu'à ce que vous ayez eu le temps de faire choisir les emplacements des camps et faire les dispositions nécessaires pour baraquer.

Vous aurez le cercle de Lœwenberg pour fournir aux besoins de vos troupes. M. l'intendant général désignera un auditeur qui sera chargé de l'arrondissement de ce cercle tant sous le rapport de l'administration du pays que pour faire pourvoir aux besoins de votre corps.

Je vous ai envoyé l'ampliation du traité d'armistice, etc... (comme dans la lettre à Ney).

BERTHIER A SÉBASTIANI

Neumarck, 5 juin.

L'intention de l'Empereur, monsieur le général, est que vous vous rendiez à Steinau et que vous cantonniez votre cavalerie le long de la rive gauche de l'Oder. Vous aurez soin de lever le pont que vous avez jeté, et d'envoyer tous les bateaux à Glogau où nous ne saurions trop en avoir. Vous vous concerterez avec M. le maréchal duc de

Trévise qui commande le cercle de Luben, de Rauden et Glogau. Un auditeur est nommé par cercle pour administrer et pourvoir aux besoins.

BERTHIER A MARMONT

Neumarck, 5 juin.

L'intention de l'Empereur, monsieur le maréchal, est que vous partiez demain avec votre corps d'armée pour vous rendre à Bunzlau où sera votre quartier général ; vous devez faire de petites marches et ne pas fatiguer vos troupes. Le quartier général de l'Empereur sera ce soir à Liegnitz, vous m'y enverrez demain un officier pour me faire connaître où vous coucherez. Le cercle de Bunzlau sera à votre disposition. L'intendant général y mettra un auditeur.

Mettez beaucoup d'ordre dans votre marche. Laissez une arrière-garde sur votre terrain, laquelle partira après vous, marchera en ordre et ramassera les traîneurs, s'il y en a ; empêchez les maraudeurs.

BERTHIER A BERTRAND

Neumarck, 5 juin.

L'intention de l'Empereur, monsieur le général Bertrand, est que vous commenciez votre mouvement demain avec le IVᵉ corps pour vous rendre à Sprottau où sera votre quartier général. Vous devez faire de petites marches, etc. (comme dans la lettre à Marmont).

BERTHIER A LATOUR-MAUBOURG

Neumarck, 5 juin.

L'intention de l'Empereur, monsieur le général Latour-Maubourg, est que vous commenciez demain votre mouvement pour vous rendre à Sagan où sera votre quartier général ; vous y cantonnerez votre corps dans les endroits les plus favorables pour la cavalerie ; vous vivrez dans le cercle de Sagan où il sera placé un auditeur pour l'administrer. Vous ferez de petites marches ; vous marcherez bien en ordre. Vous aurez une arrière-garde qui marchera à quelque distance pour ramasser vos traîneurs. Le quartier général de l'Empereur sera ce soir à Liegnitz. Demain vous m'enverrez un officier pour me faire connaître votre itinéraire et où vous coucherez chaque soir.

BERTHIER A MORTIER

Neumarck, 5 juin.

L'intention de l'Empereur, monsieur le duc de Trévise, est que vous ayez le commandement supérieur de Glogau, l'administration du cercle, celui de Steinau où sera le général Sébastiani. Vous commencerez demain votre mouvement pour vous rendre à Polckwitz et à Rauden. Vous déterminerez le lieu de votre quartier général. L'Empereur vous laisse le maître de camper la jeune garde comme vous le voudrez. On pourra cantonner d'abord jusqu'à ce que vous ayez fait reconnaître les emplacements les plus propices pour camper et que vous ayez fait les dispositions nécessaires pour baraquer ; comme je vous l'ai dit, la place de Glogau est sous vos ordres. La cavalerie du général Sébastiani a l'ordre de se rendre à Steinau et de prendre des cantonnements sur la rive gauche de l'Oder ; ce général est sous vos ordres ainsi que le cercle de Steinau. Vous aurez soin de laisser en arrière, etc.

Ayez soin de vous conformer aux dispositions contenues dans le traité d'armistice ; s'il s'élevait des discussions, il y a à Neumarck des commissaires, etc.

BERTHIER A ROGNIAT

Neumarck, 5 juin.

Donnez l'ordre, monsieur le général Rogniat, au matériel et personnel du génie, sapeurs, pontonniers, etc., de suivre le mouvement du duc de Trévise qui se rend à Polckwitz et à Rauden ; vous, de votre personne et votre état-major, pouvez vous rendre au quartier général impérial à Liegnitz.

BERTHIER A VICTOR

Neumarck, 5 juin.

L'intention de l'Empereur, monsieur le duc, est que vous continuiez votre mouvement, comme il vous l'a été ordonné, sur Sagan où vous recevrez des ordres ultérieurs. Faites-moi connaître où vous coucherez chaque soir, etc., etc.

BERTHIER A SOULT

Liegnitz, 6 juin, 11 heures 1/2 du matin.

L'Empereur ordonne, monsieur le maréchal, que vous prescriviez à la garde impériale à cheval et à l'artillerie de la garde, de se placer ce soir entre Haynau et Bunzlau, et que vous ordonniez à l'infanterie de la vieille garde de partir aujourd'hui à 2 heures après-midi, pour se rendre à Haynau où sera ce soir le quartier général impérial. Sa Majesté doit partir dans l'après-midi.

BERTHIER A SAINT-GERMAIN

Liegnitz, 6 juin.

L'Empereur ordonne, monsieur le général Saint-Germain, qu'avec la division de marche de cavalerie que vous commandez, vous continuiez votre mouvement pour rejoindre le 2e corps de réserve de cavalerie commandé par M. le général Sébastiani. Vous vous dirigerez à cet effet par Bunzlau, Haynau et Lüben sur Steinau où est le quartier général du général Sébastiani. A votre arrivée, chaque détachement rejoindra son régiment.

Cela ne concérne que la cavalerie qui est immédiatement sous vos ordres, et non celle de la garde ou autre faisant partie du convoi de Dresde qui marche avec vous; vous remettrez le commandement de ce convoi à l'officier supérieur qui le commandait en partant de Dresde. Instruisez-moi de la réception du présent ordre.

BERTHIER A NEY

Liegnitz, 6 juin.

L'intention de l'Empereur, prince, est qu'aussitôt que la ligne de démarcation de neutralité sera bien déterminée conformément au traité d'armistice dont vous avez copie, vous placiez de petits postes sur cette ligne pour empêcher les chevaux et les bestiaux de sortir du pays que nous occupons pendant l'armistice; comme cela diminuerait nos ressources, vous sentez combien cette mesure est importante.

Je vous ai déjà fait connaître que les deux commissaires français et les deux commissaires russes résident à Neumarck, centre du pays neutre entre les deux armées, pour veiller à l'exécution des dispositions de l'armistice; les deux commissaires de l'Empereur sont le général de division Dumoustier et le général de brigade Gressot. Ce sont les commissaires qui sont chargés de lever toute difficulté. Il faut donc vous adresser au général Dumoustier pour tout ce qui serait susceptible de discussion. Les commissaires, ainsi que je vous l'ai mandé, ont auprès d'eux des officiers d'état-major chargés de régler la limite, conformément au traité d'armistice, et de stipuler la ligne ainsi que les villages qui appartiendront aux uns et aux autres en ce qui concerne les endroits indécis qui ne sont pas déterminés par un courant d'eau.

Ainsi, prince, le séjour des commissaires à Neumarck doit lever toute espèce de discussion.

Prescrivez des mesures pour qu'aucun soldat maraudeur ne dépasse la ligne de neutralité ; des mesures sont prises pour que, du côté de l'ennemi, il en soit de même.

Même lettre à Macdonald, à Mortier et à Lauriston.

BERTHIER A NEY

Liegnitz, 6 juin.

J'ai prévenu le général Hogendorp, prince, qu'il recevra de vous des ordres pour l'évacuation de Breslau ; ayez soin de lui en donner de manière à ce que tout ce qu'il a avec lui ait évacué cette ville, ainsi que la ligne de neutralité, à l'époque déterminée par le traité d'armistice. Veillez aussi à ce que le général Lauriston et toute autre troupe sous vos ordres soient rentrés à la même époque dans la limite qui a été fixée par le traité.

BERTHIER AU GÉNÉRAL SORBIER

Liegnitz, 5 juin.

Monsieur le général Sorbier, l'Empereur ordonne que les chevaux attelés aux vingt bateaux qui viennent d'arriver, restent attelés à ces bateaux pour les conduire au corps du duc de Trévise qui se rend à Polckwitz et à Rauden, et où doivent se rendre également tout le personnel et le matériel du génie que le général Rogniat, sans ordre de moi, s'est permis de faire venir ici. (Je viens de lui ordonner les arrêts pendant une heure). L'Empereur donnant une destination particulière au général Dode, Sa Majesté vous ordonne de mettre à la tête de l'équipage de pont un officier d'artillerie. Faites-moi connaître l'officier que vous aurez choisi.

BERTHIER A MACDONALD, MARMONT, VICTOR, BERTRAND, ETC...

Bunzlau, 7 juin.

Vous éprouverez à la nouvelle que je vous donne, le bonheur qu'éprouve tout bon Français tel que vous. Le 30 mai, nous sommes entrés à Hambourg, nous marchions sur Lubeck dont nous nous sommes emparés le 2 juin ; ainsi, à l'époque de l'armistice, aucune troupe ennemie ne se trouvera sur le territoire français.

BERTHIER A DUMOUSTIER

Bunzlau, 7 juin.

Monsieur le général Dumoustier, je m'empresse de vous expédier un courrier extraordinaire, pour vous prévenir que nos troupes ont occupé Hambourg le 30 mai, qu'elles marchaient sur Lubeck qui a dû être en notre pouvoir le 2 juin ; les Danois ont marché avec nous ; un ministre du roi est arrivé à Dresde, et cette nation fait cause commune avec nous. Vous êtes assez bon Français pour sentir combien, dans la situation des choses, il est heureux qu'aucune position du territoire de l'Empire ne reste au moment de l'armistice occupée par l'ennemi.

Nous serions également maîtres de Berlin, si l'armistice ne nous arrêtait, le duc de Reggio peut y être dans ce moment ; communiquez ces nouvelles aux plénipotentiaires russes avec la modestie et les égards qui appartiennent aux vainqueurs.

Ce que je vous mande est positif, communiquez ma dépêche au général Flahaut. Nos affaires sur tous les points étaient ce jour dans la position la plus avantageuse pour nous.

BERTHIER A MONTHION

Bunzlau, 7 juin, 4 heures du soir.

Monsieur le général Monthion, je vois dans l'état de la place de Bunzlau, qu'il y a ici le 2ᵉ bataillon du 2ᵉ régiment d'infanterie hessois ; donnez l'ordre à ce bataillon de partir demain matin pour rejoindre la division Marchand sur Liegnitz. Le bataillon de la marine qui était avec le général Chastel, restera ici pour y tenir garnison et s'y réunir au duc de Raguse qui vient avec son corps d'armée à Bunzlau.

Il y a ici 40 hommes et 4 chevaux des ouvriers militaires du 2ᵉ bataillon de l'Escaut, ils rejoindront leur corps. Il y a également à Bunzlau 292 hommes isolés Ils se reposeront demain et vous laisserez des ordres pour que ce qui appartient à chaque corps d'armée le rejoigne. Organisez bien le service de la place de Bunzlau.

Je vous préviens, général, que le deuxième échelon de l'armée est à Gœrlitz, et que Bunzlau doit être considéré comme le dernier séjour du quartier général impérial. Sa Majesté ne va à Dresde que pour être plus à portée de ses relations politiques. L'Empereur laisserait ici sa garde, s'il n'en avait pas besoin à Dresde pour sa personne ; cela étant, monsieur le comte, l'Empereur laisse ici deux escadrons de chasseurs et la plus grande partie de ses équipages. Le major général, le chef d'état-major de l'état-major général, l'intendant général le comte Daru, les commandants du génie et de l'artillerie suivront seuls l'Empereur à Dresde, avec les officiers d'état-major et chefs d'administration indispensables pour transmettre les ordres supérieurs. Vous me remettrez dans deux heures un état des personnes qui devront vous suivre et un état de celles qui devront rester ici. Les officiers autorisés à venir à Dresde ne devront mener que ce qui leur est indispensablement nécessaire et ils laisseront ici et aux environs tous leurs embarras et équipages de guerre. Cela est d'autant plus important que nous sommes à trente-huit lieues de Dresde, que si les hostilités recommencent, l'Empereur se rendra en poste à Bunzlau pour en partir avec son armée, et qu'à son arrivée chacun devra être organisé pour le suivre. Les chevaux éclopés de la gendarmerie et ses embarras resteront ici. La seule gendarmerie disponible suivra avec le général Radet. Le vaguemestre restera à Bunzlau avec la partie des équipages du quartier général escortée par les Westphaliens, et sous la garde de 30 gendarmes commandés par un officier. Le reste et la compagnie de Neuchâtel suivra à Dresde.

Toutes les dispositions dont je vous parle sont de la dernière importance. Dans deux heures, remettez-moi un état de tout cela.

En résumé, tout ce qui est utile pour transmettre mes ordres doit suivre à Dresde ; tout le reste et tous les embarras resteront ici.

Vous laisserez un adjudant-commandant à la tête de tout ce qui appartient à l'état-major général, cet adjudant-commandant sera relevé tous les quinze jours.

Quant aux officiers venant d'Espagne et destinés à occuper des emplois, ils se rallieront à nous à Dresde, d'où on leur désignera des destinations.

BERTHIER A PONIATOWSKI

Haynau, 7 juin.

L'Empereur me charge, monsieur le prince Poniatowski, de vous envoyer le projet de décret ci-joint concernant la nouvelle organisation du corps polonais, afin que vous l'examiniez et que vous me fassiez vos observations.

L'intention de l'Empereur est que votre corps campe à Zittau. Sa Majesté a pris ce corps à sa solde à compter du 1er juin dernier. Un inspecteur aux revues est envoyé à Zittau avec les fonds nécessaires pour payer la solde du mois de juin à tous les officiers et soldats présents au corps au moment de son arrivée. L'Empereur a chargé M. le duc de Bassano qui y emploiera M. le baron Bignon, de faire faire sur-le-champ en Saxe les effets d'habillement et de harnachement nécessaires pour mettre ce corps en état d'entrer en campagne ; Sa Majesté attend vos observations sur le projet de décret, pour le rendre définitivement.

L'infanterie pourrait d'abord recevoir pour être au complet, 8.000 hommes, ce qui ferait 16.000 hommes avec ce qui existe. On pourrait ensuite reformer les troisièmes bataillons, de sorte que l'infanterie se trouverait être de 24.000 hommes. Quant à la cavalerie, en mettant les régiments à huit compagnies, les seize régiments de cavalerie donneraient des cadres pour 16.000 hommes. Il n'est, du reste, rien innové pour les troupes polonaises, en garnison à Dantzig, Modlin et Zamosk.

Vous devez remarquer, prince, que pour les 12.000 hommes qui sont au corps polonais, l'Empereur n'aurait pas besoin de la moitié de ces cadres ; mais Sa Majesté se porte à cette augmentation, dans l'idée que vous avez beaucoup de généraux et d'officiers qu'il faut employer ; toutefois, prince, s'il vous manquait des généraux de brigade ou de division, vous ne devez pas en faire, mais bien donner le commandement au grade inférieur.

Renvoyez-moi donc l'officier que je vous expédie avec vos observations sur le projet ci-joint, afin que l'Empereur puisse rendre définitivement le décret.

Vous aurez soin de faire connaître à M. le duc de Bassano vos véritables besoins en selles, habillement, etc.

L'artillerie de votre corps doit être divisée de la manière suivante :

Deux batteries d'artillerie à pied de huit pièces chacune, pour la 1re division d'infanterie.

Une batterie d'artillerie à pied de huit pièces, pour la 2e division.

Une batterie de réserve de huit pièces de 12, et deux batteries d'artillerie à cheval de six pièces chacune pour la cavalerie. Total : 44 bouches à feu.

Vous aurez soin de me faire connaître ce que vous avez et ce qui vous manque.

Je vous envoie le dernier état de situation du général Dombrowski et tout ce qui existe de la légion de la Vistule, ainsi que des 4e, 7e et 9e régiments polonais à Erfurt et à Wittenberg.

Nous comptons que votre corps doit commencer d'arriver à Zittau, le 10 de ce mois ; vous avez avec vous un bataillon français de la division Durutte qui se compose des 35e et 36e régiments d'infanterie légère, 131e, 132e et 133e de ligne et du régiment de Wurzbourg. Dirigez ce bataillon de Zittau, par Ostriz, sur Gœrlitz, où il attendra l'arrivée du VIIe corps d'armée et chaque détachement rejoindra alors son régiment.

Cantonnez votre corps à Zittau jusqu'à nouvel ordre : aussitôt que son organisation aura été arrêtée, vous le ferez camper par division. Faites-en passer une revue très exacte et très détaillée que vous m'adresserez ; les fonds seront fournis par le ministre des Relations extérieures ; des mesures seront prises pour qu'avant le 15 de ce mois, la solde du mois de juin entier puisse être payée à tous les hommes présents.

Je vous envoie le règlement arrêté par l'Empereur sur les bagages. Il sera organisé pour votre corps une compagnie de quarante voitures, dont six pour une ambulance.

Vous aurez soin que les généraux et officiers n'aient ni chevaux, ni voitures au delà de ce qui est déterminé par le règlement, et vous ferez donner à l'artillerie tous les chevaux qui seraient en sus du nombre fixé.

BERTHIER A DAVOUT

Bunzlau, 7 juin.

L'Empereur, prince, a reçu votre lettre du 30. Sa Majesté me charge de vous faire connaître que l'armistice ne comprenant que ce qu'elle aura au 8 juin à minuit, elle espère que vous aurez occupé toute la 32e division militaire. Si vous avez une partie du Mecklenbourg, vous tâcherez d'en garder ce que vous pourrez, en prenant pour base la situation de vos avant-postes. L'Empereur ordonne que vous commenciez sur-le-champ ce qui est nécessaire pour mettre Hambourg à l'abri d'un coup de main, les travaux des insurgés pourront vous servir. L'intention de Sa Majesté est qu'on relève les parapets et qu'on arme les bastions. Il doit y avoir déjà beaucoup d'artillerie à Hambourg. Envoyez sur-le-champ, prince, l'état de ce

qui manque pour que ce soit expédié de Magdebourg. Faites aussi
faire des ouvrages de campagne aux îles, de manière à ce que le
passage soit toujours sûr, et faites mettre la citadelle de Harbourg à
l'abri d'un coup de main. Le général Vandamme et les officiers qui
ont manœuvré si longtemps dans les îles, doivent connaître mieux
que personne ce qu'il y a à faire pour cela ; c'est un travail de la plus
haute importance. Il faut faire en sorte qu'on soit toujours maître
de passer l'Elbe vis-à-vis de Hambourg et que, depuis Harbourg jusqu'à Hambourg, il y ait continuité de forts, de redoutes qui nous rendent absolument maîtres de toutes les îles. Il faut même faire faire
des ponts sur tous les bras hormis les bras principaux où il devra
être établi deux ponts volants, un pour la marée montante et un
pour la marée descendante, comme Sa Majesté en a fait établir à
Anvers. Quant aux petits travaux de campagne à faire à Lunebourg,
de manière qu'un millier d'hommes y soit à l'abri de la cavalerie
légère et des troupes légères, vous savez mieux que personne, monsieur le maréchal, ce qu'il convient de faire là. L'Empereur me
charge de vous faire connaître, prince, que son projet est de tenir
toujours 6.000 hommes de garnison à Hambourg, c'est-à-dire
6.000 hommes de troupes réglées, indépendamment des douaniers,
des habitants et de la partie de la population qui devra enfin s'attacher au pays : que ces 6.000 hommes ayant des canons sur tous les
remparts, des ponts-levis à toutes les portes, des canonnières dans
toutes les passes, seront dans le cas de garder la ville contre une
armée considérable ; que si cependant une armée de 50.000 hommes avec des équipages de siège investissaient Hambourg, ces
6.000 hommes en pourraient défendre la tranchée pendant quelques
jours, et auraient enfin pour refuge une citadelle. Sa Majesté pense
que l'emplacement le plus naturel de cette citadelle doit être entre
Hambourg et la rivière, mais qu'indépendamment de ce, on doit
fermer à la gauche le bastion qui est au milieu du lac, de manière
que cela forme une seconde citadelle, ayant des mortiers qui puissent bombarder la ville. Ainsi donc, prince, il faut faire faire sur-le-
champ des ponts-levis à toutes les portes, relever les parapets à
tous les remparts, mettre 100 pièces de canon en batterie dans la
place, fermer tous les bastions par des palissades à gauche, de
manière qu'ils soient à l'abri des insurrections des habitants ; assurer la communication de Hambourg avec Harbourg par des ouvrages
de campagne dans les îles, recreuser les fossés, refaire les chemins
couverts ; voilà, prince, ce que l'Empereur ordonne qu'il soit fait,

10.000 ouvriers doivent y travailler. L'Empereur ordonne qu'on relève sur-le-champ les canonnières qu'on pourra relever, et qu'on prenne les bâtiments les plus propres à les remplacer, si on ne peut pas les relever, de manière à avoir des bâtiments qui rendent maîtres de toutes les passes; vous devez, monsieur le maréchal, profiter de ce premier moment pour faire abattre de suite :

1º Toutes les maisons qu'il convient d'abattre pour construire la citadelle entre la rivière et la ville ;

2º Toutes les maisons qui seraient sur les glacis ;

3º Toutes les maisons qui seraient sur les remparts.

Vous devez mettre des fonds à la disposition du génie. Sa Majesté autorise le général Haxo à passer huit jours à Hambourg pour tracer lui-même la citadelle. Pendant son absence, il laissera le commandement de Magdebourg au général Teste. Les huit jours expirés, le général Haxo rentrera à Magdebourg.

BERTHIER A HAXO

Bunzlau, 7 juin.

Je vous envoie, monsieur le général Haxo, copie d'une instruction que je donne à M. le maréchal, prince d'Eckmühl.

Sa Majesté vous autorise à vous rendre à Hambourg pour y passer huit jours, afin de tracer vous-même la citadelle ; pendant votre absence, vous laisserez le commandement de Magdebourg au général Teste. Faites venir le général Teste à Magdebourg. confiez-lui le commandement de la place et partez pour passer huit jours à Hambourg, y tracer vous-même tous ces travaux ainsi que la place vis-à-vis l'embouchure du Havel. L'intention de Sa Majesté est que, les huit jours une fois expirés, vous rentriez à Magdebourg.

BERTHIER A DAVOUT

Bunzlau, 7 juin.

Je vous préviens, prince, que je donne l'ordre au duc de Bellune qui est à Sagan de faire partir de suite la 1re division de l'armée, commandée par le général Philippon, pour se rendre à Wittenberg, en passant toujours par le territoire saxon, de là, à Magdebourg, et de là, auprès de vous par la rive gauche de l'Elbe. Dès que je connaîtrai son itinéraire exact, je vous en instruirai ; au reste, vous pouvez lui adresser des ordres à Magdebourg sur la direction que vous jugeriez convenable de lui donner pour vous rejoindre.

L'Empereur ordonne que vous fassiez partir sans délai la 5e division pour Wittenberg. Envoyez-moi le plus tôt possible sa composition et son itinéraire que vous tracerez par la rive gauche. Gardez à votre corps d'armée la batterie d'artillerie de la 5e division, attendu que le duc de Bellune gardera celle de la 1re division.

J'envoie, par estafette extraordinaire, l'ordre au général Lemarois de faire partir la 3e division d'infanterie pour Brême où elle sera à votre disposition ; assurez-vous de sa marche et donnez-lui vos ordres.

Les quatre bataillons de la 1re division qui étaient restés à Magdebourg, se joindront à elle à son passage dans cette place.

Par ce moyen, prince, le 1er corps d'armée que vous commandez, aura ses trois divisions, c'est-à-dire seize régiments ayant chacun ses 1er, 2e et 4e bataillons.

L'Empereur me charge de vous faire connaître, prince, que dès lors, vous ne devrez pas perdre un moment pour supprimer les régiments provisoires et réunir les 1er, 2e et 4e bataillons de chaque régiment servant désormais sous leur propre dénomination. Vous ferez revenir les colonels, les aigles et la musique des régiments. Alors le 1er corps sera composé, ainsi qu'il suit :

1re division du 1er corps formant la 1re division de l'armée

    3 bataillons du 7e régiment d'infanterie légère.
    3 bataillons du 17e régiment d'infanterie de ligne.
    3 bataillons du 12e régiment d'infanterie de ligne.
    3 bataillons du 21e régiment d'infanterie de ligne.
    3 bataillons du 30e régiment d'infanterie de ligne.

Total : 15 bataillons.

2e division du 1er corps formant la 2e division de l'armée

    3 bataillons du 13e régiment d'infanterie légère.
    3 bataillons du 85e régiment d'infanterie de ligne
    3 bataillons du 33e régiment d'infanterie de ligne.
    3 bataillons du 25e régiment d'infanterie de ligne.
    3 bataillons du 57e régiment d'infanterie de ligne.

Total : 15 bataillons.

3e division du 1er corps formant la 3e division de l'armée

3 bataillons du 15e régiment d'infanterie légère.
3 bataillons du 61e régiment d'infanterie de ligne.
3 bataillons du 48e régiment d'infanterie de ligne.
3 bataillons du 108e régiment d'infanterie de ligne.
3 bataillons du 111e régiment d'infanterie de ligne.

Total : 15 bataillons

Il ne restera donc plus que le 33e régiment d'infanterie légère que vous placerez dans la division la plus faible ; faites-moi connaître celle où vous l'aurez mis. A mesure qu'un régiment provisoire ou provisoire *bis* sera dissous, instruisez-m'en et prévenez-en le ministre de la Guerre.

La 3e division *bis* qui sera composée de vos troisièmes bataillons, se réunit à Utrecht où elle restera jusqu'à nouvel ordre. Lorsque l'Empereur connaîtra la situation de votre corps, Sa Majesté se décidera ou à vous former une quatrième division avec ces bataillons ou à les incorporer dans les trois premières divisions, afin que leurs bataillons soient bien complets.

Chacune de vos divisions doit être de trois brigades et avoir deux batteries à pied par division ; vous devez aussi avoir deux batteries à cheval pour le corps d'armée et deux batteries de 12 pour la réserve du corps.

J'ai donné l'ordre aux bataillons du 3e et du 105e régiments qui sont à Wittenberg, de se rendre à Brême, pour compléter la division de Hambourg.

Tout ce que ces régiments avaient aux dépôts de Neubrisach, etc. et en Espagne, se rendra à Hambourg, afin de compléter les 3e, 105e et 29e régiments de ligne. Cette division forte de douze bataillons est destinée à tenir garnison dans la 32e division militaire.

L'intention de l'Empereur, prince, est que les trois divisions qui composent le Ier corps, formant 48 bataillons avec 76 pièces de canon, soient prêtes au 1er juillet à entrer en campagne, laissant la division de Hambourg pour la garde de Hambourg.

Le 10e bataillon des équipages militaires est destiné pour votre corps d'armée ; c'est à vous, prince, à prendre les mesures convenables pour sa parfaite organisation et pour qu'il ait ses 240 voitures. Il faut que vous fassiez tout ce qui sera convenable pour réunir, en requérant, des chevaux, harnais, etc., afin qu'au 1er juillet, votre beau corps ait tout ce qui est nécessaire pour être en état de seconder les opérations de l'Empereur.

Sa Majesté me charge de vous réitérer l'ordre de faire partir le 152° régiment pour Wittenberg. Il est convenable que ce régiment soit parti avant le 15 juin.

Quant à la division de Magdebourg, elle sera composée de la 23° division commandée par le général Teste qui est la 4° division du VI° corps, et qui se réunit dans cette place.

BERTHIER A VICTOR

Bunzlau, 7 juin.

L'Empereur me charge de vous faire connaître, monsieur le duc, que son intention est que vous donniez l'ordre à la 1re division de l'armée de continuer son mouvement pour se rendre à Wittenberg en passant toujours par le territoire saxon, de là, à Magdebourg et de là, auprès du prince d'Eckmühl par la rive gauche de l'Elbe. Faites-moi connaître le plus tôt possible l'itinéraire exact de cette division qui devra se faire précéder par des officiers et sous-officiers pour annoncer son passage et faire préparer ses établissements et ses subsistances. Dès que je connaîtrai son itinéraire sur Lunebourg, j'en préviendrai le prince d'Eckmühl afin qu'il lui adresse ses ordres ultérieurs.

Je donne l'ordre à ce maréchal de mettre de suite en marche la 5° division d'infanterie pour se rendre à Wittenberg et, de là, vous rejoindre ; il gardera la batterie de cette division à son corps d'armée ; gardez aussi de votre côté la batterie de la 1re division pour compléter celles de là (*sic*).

J'envoie par estafette extraordinaire l'ordre au général Lemarois à Wesel, de faire partir la 6° division d'infanterie et de la diriger sur Wittenberg où elle sera à votre disposition ; vous savez que cette division est composée de vos premiers bataillons. Le général Lemarois fera partir avec cette division les deux batteries d'artillerie qui doivent y être attachées.

Je donne l'ordre au gouverneur de Magdebourg de faire diriger sur Wittenberg les deux bataillons de la 4° division, qu'il a encore sous ses ordres, pour joindre leur division quand vous déboucherez. Les quatre bataillons appartenant à la 1re division la rejoindront à son passage à Magdebourg.

D'après ces dispositions, monsieur le maréchal, le IIe corps d'armée sous vos ordres sera composé des 4e, 5e et 6e divisions.

L'Empereur ordonne que vous vous rendiez à Crossen ; vous y réunirez votre corps, vous le ferez camper et vous prendrez l'administration du cercle de Crossen, en ayant soin de ne pas sortir de la ligne de démarcation déterminée par le traité d'armistice, et de vous adresser, s'il y avait quelques difficultés, au général Dumoustier, commissaire de l'Empereur à Neumarck.

A mesure que les 5e et 6e divisions arriveront, vous supprimerez les régiments provisoires et régiments provisoires *bis*, en réunissant les bataillons du même régiment pour servir sous la véritable dénomination du régiment primitif. Vous aurez soin de me rendre compte, ainsi qu'au ministre de la Guerre, de la suppression des régiments provisoires à mesure qu'elle aura lieu. Vous composerez vos trois divisions de la manière suivante :

4e *division d'infanterie de l'armée (1re du IIe corps)*

3 bataillons du 24e régiment d'infanterie légère,
3 bataillons du 19e régiment de ligne.
3 bataillons du 37e régiment de ligne.
3 bataillons du 56e régiment de ligne.
____
12 bataillons.

5e *division d'infanterie de l'armée (2e du IIe corps)*

3 bataillons du 26e régiment d'infanterie légère.
3 bataillons du 93e régiment de ligne.
3 bataillons du 46e régiment de ligne.
3 bataillons du 72e régiment de ligne.
____
12 bataillons.

6e *division d'infanterie de l'armée (3e du IIe corps)*

3 bataillons du 11e régiment d'infanterie légère.
3 bataillons du 4e régiment de ligne.
3 bataillons du 2e régiment de ligne.
3 bataillons du 18e régiment de ligne.
____
12 bataillons.

Vous aurez ainsi vos douze régiments servant chacun sous son propre nom et ayant chacun ses 1er, 2e et 4e bataillons.

Vous aurez deux batteries à pied par division, deux batteries à cheval pour le corps et deux batteries de 12 pour la réserve du corps d'armée, ce qui fera 76 bouches à feu. Les colonels, les aigles et la musique doivent rejoindre les régiments.

Il manquera à ces corps leurs troisièmes bataillons ; ces bataillons se réunissent à Wesel sous le titre de 6e division *bis*. Quand Sa Majesté aura reçu la situation de votre corps d'armée, elle se décidera à y faire réunir les troisièmes bataillons afin de former vos divisions à seize bataillons chacune.

BERTHIER A LEMAROIS

Bunzlau, 7 juin.

L'Empereur, monsieur le général Lemarois, me charge de vous expédier une estafette extraordinaire pour vous faire connaître que son intention est que vous fassiez partir la 3e division d'infanterie pour se rendre à Brême, où elle sera à la disposition de M. le maréchal prince d'Eckmühl. Envoyez-moi, ainsi qu'à ce maréchal, la composition et l'itinéraire de cette division.

L'Empereur ordonne que vous fassiez pareillement partir la 6e division d'infanterie, et que vous la fassiez diriger par Magdebourg sur Wittenberg où elle sera à la disposition du duc de Bellune. Envoyez-moi également la composition et l'itinéraire de cette division. Faites partir avec cette division, conformément à l'ordre ci-joint, les deux batteries d'artillerie qui doivent y être attachées.

Je donne l'ordre au général Molitor de faire partir pour Wesel tout ce qui appartient à la 3e et à la 6e divisions, afin que, de là, vous le dirigiez sur Brême et sur Wittenberg. Je fais connaître au général Molitor qu'il ne doit garder à Utrecht que la 3e division *bis* dont la tête est arrivée ou doit arriver incessamment. Je donne en même temps l'ordre au général commandant la 24e division militaire de faire diriger sur Wesel tout ce qui est arrivé ou prêt d'arriver à Louvain, appartenant à la 6e division *bis* de la Grande Armée. Je vous prie de lui faire parvenir de suite ma lettre.

Prévenez M. le maréchal duc de Valmy de toutes ces dispositions.

BERTHIER A JOUFFROY A WESEL

Bunzlau, 7 juin.

Je vous préviens, général, que je donne l'ordre au général Lemarois de faire partir de suite la 6e division d'infanterie et de la faire diriger sur Wittenberg.

L'Empereur ordonne que vous fassiez partir avec cette division les deux batteries d'artillerie qui doivent y être attachées. Faites vos dispositions en conséquence et faites-moi connaître la composition de ces deux batteries.

BERTHIER A MOLITOR

Bunzlau, 7 juin.

L'Empereur, monsieur le général Molitor, me charge de vous expédier une estafette extraordinaire pour vous faire connaître que son intention est que vous fassiez partir d'Utrecht pour Wesel tout ce qui appartient à la 3e et à la 6e divisions d'infanterie de la Grande Armée.

Prévenez-en le général Lemarois qui donnera ensuite à ces troupes des ordres ultérieurs pour rejoindre leur division respective à Brême et à Wittenberg.

Sa Majesté me charge de vous faire bien connaître que vous ne devez avoir à Utrecht que la 3e division *bis* dont la tête doit être arrivée ou arrivera incessamment ; mais tout ce qui appartient à la 3e et à la 6e divisions doit être dirigé sur Wesel. Je vous prie de m'instruire de l'exécution de cette disposition pour laquelle l'Empereur m'a chargé de vous adresser directement des ordres pour plus de célérité.

L'Empereur ordonne aussi, général, que les six bataillons de marche dont deux sont à Groningue et quatre à Utrecht, composés de cinquièmes bataillons de cohortes partent sans délai pour se rendre par Magdebourg à Wittenberg, afin d'être incorporés dans leurs régiments. Je joins ici un ordre à cet effet que je vous prie de faire passer au général commandant à Groningue ; l'intention de l'Empereur est qu'il soit envoyé d'Utrecht à Groningue un bataillon suisse pour remplacer les deux bataillons de marche qui partiront de cette place. Instruisez-moi, général, ainsi que le ministre de la Guerre, de l'exécution de ces dispositions.

BERTHIER AU GÉNÉRAL COMMANDANT
LA 24ᵉ DIVISION MILITAIRE

Bunzlau, 7 juin.

L'Empereur me charge, général, de vous faire connaître directement pour plus de célérité, que son intention est que vous fassiez diriger sur Wesel tout ce qui est arrivé ou près d'arriver à Louvain appartenant à la 6ᵉ division *bis* d'infanterie de la Grande Armée. Je vous prie de me faire connaître tout ce que vous dirigerez ainsi sur Wesel, d'en instruire le général Lemarois et d'en rendre compte à Son Excellence le ministre de la Guerre.

BERTHIER AU GÉNÉRAL COMMANDANT
LA 31ᵉ DIVISION MILITAIRE A GRONINGUE

Même date.

L'Empereur me charge, général, de vous donner directement pour plus de célérité, l'ordre de faire partir les deux bataillons de marche composés de cinquièmes bataillons de cohortes qui sont à Groningue, et que vous les fassiez diriger, par Magdebourg et la rive gauche de l'Elbe, sur Wittenberg afin d'être incorporés dans leurs régiments.

Je vous prie de m'instruire le plus tôt possible du départ de ces troupes, de leur composition et de leur itinéraire. Ces deux bataillons seront remplacés par un bataillon suisse qui va partir d'Utrecht pour se rendre à Groningue ; j'adresse à cet effet des ordres au général Molitor.

BERTHIER A HAXO

Bunzlau, 7 juin.

L'Empereur ordonne, monsieur le général Haxo, que vous fassiez partir de Magdebourg les deux bataillons des 24ᵉ et 26ᵉ légers, formant le 37ᵉ régiment provisoire, qui appartiennent à la 4ᵉ division d'infanterie et que vous les fassiez diriger sur Wittenberg où ils joindront leur division au débouché du duc de Bellune ; vous ferez opérer ce mouvement sur le territoire qui nous appartient sur la rive gauche de l'Elbe.

Je donne l'ordre au duc de Bellune de mettre en marche la 1ʳᵉ division d'infanterie ; il la dirigera sur Wittenberg ; de là, elle se rendra à Magdebourg et ensuite auprès du prince d'Eckmühl, toujours par le territoire qui nous appartient sur la rive gauche de l'Elbe. Vous joindrez à cette division à son passage à Magdebourg, les bataillons des 33e et 48e, formant le 32e régiment provisoire, et les bataillons des 61e et 111e, formant le 36e régiment provisoire, qui lui appartiennent, afin qu'ils marchent avec elle pour rejoindre le prince d'Eckmühl.

De son côté, le prince d'Eckmühl va diriger sur Magdebourg et, de là, sur Wittenberg pour y être à la disposition du duc de Bellune, la 5e division d'infanterie qu'il a maintenant sous ses ordres et qui appartient au IIe corps d'armée avec ses deux batteries d'artillerie pour se rendre par Magdebourg à Wittenberg, vous aurez soin qu'elle marche également sur le territoire qui nous appartient.

Vous aurez le même soin à l'égard de six bataillons de marche composés de cinquièmes bataillons des cohortes, dont deux viennent de Groningue et quatre d'Utrecht pour se rendre à Wittenberg, et, de là, être incorporés dans leurs régiments.

Vous enverrez pareillement à Wittenberg le 152e régiment que je charge le prince d'Eckmühl de faire partir sans délai, c'est-à-dire avant le 15 juin.

La garnison de Magdebourg sera composée de la division du général Teste qui s'y réunira. Je recommande au général Sorbier de faire en sorte que les deux batteries d'artillerie destinées à être attachées à cette division se rendent sans délai à Magdebourg, de manière à ce qu'elles soient réunies à cette division avant le 20 juin.

BERTHIER A ARRIGHI

Bunzlau, 7 juin.

Je vous envoie, général, la lettre que j'adresse au général Haxo, gouverneur de Magdebourg ; prenez connaissance des différentes dispositions qu'elle contient, donnez-en connaissance au commandant de Wittenberg, veillez à leur exécution et faites parvenir ma lettre au général Haxo.

Au moyen de l'armistice et aussitôt que le pont de Dessau sera détruit, l'intention de l'Empereur est que vous envoyiez la division du général Teste à Magdebourg, et que vous ne reteniez avec vous que la cavalerie et l'artillerie composant le 3e corps de réserve de cavalerie. Vous renverrez la brigade wurtembergeoise, infanterie, cavalerie et artillerie à Wittenberg, pour continuer de là sa route sur Sprottau par le territoire qui nous appartient d'après le traité d'armistice, afin d'y rejoindre le IVe corps d'armée dont la division wurtembergeoise fait partie.

Vous dirigerez le général Dombrowski avec sa division sur Torgau où Sa Majesté lui enverra des ordres pour se réunir au prince Poniatowski.

Sa Majesté me charge de vous réitérer l'ordre d'envoyer partout des colonnes pour sabrer et détruire les partisans qui, malgré l'armistice, resteraient sur la gauche de l'Elbe ; il est possible qu'ils veuillent se cacher dans les forêts pour reparaître inopinément au moment de la reprise des hostilités ; si on en trouve, il faut les traiter comme des brigands.

Veillez à ce que les bataillons des 3e et 105e de ligne qui sont à Wittenberg, en partent pour se rendre, par le territoire qui nous appartient, à Magdebourg et, de là, à Harburg pour rejoindre la division dite de Hambourg qui est sous les ordres du prince d'Eckmühl à qui vous donnerez avis de la marche de ces deux bataillons.

BERTHIER A DOUCET

Bunzlau, 7 juin.

L'Empereur ordonne, monsieur le général Doucet, que vous formiez trois colonnes, chacune de 200 hommes d'infanterie et 200 hommes de cavalerie ; vous êtes autorisé à retenir à cet effet, s'il est nécessaire, toute la cavalerie qui passera par Erfurt, excepté la cavalerie de la garde. Vous mettrez ces colonnes à la poursuite des partisans qui, malgré l'armistice, seraient restés sur nos derrières, car il est possible qu'ils veuillent se cacher dans les forêts pour reparaître inopinément au moment de la reprise des hostilités. Si on en trouve, il faut les traiter comme des brigands.

BERTHIER A SORBIER

Bunzlau, 7 juin.

Je vous préviens, général, que je donne l'ordre à la 1re division du 1er corps d'armée qui est maintenant avec le IIe corps, de se rendre à Wittenberg, de là, à Magdebourg pour rejoindre ensuite le prince d'Eckmühl, et je donne en même temps l'ordre au prince d'Eckmühl de diriger sur Wittenberg, pour y être à la disposition du duc de Bellune, la 5e division qu'il a avec lui et qui appartient au IIe corps.

Le prince d'Eckmühl gardera la batterie d'artillerie de la 5e division et, de son côté, le duc de Bellune gardera la batterie de la 1re division pour compléter celles de la (sic).

…e donne l'ordre à la 6e division d'infanterie de se rendre de Wesel à Wittenberg pour rejoindre le II° corps auquel elle appartient, et je mande au général Jouffroy de faire partir avec cette division les deux batteries d'artillerie qui doivent y être attachées. Le II° corps aura ainsi les 4e, 5e et 6e divisions.

La 3e division d'infanterie reçoit l'ordre de se rendre de Wesel à Brême pour y être à la disposition du prince d'Eckmühl, en sorte que le Ier corps aura les 1re, 2e et 3e divisions.

Je préviens le prince d'Eckmühl que l'intention de l'Empereur est qu'au 1er juillet son corps soit parfaitement organisé, et qu'il doit avoir deux batteries d'artillerie à pied par division, deux batteries à cheval pour le corps et deux batteries de 12 pour la réserve du corps d'armée, ce qui fera 76 pièces de canon.

Quant au II° corps d'armée, l'intention de l'Empereur est qu'il ait aussi deux batteries d'artillerie à pied pour chacune de ses trois divisions, deux batteries d'artillerie à cheval pour le corps et deux batteries de 12 pour la réserve du corps d'armée.

Veillez, général, en ce qui vous concerne, à ce que ces dispositions soient ponctuellement exécutées. L'Empereur me charge de vous réitérer aussi l'ordre d'envoyer sans délai à Magdebourg les deux batteries que doit avoir la 23e division commandée par le général Teste, qui est la 4e division du VI° corps, de manière à ce que ces batteries soient avec cette division à Magdebourg avant le 20 juin.

BERTHIER A CLARKE

Bunzlau, 7 juin.

L'Empereur me charge, monsieur le duc, de vous envoyer copie des ordres que, d'après ses intentions, je viens d'expédier, afin que Votre Excellence confirme ceux adressés à des généraux commandant des divisions militaires de l'intérieur et qu'elle ait connaissance des autres dispositions prescrites dans l'armée. Sa Majesté désire aussi que Votre Excellence donne des ordres pour que les colonels, les aigles et la musique des douze régiments composant le II° corps rejoignent leurs régiments.

BERTHIER A LAURISTON

Bunzlau, 7 juin.

Je vous préviens, général, que je donne l'ordre à six bataillons de marche, dont deux sont à Groningue et quatre à Utrecht, de se diriger sur Wittenberg afin d'être incorporés dans leurs régiments ; ces bataillons sont composés de détachements des cinquièmes bataillons des cohortes. Dès que leur composition et leur marche me seront connues d'une manière précise, je vous en donnerai avis.

Je réitère aussi l'ordre au prince d'Eckmühl de diriger le 152ᵉ régiment sur Wittenberg.

BERTHIER A BERTRAND

Bunzlau, 7 juin.

Je vous préviens, général, que je donne l'ordre au duc de Padoue de faire diriger le complément du contingent wurtembergeois, qu'il avait momentanément retenu, sur Wittenberg et, de là, sur Sprottau pour rejoindre la division wurtembergeoise.

BERTHIER A NEY, MORTIER, DARU

Bunzlau, 7 juin.

Ordre de l'Empereur du 7 juin de mettre le cercle de Steinau sous le commandement du maréchal prince de la Moskova, et celui de Freystadt sous celui du duc de Trévise, en remplacement du premier qui lui avait d'abord été décrété.

BERTHIER A MARMONT

Gœrlitz, 8 juin, 6 heures du soir.

Ordre de faire construire à Bunzlau une manutention de douze fours, près des magasins et de l'eau.

BERTHIER A REYNIER

Gœrlitz, 8 juin, 6 heures du soir.

Ordre, aussitôt son arrivée à Gœrlitz, d'y faire construire une manutention de douze fours.

BERTHIER A MORTIER

Gœrlitz, 8 juin, 6 heures du soir.

L'Empereur suppose qu'il y a à Glogau une manutention de douze fours. Ordre au duc de Trévise d'en faire construire une seconde.

BERTHIER A SORBIER

Gœrlitz, 8 juin.

L'Empereur trouve, monsieur le comte Sorbier, qu'il y a un peu de lenteur dans l'organisation de l'artillerie.

Je vous ai fait connaître que l'artillerie du Ier corps d'armée doit être composée de six batteries de division à pied, de deux batteries de pièces de 12, de deux batteries à cheval et deux compagnies pour le parc, ce qui fait dix compagnies d'artillerie à pied, deux à cheval et 76 bouches à feu. La 1re division qui quitte le duc de Bellune et se rend à Wittenberg pour rejoindre le prince d'Eckmühl, arrivera au Ier corps sans artillerie ; j'ai mandé à ce maréchal que s'il pouvait faire partir avec la 5e division, qu'il envoie en échange au duc de Bellune, une ou deux batteries d'artillerie, ce serait très bien fait ; je l'ai prévenu que son matériel et son personnel doivent être fournis par le général Jouffroy et par le canal de Wésel, qu'indépendamment de ses compagnies, l'Empereur a ordonné qu'il y en ait quatre pour Hambourg et la côte, ce qui fait seize batteries d'artillerie à pied et à cheval tant pour la 32e division militaire que pour le Ier corps d'armée.

Le IIe corps d'armée aux ordres du duc de Bellune doit avoir seize bouches à feu, puisqu'il garde avec lui la batterie qui était avec la 1re division ; mais il est à craindre que la 5e division parte de Hambourg sans son artillerie.

Le prince de la Moskova doit avoir huit batteries à pied de division au IIIe corps, deux batteries de 12 et deux batteries à cheval, total 92 bouches à feu, douze compagnies d'artillerie à pied et deux à cheval. L'Empereur désire connaître le nombre de pièces en ligne et de celles laissées en arrière, quand ces dernières rejoindront ou seront remplacées, soit qu'il y en ait hors de service ou de prises par l'ennemi. La division Marchand doit avoir seize bouches à feu badoises et hessoises ; il faut savoir combien elle en a en ce moment. Si elle n'avait pas ce nombre, il serait nécessaire d'écrire aux ministres français à Carlsruhe et à Darmstadt pour le faire compléter. Le prince de la Moskova doit donc avoir ainsi 108 bouches à feu.

Le IVe corps doit avoir deux batteries à cheval dont une wurtembergeoise, deux batteries à pied françaises, deux batteries de 12, deux batteries à pied italiennes et deux wurtembergeoises ; l'Empereur veut savoir ce qui lui manque d'après l'organisation, ce qu'il a perdu en bataille ou envoyé en arrière comme hors de service : la division Peyri a perdu des pièces.

Le V⁰ corps devrait avoir 92 bouches à feu, mais il a fait des pertes.

L'artillerie du VI⁰ corps devrait être de 76 bouches à feu.

Sa Majesté veut savoir combien ces corps ont en ce moment, combien ils ont laissé en arrière, etc, ; il faut avoir aussi les mêmes renseignements pour le VII⁰ corps qui doit avoir deux batteries françaises et le reste en artillerie saxonne.

Le VIII⁰ corps ou corps polonais qui arrive à Zittau, devra avoir deux batteries à cheval (y compris celle organisée à Mayence et donnée au général Dombrowski), trois batteries à pied et une batterie de 12. Il paraît que ce corps, que l'Empereur prend à sa solde, a son personnel d'artillerie et les soldats du train nécessaires, mais il faudra lui fournir le matériel et les chevaux.

Le XI⁰ corps doit avoir deux batteries à cheval (une française et une italienne), six batteries à pied et deux batteries de 12.

Le XIIᵉ corps doit avoir deux batteries à cheval, quatre batteries de division, deux batteries de 12 et deux batteries bavaroises.

En résumé, général, l'Empereur veut connaître l'état exact de l'artillerie de l'armée, personnel et matériel ; savoir ce qu'il y a en ligne, ce qui a été perdu ou laissé en arrière, combien il reste à fournir de pièces, de quels points on peut les tirer et enfin connaître l'époque à laquelle les divers corps d'armée seront complétés en artillerie d'après l'organisation que Sa Majesté a arrêtée. L'Empereur ordonne que vous envoyiez des officiers en poste pour avoir promptement tous ces renseignements. Faites là-dessus un travail bien exact et bien complet, et remettez-le moi le plus tôt possible pour que je le soumette à l'Empereur.

Sa Majesté ordonne que vous fassiez partir le grand parc d'artillerie qui est à Magdebourg et à Minden et que vous le fassiez diriger sur Dresde par la rive gauche de l'Elbe. Faites-moi connaître sa composition et son itinéraire jour par jour.

Ayez soin qu'il y ait à Magdebourg un bon directeur d'artillerie. Remettez-moi aussi, pour le soumettre à l'Empereur, un rapport sur l'artillerie qui est à Augsbourg.

L'Empereur me charge de vous faire connaître, général, que désormais aucun convoi d'artillerie ne doit se mettre en route sans son approbation ; il faudra que vous en donniez l'avis sur tous les points. Quand vous aurez un convoi à faire mettre en marche, vous me remettrez, pour le soumettre à l'Empereur, un rapport indiquant la composition des convois à expédier ; quand ils seront prêts à partir, le lieu de leur départ et leur destination.

Sa Majesté trouve que les événements arrivés dernièrement accusent de négligence et d'imprévoyance l'état-major d'artillerie, d'autant plus que le convoi de Halberstadt avait 3.000 hommes d'infanterie à peu de distance en arrière de lui, et que celui d'Augsbourg précédait de très peu une colonne de 4.000 hommes d'infanterie. Sa Majesté ne veut pas que les convois d'artillerie partent avant que toutes les mesures de précaution n'aient été prises pour assurer leur marche, car voilà quarante pièces de canon dont on pouvait facilement éviter la perte ; si l'on avait pris les ordres de l'état-major général, elles auraient été escortées. L'Empereur a changé le chef de l'état-major de l'artillerie, mais faites bien connaître au nouveau chef d'état-major de cette arme que Sa Majesté le rend responsable des convois qu'il ferait partir sans que l'Empereur en eût été informé et eût ordonné leur départ.

— Lettres subséquentes très détaillées au chef d'état-major de l'artillerie, à Davout, Victor, Ney, Bertrand, Marmont, Reynier, Poniatowski, Macdonald, Oudinot.

BERTHIER AU ROI DE BAVIÈRE

Gœrlitz, 8 juin.

L'Empereur m'ordonne d'écrire à Votre Majesté pour lui demander à connaître d'une manière positive quelles sont les ressources en infanterie, cavalerie et artillerie que Votre Majesté aurait au 1er juillet pour opposer à une agression de l'Autriche et contenir le Tyrol, si cela était nécessaire.

L'Empereur désirerait aussi connaître quelle est l'organisation que Votre Majesté donne à ces troupes et les lieux où elle se propose de les réunir.

BERTHIER A MACDONALD

Gœrlitz, 8 juin.

Donnez ordre, monsieur le duc, à la division de cavalerie du général Doumerc qui est sous vos ordres de se rendre à Sagan pour se joindre au 1er corps de réserve de cavalerie.

Rendez-moi compte, monsieur le maréchal, de l'exécution de ce mouvement, et envoyez-moi copie de l'itinéraire que suivra cette division pour se rendre à Sagan.

BERTHIER AU DUC DE SAXE-WEIMAR

Gœrlitz, 7 juin.

Monseigneur, l'Empereur me charge de faire connaître à Votre Altesse qu'il voit avec beaucoup de peine l'accueil que reçoivent dans vos États les partisans ennemis ; que son ministre ne soit pas gardé dans votre capitale, que Votre Altesse n'a pas reformé son contingent, après que ses troupes ont passé à l'ennemi et font la guerre contre la France. Dans cet état de choses, Sa Majesté se voit obligée de rendre Votre Altesse responsable du moindre événement qui arriverait à ses détachements dans vos États. Elle m'ordonne aussi de vous mander qu'Elle est dans l'intention de n'admettre aucune excuse pour les hostilités commises par des partis sans infanterie et sans artillerie.

BERTHIER AU DUC DE SAXE-COBOURG

Gœrlitz, 7 juin.

Monseigneur, l'Empereur me charge de faire connaître à Votre Altesse qu'il voit avec beaucoup de peine l'accueil que reçoivent dans vos États les partisans ennemis. Dans cet état de choses, Sa Majesté se voit obligée de rendre Votre Altesse responsable du moindre événement qui arriverait à ses détachements dans le duché de Saxe-Cobourg. Elle m'ordonne aussi de vous mander qu'Elle est dans l'intention de n'admettre aucune excuse pour les hostilités commises par des partis sans infanterie et sans artillerie.

BERTHIER AU DUC DE SAXE-GOTHA

Gœrlitz, 7 juin.

Monseigneur, j'ai l'honneur de prévenir Votre Altesse que j'ai écrit à leurs Altesses seigneuriales les ducs de Saxe-Weimar et de Cobourg pour leur faire connaître que l'Empereur voit avec beaucoup de peine l'accueil que reçoivent dans leurs États les partisans ennemis et que, dans cet état de choses, Sa Majesté se voit obligée de les rendre responsables du moindre événement qui arriverait à ses détachements dans les duchés de Weimar et de Cobourg.

L'Empereur me charge de vous recommander, prince, de prendre des précautions contre les incursions des partis ennemis. Sa Majesté est dans l'intention de n'admettre aucune excuse pour les hostilités commises par des partis sans infanterie et sans artillerie.

BERTHIER A SAINT-AIGNAN, MINISTRE DE L'EMPEREUR PRÈS LES MAISONS DUCALES DE SAXE-WEIMAR

Gœrlitz, 7 juin.

Je vous préviens, monsieur le baron, que j'écris à Son Altesse le duc de Saxe-Weimar pour lui faire connaître que l'Empereur est extrêmement mécontent de l'accueil que reçoivent dans ses Etats les partisans ennemis, de ce que le ministre de Sa Majesté n'est pas gardé dans sa capitale, qu'il n'a pas reformé son contingent, après que ses troupes ont passé à l'ennemi et font la guerre contre la France. L'Empereur le rend responsable du moindre événement qui arriverait à ses détachements dans le duché de Weimar. J'ai écrit dans le même sens au duc de Saxe-Cobourg. J'ai recommandé au duc de Saxe-Gotha de prendre des précautions contre les incursions des partis ennemis, et j'ai fait connaître à tous que l'Empereur est dans l'intention de n'admettre aucune excuse pour les hostilités commises par des partis sans infanterie et sans artillerie.

BERTHIER A OUDINOT

Gœrlitz, 9 juin.

L'Empereur a pris connaissance, monsieur le duc, de vos rapports des 6 et 7 juin.

Sa Majesté me charge de vous mander de faire occuper Luckau : c'est là qu'il faut placer votre camp ; vous tirerez vos vivres de Cottbus et de la basse Lusace.

Il sera utile que vous fassiez reconnaître et occuper Lüben qui est un point important.

Des six bataillons que vous aviez été autorisé à prendre, il faut renvoyer au duc de Bellune, qui est du côté de Crossen, les bataillons des 24e et 26e légers, qui appartiennent au IIe corps d'armée. Quant aux bataillons des 33e, 48e, 61e et 111e de ligne qui appartiennent au Ier corps d'armée, vous devez les envoyer sur Wittenberg pour que, de là, ils se rendent à Magdebourg et, de là, sur la rive gauche de l'Elbe, à Hambourg.

A l'égard des bataillons des 123e et 124e régiments, Sa Majesté vous autorise à les placer dans une de vos divisions.

BERTHIER A ARRIGHI

Bautzen, 9 juin.

Monsieur le général duc de Padoue, par l'armistice, Dessau doit nous appartenir sur les deux rives. L'Empereur ordonne que vous ayiez à y envoyer en conséquence quelques escadrons pour en prendre possession et y détruire le pont. Tous les États des petits princes d'Anhalt nous appartiennent également par l'armistice ; il est nécessaire que vous placiez quelques postes le long de leurs frontières pour constater notre prise de possession.

BERTHIER A SORBIER

Dresde, 10 juin.

D'après les ordres de l'Empereur, monsieur le général Sorbier, je viens de témoigner le mécontentement de Sa Majesté au général Jouffroy, troisième directeur du parc d'artillerie de l'armée et chargé de l'organisation des batteries d'artillerie des Ier et IIe corps à Wesel, de ce qu'il ne vous tient pas au courant de ses opérations, de sorte que l'Empereur ne sait pas au juste où en est l'organisation de cette artillerie.

Je le préviens que le Ier corps doit avoir six batteries à pied, deux de réserve et deux à cheval ; qu'il doit compléter cette artillerie à Wesel, Magdebourg ne pouvant plus fournir de matériel pour ce corps ; je lui mande qu'il complétera le Ier corps en personnel et matériel avec simple approvisionnement attelé et qu'il ne fera partir le second approvisionnement que d'après vos ordres, après que vous aurez pris à ce sujet ceux de Sa Majesté.

Je lui prescris de vous faire connaître exactement l'artillerie qu'il a organisée, les numéros des compagnies d'artillerie et du train, etc. Je le préviens que quatre compagnies d'artillerie qu'il doit recevoir de Mayence les 23e, 24e, 25e et 26e du 3e régiment, mais qui étaient parties de cette place pour Dresde, sont en route d'Erfurt sur Wesel d'après de nouveaux ordres donnés par vous.

Je lui fais connaître que le IIe corps a à Crossen une division qui est la 4e, qu'elle avait une batterie et qu'elle en aura deux, en recevant celle de la 1re division qui part sans artillerie pour joindre le Ier corps à Hambourg ; qu'en échange de la 1re division, le prince d'Eckmühl va envoyer la 5e division sur Crossen par Wittenberg ; que cette 5e division a besoin de deux batteries à pied, qu'il doit faire connaître quand elles seront prêtes : que la 6e division part de

Wesel ; qu'il faut qu'il lui fournisse ses deux batteries à pied avant tout ; que par ce moyen le II⁰ corps aura 48 bouches à feu ; qu'il devra faire aussi partir sans délai deux batteries de réserve, rien n'étant plus pressant que de compléter l'artillerie du II⁰ corps.

Donnez de votre côté, général, les mêmes ordres au général Jouffroy. Il faudra encore au II⁰ corps deux batteries à cheval. Voyez, général, d'où elles seront dirigées. Seront-elles fournies par le général Jouffroy ou par Magdebourg?

Le III⁰ corps n'a qu'à réparer et faire remplacer quelques pièces. Le IV⁰ corps a deux batteries à cheval (une française, une wurtembergeoise), deux batteries françaises, deux italiennes, deux wurtembergeoises et une batterie de réserve. La seconde batterie de réserve qui lui manque devra être fournie de Mayence, ainsi que celle qui manque au XII⁰ corps ; ces deux batteries de réserve n'étaient pas comprises dans la première organisation.

Le VI⁰ corps a deux batteries à cheval; mais des deux batteries de réserve, une se trouve provisoirement au XI⁰ corps qui la rendra au VI⁰ aussitôt qu'il aura reçu de Magdebourg les batteries de réserve qui lui sont destinées.

Je donne ordre au général Baltus, commandant l'artillerie du 3⁰ corps de cavalerie, de se rendre sur-le-champ à Hambourg pour prendre le commandement de l'artillerie de cette place ainsi que de celle de Cuxhaven et de la côte. Les directeurs et sous-directeurs d'artillerie envoyés sur ces points seront sous vos ordres.

— Il a été écrit en conséquence a Jouffroy, Baltus, Arrighy, Davout, Clarke.

BERTHIER A DAVOUT A HAMBOURG

Dresde, 11 juin.

L'Empereur a pris connaissance, prince, de votre lettre du 2 juin ; Sa Majesté est étonnée que vous n'ayez demandé que 40 milliers de poudre à Wesel ; elle a donné des ordres pour qu'on vous en envoie 200 milliers,

Sa Majesté trouve que vous auriez dû charger un officier d'artillerie de faire tout le travail de l'armement de la place de Hambourg. Il faut faire l'état de ce qui est nécessaire, l'état de ce qui existe et prendre des mesures pour vous procurer promptement ce qui manquerait.

BERTHIER A ARRIGHI

Dresde, 11 juin.

L'Empereur, monsieur le duc de Padoue, a lu vos lettres des 8 et 9 ; mais Sa Majesté ne comprend pas les observations que vous faites. Toutefois Sa Majesté ne trouve pas d'inconvénient à ce que vous dirigiez sans délai sur Dessau la brigade wurtembergeoise afin de prendre possession de toute la ligne de démarcation qui est déterminée par le traité d'armistice dont je vous ai envoyé copie, c'est-à-dire les frontières des princes de la confédération avec la Prusse. Sa Majesté vous autorise à nommer un commissaire pour régler avec l'ennemi cette ligne sur les territoires de la confédération qui sont sur la rive droite de l'Elbe. La garnison de Wittenberg pourra fournir les petits postes nécessaires pour garder cette ligne, et alors les Wurtembergeois deviendront disponibles pour rejoindre le IVe corps d'armée à Sprottau.

Quant à la cavalerie wurtembergeoise, l'Empereur approuve qu'aussitôt que le pont de Dessau sera détruit et la ligne de limites tracée, vous l'envoyiez sur les derrières en en formant deux ou trois colonnes et y joignant d'autres détachements et un peu d'infanterie pour donner la chasse aux partisans qui, malgré l'armistice, voudraient rester sur nos derrières.

Sa Majesté me charge de vous renouveler l'ordre de faire partir sur-le-champ tous les régiments de marche pour Dresde.

Portez une division de votre corps à Dessau, où elle pourra vivre facilement le long de l'Elbe. Faites-moi connaître si vous avez vos deux batteries d'artillerie à cheval.

Il faut que la garde bourgeoise fasse le service de Leipzig, de manière que, s'il est nécessaire, on puisse n'y pas laisser un seul homme de troupe.

Vous pouvez également, monsieur le duc, disposer de la cavalerie du général Dombrowski pour faire des patrouilles sur les derrières et poursuivre les partisans qui nous ont inquiétés du côté de Weimar et d'Erfurt.

L'Empereur désire que vous me fassiez connaître quelle sera la situation de votre corps au 15 juin ; vous aurez quatre batteries d'artillerie à cheval, et Sa Majesté se propose d'y joindre une division d'infanterie (celle du général Teste qui se forme à Magdebourg).

Vous ne devez pas attendre, général, qu'on vous envoie des couvertures de Dresde, il faut en prendre à Leipzig et en requérir sur-le-champ, c'est le pays d'où on les tire.

Vous devez régler les choses à Leipzig de manière à ce qu'on puisse s'y passer de garnison et d'infanterie.

L'Empereur vous recommande de veiller aussi à ce que le commandant de Magdebourg trace sa ligne de démarcation à une lieue de la place sur la rive droite.

Sa Majesté me, charge également de vous faire connaître que le régiment d'infanterie du général Dombrowski pourra rester jusqu'à nouvel ordre, à Leipzig.

Des ordres viennent d'être donnés pour que tous les jours, il y ait une estafette qui parte de Dresde pour Torgau, Wittenberg, Magdebourg et Hambourg, et qui en revienne de même.

BERTHIER A OUDINOT

Dresde, 11 juin.

L'Empereur a pris connaissance, monsieur le maréchal, de vos dernières dépêches en date du 9. Sa Majesté me charge de vous dire que l'armée ayant une organisation définitive, il faut que chaque régiment rejoigne son corps d'armée ; son intention est donc que les deux bataillons d'artillerie de marine que vous avez sous vos ordres rejoignent le corps du duc de Raguse ; faites-les diriger sur Bunzlau et faites connaître leur marche à ce maréchal. Instruisez-m'en pareillement.

Sa Majesté me charge aussi de vous prévenir que vous pouvez faire camper votre corps en trois divisions en les plaçant dans trois localités différentes, afin d'avoir plus de facilités pour les subsistances ; vous pouvez d'ailleurs tirer des vivres de Torgau.

BERTHIER A VICTOR

Dresde, 11 juin, 10 heures du soir.

L'intention de l'Empereur, monsieur le maréchal, est que vous gardiez la frontière le long de l'Oder depuis Crossen jusqu'à la hauteur de Muhlrose, telle qu'elle est déterminée par le traité d'armistice.

Le duc de Reggio est chargé de surveiller toute la ligne de démarcation depuis Muhlrose jusqu'à Juterbock.

Le général Lapoype, gouverneur de Wittenberg, placera des postes depuis Juterbock, en passant par Bruck et suivant la frontière de la confédération du Rhin jusqu'auprès de Barby.

Le gouverneur de Magdebourg couvrira son enceinte sur la rive droite et tout le long de l'Elbe sur la rive gauche depuis Barby jusqu'à la 32ᵉ division militaire où commence la surveillance du prince d'Eckmühl.

Ainsi, monsieur le duc, en vous appuyant à Crossen, vous suivrez l'Oder jusqu'aux frontières de Saxe et jusqu'à Muhlrose.

L'intention de l'Empereur est que vous envoyez tous les jours le rapport de ce qui se passe à vos postes et des mouvements que l'ennemi pourrait faire devant eux. Il faut aussi avoir soin d'empêcher les chevaux, les vivres, les meubles, les troupeaux et enfin tout ce qui pourrait nous servir de passer à l'ennemi.

Depuis Crossen, la surveillance continuera d'être exercée sur les différents points de la ligne de démarcation par les corps du duc de Trévise, du prince de la Moskova, du général Lauriston, du duc de Raguse, du duc de Tarente, et enfin par celui du prince Poniatowski qui arrive à Zittau. Le résultat de ces dispositions sera d'être bien instruit de tout ce qui se passe, mais il suffira pour cela, monsieur le maréchal, de postes légers, ainsi que pour arrêter le passage de tout ce qui est utile à l'armée.

BERTHIER A OUDINOT

Dresde, 11 juin, 10 heures du soir.

Je vous préviens, monsieur le maréchal, que je donne l'ordre au duc de Bellune de garder la frontière le long de l'Oder, depuis Crossen jusqu'à la hauteur de Muhlrose.

Quant à vous, monsieur le duc, l'Empereur vous charge de surveiller toute la ligne de démarcation depuis Muhlrose jusqu'à Juterbock, telle qu'elle est déterminée par le traité d'armistice ; ainsi vous devez avoir des postes près de Baruth et jusqu'auprès de Juterbock.

Le général Lapoype, etc. (comme dans la lettre à Victor).

BERTHIER A LAPOYPE

Dresde, 11 juin, 10 heures du soir.

Je vous préviens, monsieur le général Lapoype, que je donne l'ordre au duc de Bellune de garder la frontière le long de l'Oder depuis Crossen jusqu'à la hauteur de Muhlrose.

Le duc de Reggio surveillera toute la ligne de démarcation depuis Muhlrose jusqu'à Juterbock.

Quant à vous, général, l'Empereur vous charge de placer des postes depuis Juterbock, en passant par Bruck et en suivant la frontière de la confédération du Rhin, jusqu'auprès de Barby, conformément à ce qui est déterminé par le traité d'armistice, et en prenant pour principe que tout le territoire de Saxe et des petits princes de la confédération nous appartient; le duc de Padoue mettra une division de cavalerie ayant son quartier général à Dessau pour couvrir tous ces postes.

Le gouverneur de Magdebourg couvrira son enceinte, etc. (comme dans la lettre à Victor).

BERTHIER A HAXO

Dresde, 11 juin, 10 heures du soir.

Je vous préviens, général, que je donne l'ordre au duc de Bellune de garder la frontière le long de l'Oder, depuis Crossen jusqu'à la hauteur de Muhlrose

Le duc de Reggio surveillera toute la ligne de démarcation depuis Muhlrose jusqu'à Juterbock.

Le général Lapoype, gouverneur de Wittenberg, placera des postes depuis Juterbock, en passant par Bruck et suivant la frontière de la confédération du Rhin, jusqu'auprès de Barby.

Quant à vous, général, l'Empereur vous charge de couvrir votre enceinte sur la rive droite et tout le long de l'Elbe sur la rive gauche depuis Barby jusqu'à la 32e division militaire où commence la surveillance de M. le prince d'Eckmühl.

L'intention de Sa Majesté est que vous envoyiez tous les jours le rapport, etc. (comme dans la lettre à Victor).

BERTHIER A DAVOUT

Dresde, 11 juin, 10 heures du soir.

Je vous préviens, prince, que je donne l'ordre au duc de Bellune de garder la frontière le long de l'Oder, depuis Crossen jusqu'à la hauteur de Muhlrose. Le duc de Reggio surveillera, etc. (comme dans la lettre à Victor).

BERTHIER A MORTIER

Dresde, 11 juin, 10 heures du soir.

Je vous préviens, monsieur le maréchal, que je donne l'ordre au duc de Bellune de garder la frontière le long de l'Oder depuis Crossen jusqu'à la hauteur de Muhlrose.

Le duc de Reggio surveillera toute la ligne de démarcation depuis Muhlrose jusqu'à Juterbock.

Le gouverneur de Wittenberg placera des postes depuis Juterbock, en passant par Bruck et suivant la frontière de la confédération du Rhin, jusqu'auprès de Barby.

Le gouverneur de Magdebourg couvrira son enceinte sur la rive droite et tout le long de l'Elbe sur la rive gauche, depuis Barby jusqu'à la 32ᵉ division militaire où commencera la surveillance du prince d'Eckmühl.

Placez parallèlement des postes sur la portion de la ligne de démarcation déterminée par l'armistice, qui se trouve sous votre commandement. Le reste de la ligne sera également surveillé etc. (comme dans la lettre à Victor).

BERTHIER A NEY

Dresde, 11 juin, 10 heures du soir.

Je vous préviens, prince, que je donne l'ordre au duc de Bellune, etc. (comme dans la lettre à Mortier).

— Lettres dans le même sens à Lauriston, Poniatowski, Macdonald et Marmont.

BERTHIER A ARRIGHI

Dresde, 15 juin.

Monsieur le duc, je vous envoye copie d'une lettre que j'ai écrite au général Lapoype. L'intention de l'Empereur est qu'aussitôt que vous aurez pris possession de Dessau et occupé toute la ligne de démarcation, vous en laissiez la garde au général Lapoype, gouverneur de Wittenberg, et que vous mettiez à cet effet à la disposition de ce général une de vos divisions de cavalerie. Le quartier général de cette division sera à Dessau et elle surveillera tous les points de la ligne de démarcation en établissant les postes convenables. Quant à vous, monsieur le duc, vous devrez rester à Leipzig pour former votre corps et pourvoir à son organisation.

L'intention de l'Empereur, ainsi que je vous en ai déjà informé, est d'y attacher, indépendamment de votre cavalerie, la division Teste, qui se forme à Magdebourg.

Sa Majesté vous recommande de nouveau de prendre toutes les mesures nécessaires pour poursuivre les partisans sur nos derrières, conformément aux instructions que je vous ai déjà adressées.

BERTHIER A MORTIER

Dresde, 12 juin.

L'Empereur, monsieur le duc de Trévise, me charge de vous faire connaître que tout le matériel et le personnel des marins, des pontonniers et du génie de la garde, ainsi que le bataillon d'ouvriers de la marine de l'Escaut, pourront être mis à la disposition de l'artillerie et du génie. Ces troupes ne doivent cependant pas être considérées comme destinées à la défense de la place de Glogau, où elles vont être employées momentanément ; et, si l'on appréhendait l'approche d'un blocus, il faudrait avoir l'attention de les en retirer et les faire marcher avec la jeune garde, autrement le service de l'armée pourrait se trouver compromis. J'en préviens le gouverneur de Glogau et je lui donne l'ordre positif de renvoyer à la jeune garde ce matériel et ce personnel aussitôt que la place serait menacée. Je vous prie, monsieur le maréchal, de veiller à l'exécution de cette disposition.

Le 8e bataillon d'ouvriers de la marine venant de France sera employé aux travaux de Dresde, tandis que le bataillon de l'Escaut sera destiné à ceux de Glogau. Il faut aussi, monsieur le duc, envoyer à Glogau tous les sapeurs et officiers du génie attachés au parc général, afin d'être momentanément employés aux travaux de cette place. J'en préviens le général Rogniat.

— Lettres en conséquence à Laplane, Rogniat et Sorbier.

BERTHIER A VICTOR

Dresde, 12 juin.

Par vos dernières dépêches, monsieur le maréchal, vous paraissez craindre que l'occupation de Crossen ne donne lieu à des discussions ; il ne peut y en avoir, puisqu'il est bien entendu que vous ne disposez que de la partie de ce cercle comprise en deçà de la ligne de démarcation déterminée par le traité d'armistice et non de ce qui peut se trouver au delà. Vous avez le traité, il est très précis.

Quant aux cercles de Guben et de Grunberg dont vous désireriez tirer des subsistances, l'Empereur n'approuve pas cette disposition, attendu que ces deux cercles sont trop nécessaires au service de l'armée.

BERTHIER A AUGEREAU

Dresde, 12 juin,

L'intention de l'Empereur, monsieur le maréchal, est que, de concert avec M. le maréchal duc de Valmy, vous réunissiez de la manière suivante les quatre divisions du corps d'observation de Mayence :

> Une division à Bamberg,
> Une division à Wurzbourg,
> Une division à Aschaffenburg,
> Et une division à Francfort.

Ces divisions se réuniront d'abord à Mayence, Francfort et Hanau. Aussitôt qu'une division aura six bataillons, vous la dirigerez sur Wurzbourg, et dès que cette division aura huit ou dix bataillons, vous la dirigerez de Wurzbourg sur Bamberg.

Vous ferez partir de Francfort et Hanau la division qui doit être placée à Wurzbourg, aussitôt qu'elle aura six bataillons. Les autres divisions seront avancées aussi successivement et à mesure qu'elles se complèteront.

L'intention de Sa Majesté est que les deux premières batteries qui arriveront pour le corps d'observation de Mayence soient envoyées à la division placée à Bamberg, les secondes, à la division placée à Wurzbourg, et successivement aux divisions placées à Aschaffenburg et à Hanau. Donnez à cet effet vos ordres au général Pernety, commandant l'artillerie du corps d'observation de Mayence.

Aussitôt que vous aurez deux divisions sous la main, monsieur le maréchal, portez-vous avec ces divisions sur Wurzbourg où vous établirez votre quartier général et réunirez votre corps d'armée.

L'Empereur espère qu'au 1er juillet, vous aurez une division de neuf à dix bataillons à Bamberg, une pareille à Wurzbourg et qu'au 15 juillet toutes vos divisions seront réunies à Wurzbourg, et à Bamberg et que vous aurez alors la plus grande partie de votre armée. Correspondez avec M. le maréchal duc de Valmy pour bien connaître l'arrivée de vos troupes à Mayence et leur départ successif. Ayez soin de m'instruire très exactement et très en détail de leur mouvement.

Je vous ai prévenu que Sa Majesté avait ordonné de faire camper à Wurzbourg l'une des divisions de la jeune garde qui est commandée par le général Friant et qui arrive de Paris à Mayence, mais au 1er juillet cette division fera place au corps d'observation de Mayence.

Vous avez, monsieur le duc, un commandant de l'artillerie et un commandant du génie, prescrivez-leur de correspondre avec le général Sorbier et avec le général Rogniat, commandant en chef l'artillerie et le génie de l'armée; vous avez aussi un ordonnateur, donnez-lui l'ordre de correspondre avec M. le comte Daru, directeur général de l'administration de l'armée.

Il n'est pas nécessaire de vous dire, monsieur le maréchal, que l'intention de l'Empereur est que vos troupes soient campées en avant de Bamberg et de Wurzbourg, afin de se former plus promptement.

Ainsi que je vous l'ai déjà fait connaître, la Bavière mettra sous vos ordres une division bavaroise, ce qui portera à cinq le nombre des divisions que vous aurez à commander.

— Lettre en conséquence à Kéllermann.

BERTHIER A PHILIPPON

Dresde, 15 juin.

D'après le compte que m'a rendu le duc de Bellune, général, vous devez arriver le 17 de ce mois à Wittenberg avec la 1re division d'infanterie de l'armée.

L'Empereur me charge de vous donner l'ordre de vous arrêter avec votre division à Wittenberg et de n'en point partir pour rejoindre le Ier corps d'armée, sans avoir reçu de nouveaux ordres que vous attendrez dans cette place. Instruisez-moi de la réception de cette lettre.

— Envoi de l'ordre ci-dessus à M. le général Lapoype, gouverneur de Wittenberg.

BERTHIER A SEREGO

Dresde, 16 juin.

Je vous prie, général, de faire réunir en une seule colonne le 2e escadron du 19e régiment de chasseurs, les 3e et 4e escadrons du 2e de chasseurs napolitains, et tout ce qu'il pourrait y avoir de troupes d'infanterie à Augsbourg destinées pour l'armée.

Vous ferez mettre en marche cette colonne pour se rendre à Dresde, conformément à l'itinéraire ci-joint, prenant sous son escorte l'artillerie qu'il pourrait y avoir à Augsbourg prête à partir pour l'armée. Envoyez-moi l'état exact de la composition de la colonne, et recommandez bien à l'officier qui la commandera de s'informer en route auprès des autorités bavaroises ou saxonnes de ce qui se passe, afin que si l'on avait les moindres craintes, il se portât sur la gauche de manière à rentrer dans la route ordinaire de l'armée.

BERTHIER AU ROI DE BAVIÈRE

Dresde, 15 juin.

J'ai l'honneur d'informer Votre Majesté que je donne l'ordre au 2ᵉ escadron du 19ᵉ régiment de chasseurs, aux 3ᵉ et 4ᵉ escadrons du 2ᵉ de chasseurs napolitains et à tout ce qu'il pourrait y avoir de troupes d'infanterie à Augsbourg destinées pour l'armée, de partir en une seule colonne avec l'artillerie qu'il pourrait y avoir à Augsbourg prête à se rendre à l'armée, et de se diriger par la route de Bayreut sur Dresde. L'Empereur, Sire, désire que Votre Majesté veuille bien donner des ordres à ses généraux pour que, s'il y avait quelques craintes à Bayreut, ils en avertissent cette colonne qui se jetterait alors sur la gauche pour reprendre la route ordinaire de l'armée.

BERTHIER A VIAL (1)

Dresde, 16 juin.

L'Empereur a vu, monsieur le général Vial, par la lettre que vous m'avez adressée en date du 10 juin, que cinq bataillons de votre division sont entièrement arrivés, et il est probable que du 10 au 20, époque où vous recevrez ma lettre, d'autres bataillons seront arrivés aussi. Sa Majesté vous ordonne, général, de vous diriger avec tous les bataillons entiers que vous avez sur Wittenberg et d'amener avec vous :

1° Deux batteries d'artillerie à pied formant seize pièces de canon qui doivent être attachées à votre division ;

2° Une batterie de réserve de six pièces de 12 et deux gros obusiers, attachée au IIᵉ corps d'armée ;

3° Une batterie d'artillerie à cheval destinée pareillement pour le IIᵉ corps d'armée.

Dès que vous arriverez au IIᵉ corps d'armée, votre division sera

______

(1) Commandant la 6ᵉ division d'infanterie à Wesel.

disloquée, les régiments provisoires seront supprimés, chaque bataillon rejoindra les bataillons du même régiment et votre division sera recomposée de quatre régiments entiers, chacun de trois bataillons. Des ordres sont donnés pour que les colonels ou majors, la musique et les aigles de ces régiments rejoignent le plus tôt possible.

Envoyez-moi sans délai, général, la copie de votre itinéraire avec l'état de situation de vos troupes et de l'artillerie que vous devez amener. Si toute cette artillerie n'était pas prête à Wesel, la portion qui ne partirait pas avec vous, rejoindrait avec les bataillons de votre division qui sont encore en arrière au fur et à mesure qu'ils seraient prêts. C'est le général Jouffroy qui est chargé d'organiser cette artillerie à Wesel. Entendez-vous avec lui et instruisez-moi le plus tôt possible de votre marche.

BERTHIER A JOUFFROY

Dresde, 16 juin.

Je vous préviens, monsieur le général Jouffroy, que je renouvelle l'ordre à la 6e division d'infanterie commandée par le général Vial, de se mettre en mouvement pour se rendre de Wesel à Wittenberg, et rejoindre le IIe corps d'armée. L'intention de l'Empereur, comme je vous l'ai déjà mandé, est que cette division amène avec elle :

1º Deux batteries d'artillerie à pied formant 16 pièces de canon qui doivent être attachées à cette division ;

2º Une batterie de réserve de 6 pièces de 12 et 2 gros obusiers, attachée au IIe corps d'armée ;

3º Une batterie d'artillerie à cheval destinée pareillement pour le IIe corps d'armée.

Faites vos dispositions pour que cette artillerie parte avec le général Vial, et, dans le cas où elle ne se trouverait pas toute prête en ce moment, ayez soin que la partie que le général Vial ne pourrait emmener, rejoigne avec les bataillons de sa division encore en arrière, au fur et à mesure qu'ils seront prêts.

BERTHIER A ARRIGHI

Dresde, 16 juin.

L'Empereur ordonne, monsieur le duc de Padoue, que vous requériez à Leipzig mille quintaux de farine de seigle, mille quintaux de farine de froment, mille quintaux de blé et mille quintaux de seigle. Total : quatre mille quintaux et, de plus, cinq cents quintaux de riz, vingt mille pintes d'eau-de-vie, quatre cents bœufs, trois cent mille rations de viande salée et mille quintaux de légumes. Vous ferez diriger tout cela sans délai sur Wittenberg. L'intention de Sa Majesté est que les convois commencent à partir le 20 juin et qu'ils continuent de partir tous les jours, de manière qu'au 5 juillet cet approvisionnement dans lequel il y aura plus de 600.000 rations de pain, farine, etc., assure l'approvisionnement de Wittenberg pour 3.000 hommes pendant six mois. Vous devez, monsieur le duc, prendre des mesures énergiques pour que cet ordre soit exécuté. Mettez-moi à portée, par de fréquents rapports, de faire connaître à l'Empereur les dispositions faites pour remplir à cet égard ses intentions.

— Avis au gouverneur de Wittenberg et à Daru.

BERTHIER A ARRIGHI

Dresde, 1er juin.

Ne passez pas un seul jour sans m'écrire, monsieur le duc, répondez-moi toujours bien positivement sur l'exécution des ordres de l'Empereur, et toutes les fois qu'il s'agit de mouvements, joignez à vos lettres les états de composition des troupes et les renseignements précis sur leur marche.

L'Empereur n'a pas encore vu par votre correspondance si ses ordres ont été exécutés et si une division de cavalerie est allée à Dessau ; Sa Majesté ignore ce qui est arrivé à Leipzig ; elle ignore également la direction qu'a prise le général Ameil et s'il y a encore des partisans sur la rive gauche.

Je vous envoie copie d'une lettre de M. le baron de Saint-Aignan contenant des renseignements sur les partisans. Je dois expressément vous rappeler, monsieur le duc, que l'Empereur entend que tous les partisans qui se trouvent sur la rive gauche soient arrêtés, désarmés et pris ; il faut saisir tous les hommes qu'on pourra arrêter, leurs chevaux, leurs effets, leurs armes, leur argent et faire passer les hommes prisonniers en France sous bonne escorte.

L'Empereur est mécontent que vous n'ayez pas exécuté ses ordres et fait partir la division du général Lorge pour Dessau. L'intention de Sa Majesté est que vous teniez réunies toutes les troupes wurtembergeoises, à l'exception de la cavalerie que vous avez été autorisé à mettre sous les ordres du général Ameil pour faire des patrouilles sur les derrières, si cela est nécessaire. Tout le reste appartenant au corps wurtembergeois, infanterie, cavalerie, artillerie, doit être réuni entre Dessau et Wittenberg, parce qu'il va recevoir l'ordre de partir et de se rendre à son corps.

Quant aux militaires isolés, bataillons ou escadrons de marche, l'Empereur vous réitère l'ordre de les faire partir, ainsi que je vous le mande aujourd'hui dans une autre lettre.

Il faudra aussi bientôt que vous fassiez connaître, monsieur le duc, si le général Lapoype a fait mettre les poteaux de la ligne de démarcation, et si l'on sait la direction qu'ont prise les généraux Woronzof et Tschernitchef.

L'intention de Sa Majesté est que tous les commandants de place qui sont restés sur la rive gauche, dans le royaume de Westphalie, rentrent, ainsi que les gendarmes et les garnisons ; l'Empereur ne veut avoir personne à Halle, personne à Halberstadt ni dans aucune autre place quelconque, tout doit rejoindre, et Sa Majesté le roi de Westphalie pourra mettre dans ses États des garnisons westphaliennes sur les points où elles seraient nécessaires. Faites connaître et exécuter cette disposition dans la partie de la Westphalie qui vous avoisine.

BERTHIER A DOUCET

Dresde, 16 juin.

L'intention de l'Empereur, monsieur le général Doucet, est que les partisans soient arrêtés, désarmés et pris. Il faudra saisir tous les hommes qu'on pourra prendre, leurs chevaux, leurs effets, leurs armes, leur argent et faire passer les hommes prisonniers en France sous bonne escorte.

Comme je vous l'ai mandé ce matin, vous devez dissoudre et faire filer sur l'armée toutes les colonnes tant infanterie que cavalerie et artillerie que vous avez formées à Erfurt et retenues sur la rive gauche, aussitôt que l'affaire de Plauen sera décidée.

Ayez grand soin, ainsi que je vous le répète si souvent, de m'écrire tous les jours par l'estafette et de m'envoyer vos états de situation et de mouvement. Joignez toujours à vos lettres des renseignements précis sur la composition et la marche des troupes. Vous m'avez annoncé le départ du 6e bataillon du 134e de ligne pour Magdebourg, mais vous ne m'avez point fait connaître l'itinéraire qu'il suit, et j'aurais cependant des ordres à lui envoyer en route pour changer sa direction.

L'Empereur compte, général, qu'au 1er juillet vous devez avoir au moins 40 pièces de canon en batteries; que toutes les tours doivent être occupées, que les fortifications doivent être assez avancées pour que la ville puisse soutenir un siège : pressez vos demandes d'artillerie à Magdebourg et Mayence et mettez-vous sur un pied respectable.

Envoyez-moi un état de situation du 3e bataillon du 134e régiment, mais tel que l'Empereur puisse bien connaître sa situation sous tous les rapports de force en officiers, sous-officiers et soldats, d'instruction, d'armement, équipement, etc.

L'intention de Sa Majesté est que tous les commandants, etc... (comme dans la lettre à Arrighi).

BERTHIER A HAXO, BOURCIER, AU ROI DE WESTPHALIE

Dresde, 16 juin.

Avis des dispositions concernant les places de Westphalie sur la rive gauche de l'Elbe.

L'Empereur désire qu'il fasse parcourir toutes les différentes places de la rive gauche où il y a eu des troupes et où a passé la ligne d'opérations du vice-roi, afin qu'il ne reste ni voitures d'artillerie, ni train d'artillerie, ni équipages militaires, du moins en deçà du Weser, et que tout soit dirigé sur Magdebourg, Wittenberg et Dresde, ainsi que les militaires isolés.

BERTHIER A ARRIGHI

Dresde, 16 juin.

L'Empereur me charge de vous faire connaître, monsieur le duc, en réponse à votre lettre du 14, que vous ne devez vous éloigner en rien de l'organisation réglée par le ministre de la Guerre pour le IIIe corps de réserve de cavalerie; avant le 15 juillet, tous vos détachements seront arrivés; Sa Majesté s'occupera elle-même ici, dans peu de jours, d'une organisation et elle fera les restrictions qui seront nécessaires.

L'Empereur ne voit pas d'inconvénient à ce que vous proposiez des capitaines pour les places de chefs d'escadron, s'ils ont les qualités requises et surtout quatre ans de grade; en général, vous pouvez faire toutes les propositions que vous croirez utiles.

Les régiments doivent rester sous la dénomination *de régiments de marche* tant qu'ils ne sont pas organisés conformément à ce qui a été réglé par le ministre ; mais aussitôt qu'ils auront cette organisation, ils deviendront régiments provisoires.

L'Empereur est mécontent de ce que vous n'envoyez pas l'état des casques et des cuirasses qui manquent, ces objets devant venir de France, à moins que le général Bourcier n'en ait à Hanovre.

Sa Majesté trouve, monsieur le duc, que votre correspondance n'est pas assez complète ; vous n'envoyez même pas l'état de situation de vos régiments. J'ai reçu l'état du régiment de marche de mille chevaux que vous avez fait partir pour Dresde, mais vous ne m'avez pas encore fait connaître positivement si vous avez fait exécuter l'ordre de faire partir tous les régiments de marche et hommes isolés qui se trouvaient avec vous. L'Empereur me charge de vous réitérer cet ordre que vous devez exécuter dans les 24 heures ; l'officier que je vous envoie restera à Leipzig jusqu'à ce que tout cela soit parti ; ayez soin qu'il m'en rapporte des états très exacts.

BERTHIER A SORBIER

Dresde, 17 juin.

L'Empereur remarque, monsieur le général Sorbier, qu'il manque au complet des équipages d'artillerie de l'armée quarante-six batteries dont 18 de division, 10 de réserve et 18 à cheval. L'intention de Sa Majesté est que ces batteries soient fournies par les places ci-après désignées et d'après la répartition suivante, savoir :

Magdebourg : quatre batteries de division, trois batteries de réserve et cinq batteries à cheval. Des quatre batteries de division, deux sont destinées pour la 5e division (IIe corps d'armée) qui vient de Hambourg, et qui devra les prendre à son passage à Magdebourg, une est pour le XIe corps d'armée et une pour la division Teste qui se réunit à Magdebourg. Des trois batteries de réserve, une est pour le IIe corps d'armée qu'elle rejoindra en se réunissant à la 5e division à son passage à Magdebourg, deux sont pour le XIe corps qui rendra la batterie qu'il a au VIe corps. Des cinq batteries à cheval, une est destinée au IIe corps qu'elle rejoindra en se réunissant à la 5e division à son passage, une est pour le XIe corps, deux sont pour le Ier corps de réserve de cavalerie et une pour le IIe corps de cavalerie : total douze batteries.

Mayence doit fournir huit batteries de division, trois de réserve et huit batteries à cheval ; les huit batteries de division sont pour le corps d'observation de Mayence ; des trois batteries de réserve, une est pour le IVe corps et deux sont pour le corps d'observation de Mayence ; des huit batteries à cheval, quatre sont pour le 3e corps de réserve de cavalerie, deux sont pour le 4e corps de réserve de cavalerie et deux sont pour le corps d'observation de Mayence. Total, dix-neuf batteries.

Wesel doit fournir cinq batteries de division, quatre de réserve et cinq batteries à cheval ; des cinq batteries de division, une est destinée à la 50e division ou division dite de Hambourg, une à la division Teste à Magdebourg, une au XIIe corps et deux au IIe corps d'armée avec la 6e division ; des quatre batteries de réserve, deux sont pour le Ier corps, une est pour le IIe corps et une pour le XIIe ; des cinq batteries à cheval, deux sont destinées au Ier corps, une au IIe corps avec la 6e division, une au IIIe corps avec la 50e division ou division dite de Hambourg.

Dresde fournira une batterie de division au VIIe corps.

Au moyen de ces dispositions, l'artillerie de l'armée se trouvera complétée à 108 batteries françaises et 26 étrangères, ce qui fait un total de 996 bouches à feu, sans comprendre l'artillerie de la garde impériale.

Ayez grand soin, général, d'accélérer la formation de ces batteries et d'en faire la répartition conformément aux intentions de Sa Majesté de la manière ci-dessus prescrite.

BERTHIER A LAPLANE, COMMANDANT A GLOGAU

Dresde, 17 juin.

L'intention de l'Empereur, monsieur le général Laplane, est que vous envoyiez au IVe corps d'armée, commandé par le général Bertrand, qui est à Sprottau, la 1re et la 2e compagnies du 8e régiment d'infanterie légère qui sont à Glogau, afin d'y être incorporées dans les deux bataillons de ce régiment employés au IVe corps.

Vous ferez diriger par Sagan, Sorau, Spremberg, etc., sur le IIIe corps d'armée qui est à Luckau les 1re et 2e compagnies du 18e régiment d'infanterie légère qui sont pareillement à Glogau pour y être également incorporées dans les deux bataillons de ce régiment employés au XIIe corps d'armée.

Je donne l'ordre au général comte Lauriston commandant le Ve corps d'armée à Goldberg, de faire diriger de suite le 151e régiment d'infanterie sur Glogau pour y tenir garnison. Dès qu'il sera arrivé, vous ferez incorporer dans ce régiment tous les soldats des compagnies du 84e, du 92e, du 106e, du 9e de ligne, du 35e de ligne et du 53e régiment qui sont à Glogau ; vous ferez constater cette opération par des procès-verbaux en règle que vous adresserez à Son Excellence le ministre de la Guerre et vous ferez partir de suite les officiers et sous-officiers formant les cadres de ces compagnies, pour retourner sur-le-champ en Italie.

Quant à la compagnie du 3e régiment léger italien, celle du 2e régiment de ligne italien, celle du 3e de ligne italien et celle du régiment royal dalmate, l'intention de l'Empereur est que vous les envoyiez au IVe corps d'armée à Sprottau pour être incorporées dans le régiment de la division italienne que désignera le général Fontanelli.

L'Empereur, général, vous autorise à ne faire ces changements qu'au fur et à mesure que cela vous paraîtra convenable, que lorsque le 151e régiment sera arrivé, et que lorsque cela formera compensation à vos pertes. Par ces dispositions, le 151e régiment recevra environ 600 bons soldats des compagnies qui sont à Glogau ; et comme ce régiment a au moins 800 hommes, cela compensera et au delà les pertes de la garnison de Glogau.

Je donne ordre à toutes les troupes du prince Primat qui peuvent se trouver avec la division Marchand à Liegnitz, au bataillon de ce prince qui est maintenant à Torgau et au bataillon des mêmes troupes qui est au XIIe corps de se rendre de suite à Glogau pour y tenir garnison ; aussitôt que ces bataillons seront arrivés et qu'ils vous offriront une force égale à celle du bataillon de Bade qui est à Glogau, vous ferez partir ce bataillon de Bade pour rejoindre son corps qui fait partie de la division du général Marchand stationnée à Liegnitz.

Ayez soin, général, de m'instruire très exactement de l'exécution de ces diverses dispositions.

Comme il y a 2.000 malades à Glogau et que, dans le cas où la place viendrait à être assiégée, il en resterait toujours 1.000, vous les mettriez en subsistance dans le 151e régiment qu'il faudra organiser, sinon à quatre bataillons, au moins à trois.

— Ordre et avis subséquents à Lauriston, Ney, Oudinot, Lauer, Bertrand et au ministre de la Guerre.

BERTHIER A AUGEREAU

Dresde, 17 juin.

L'Empereur, monsieur le maréchal, me charge de vous réitérer l'ordre d'attirer à vous les bataillons du corps d'observation de Mayence au fur et à mesure qu'ils arrivent, et de diriger une division sur Francfort, une sur Hanau, une sur Wurzbourg. Quant à la division qui doit se rendre à Bamberg, ne la faites diriger sur cette place qu'aussitôt qu'elle aura huit bataillons.

Ayez grand soin de m'instruire de l'arrivée, de la situation et de l'emplacement de vos troupes.

BERTHIER A PONIATOWSKI

Dresde, 17 juin.

L'intention de l'Empereur, prince, est que vous fassiez venir en poste les fusils que vous avez laissés du côté de Cracovie, attendu que nous en avons besoin. Je vous prie de m'instruire des mesures que vous aurez prises à cet égard.

BERTHIER A SEROUX A MAGDEBOURG

Dresde, 17 juin.

Monsieur le général Seroux, le ministre de la Guerre a rendu compte à l'Empereur qu'il avait fait expédier sur Magdebourg des aigles pour les régiments qui n'en ont pas et que vous aviez ces aigles et ces drapeaux. Prenez des mesures à cet effet, et instruisez-moi de l'époque à laquelle ils parviendront à Dresde. Vous les expédierez à mon adresse et en poste.

BERTHIER A ARRIGHI

Dresde, 18 juin.

L'Empereur me charge de vous réitérer expressément, monsieur le duc, les ordres que vous avez déjà reçus pour que toute l'infanterie qui peut se trouver à Leipzig en parte sans délai ainsi que toute la cavalerie et l'artillerie qui ne font pas partie de votre corps ; ne gardez que votre seul corps d'armée et l'artillerie qui vous appartient. Sa Majesté vous réitère l'ordre d'envoyer une division à Dessau ; faites requérir tant à Dessau qu'à Leipzig tout ce qui est nécessaire pour fournir des couvertures à votre corps et en raccommoder l'habillement et l'équipement et le harnachement.

Il ne faut laisser aucune voiture dételée à Leipzig ; il ne doit y rester que des malades, ayez soin d'envoyer toutes les voitures dételées à Wittenberg, Glogau, Magdebourg ou Dresde.

Le 6e bataillon du 134e régiment fort de 700 à 800 hommes est parti d'Erfurt le 14 pour se rendre à Magdebourg ; si ce bataillon a passé à Leipzig et qu'il y soit encore, faites-le diriger sur Wittenberg, mais s'il était déjà arrivé à une marche de Magdebourg, laissez-le aller à Magdebourg. Au reste quoique je ne connaisse pas bien exactement l'itinéraire de ce bataillon, je pense, d'après un rapport du général Doucet, qu'il n'aura pas suivi la route de Leipzig, mais celle d'Halberstadt, et qu'il doit arriver demain à Magdebourg où, par conséquent, il restera jusqu'à nouvel ordre.

BERTHIER A DAVOUT

Dresde, 18 juin.

L'Empereur me charge, prince, de vous faire connaître qu'un nouveau sénatus-consulte proroge de trois mois la mise hors de la constitution des départements de la 32e division militaire ; ainsi l'état actuel des choses ira jusqu'au 1er octobre. Agissez en conséquence de cette disposition.

BERTHIER A LAPLANE

Dresde, 18 juin.

Monsieur le général Laplane, aussitôt que les bateaux venus de Breslau seront déchargés, ayez soin de les faire mettre en état ; il faut bien se garder de les laisser partir de Glogau ; ils serviront à faire les transports sur Custrin et Stettin, lorsque nous serons maîtres de l'Oder, et ils pourront servir aussi à jeter des ponts. L'intention de l'Empereur est que vous fassiez préparer, général, les ancres, cordages, madriers, etc., nécessaires pour avoir deux équipages de pont sur haquets. Occupez-vous en sans délai.

BERTHIER A NEY

Dresde, 18 juin.

L'Empereur, prince, vient de rendre un décret qui réduit à trois bataillons chacun des 21 régiments composés de cohortes au moyen de la suppression du 4e bataillon ; je vous enverrai incessamment les ordres d'exécution de cette mesure. Sa Majesté se propose de l'appliquer aussi à d'autres régiments ; mais à l'exception des changements ordonnés par l'Empereur, n'en faites aucun à l'organisation des corps ; laissez les régiments provisoires composés de leurs bataillons, quoique faibles, parce que ces bataillons appartiennent à différents régiments, et si l'on ne les conservait pas, il en résulterait trop de désordre dans la comptabilité. D'ailleurs ces bataillons ont été tous complétés à 840 hommes. Les hommes existent à l'armée et vont y arriver et ces bataillons seront bientôt complétés, d'autant plus qu'il y a un grand nombre de blessés qui sont guéris et qui rejoignent. Sa Majesté trouve que ces bataillons, ne fussent-ils qu'à 400 hommes, ne seraient pas encore trop faibles, et qu'il faut en conséquence que vous rétablissiez leur organisation telle qu'elle a été formée.

BERTHIER A HAXO

Dresde, 19 juin.

L'Empereur, monsieur le général, me charge de vous mander que vous ne devez point vous occuper de la construction d'une place à l'embouchure du canal de Plauen sur la rive gauche de l'Elbe, puisque les localités s'y opposent ; mais que son intention est, aussitôt que nous serons maîtres de la rive droite, d'y faire construire cette place en l'établissant au point d'intersection et en occupant la rive gauche par une tête de pont. Ainsi les travaux doivent être ajournés, et l'intention de Sa Majesté est que, si les localités ne sont pas favorables pour la place à établir à l'embouchure du Havel, il faudra aussi l'ajourner.

Je vous ai fait connaître, général, que l'Empereur, par un décret du 17 de ce mois, vous a nommé commandant du génie de sa garde. Elle me charge de vous mander qu'aussitôt que vous aurez tracé à Hambourg les ouvrages et résolu les principales questions, son intention est que vous vous rendiez à Wittenberg pour étudier les ouvrages à exécuter pour faire de Wittenberg une grande place. Le tracé de l'enceinte est très défectueux. L'Empereur a ordonné pour le moment qu'on se contentât de la couvrir par un chemin couvert ; qu'on relevât de petites lunettes ; qu'on augmentât l'échantillon et le profil de la place et qu'on établît des blindages dans l'intérieur pour les besoins de la garnison. Aussitôt que les ouvrages seront construits, l'intention de l'Empereur est qu'on y établisse des couronnes ou tout autre ouvrage dans le genre de ceux d'Alexandrie, de manière à ce que cette place offre une résistance de quarante jours. Sa Majesté sait que ces travaux seront considérables, mais cela se fera successivement et avec le temps.

Sa Majesté pense que vous devez rester plusieurs jours à Wittenberg pour bien étudier le terrain et bien asseoir votre opinion.

BERTHIER A HAXO

Dresde, 19 juin.

L'Empereur, monsieur le général Haxo, pense que vous devez être à Hambourg. Sa Majesté vous ordonne de faire lever le plan de Tangermund, parce que si 400 à 500 hommes et cinq à six pièces de canon pouvaient tenir là, on pourrait l'occuper comme poste. Du reste, Sa Majesté me charge de vous faire connaître que la place de Tangermund n'a rien de commun avec ses projets sur l'embouchure du Havel et du canal de Plauen. Deux places à l'embouchure du Havel et de Plauen sont indispensables, mais l'Empereur se réserve de les faire construire lorsqu'il sera maître de la rive droite. Si à l'embouchure du Havel on rencontre une position favorable, l'intention de Sa Majesté est qu'on peut commencer les travaux sur-le-champ ; s'il y a les mêmes inconvénients qu'à Plauen, il ne faut rien faire à présent.

Si vous croyez, général, qu'avec six pièces de canon, 400 ou 500 hommes puissent avec succès occuper Tangermund et que le château puisse tenir quinze à vingt jours, l'intention de Sa Majesté est que vous ordonniez sur-le-champ les travaux : ce serait comme une vedette de Magdebourg ; mais il faut qu'avec des obusiers et quelques pièces de campagne, on ne puisse pas prendre ce poste, sans quoi ce serait une dépense inutile.

BERTHIER A LAPOYPE

Dresde, 19 juin.

L'Empereur ordonne, monsieur le général Lapoype, que vous envoyiez 500 hommes à Zerbst pour en chasser les Prussiens qui, probablement, à ce que pense Sa Majesté, ne se le feront pas dire deux fois. Sa Majesté suppose que vous avez fait occuper Belzig. La 1re division d'infanterie aux ordres de M. le général Philippon est arrivée à Wittenberg le 17 ; l'intention de l'Empereur, général, est que vous profitiez de cette première division pour occuper tout le pays, toutefois sans l'éparpiller et en la tenant en réserve à Wittenberg. Je recommande à M. le duc de Padoue de faire attention que le district de Gomern nous appartient ; que s'il continuait à y avoir des difficultés avec les Prussiens, il envoyât de l'infanterie et de l'artillerie wurtembergeoise, de prendre des mesures pour que les difficultés ne se renouvellent plus et que nos troupes occupent Zerbst, Belzig et Gommern.

BERTHIER A DOUOET

Dresde, 19 juin.

J'ai mis sous les yeux de l'Empereur, monsieur le général, la lettre par laquelle vous annoncez la dissolution des trois colonnes d'infanterie et de cavalerie que vous aviez formées et qui étaient destinées à l'expulsion des partisans du territoire de la Saxe.

Sa Majesté me charge de vous faire connaître qu'elle blâme l'ordre que vous avez donné. Son intention est que tous les partisans qui sont sur la rive gauche de l'Elbe soient désarmés et faits prisonniers. Ils sont censés n'avoir pas voulu reconnaître l'armistice et avoir agi pour leur compte à l'exemple de Schill.

BERTHIER A ARRIGHI

Dresde, 19 juin.

L'Empereur, monsieur le duc, me charge de vous mander qu'il est mécontent de la manière dont vous exécutez l'armistice. Sa Majesté ordonne que vous vous rendiez à Wittenberg pour vous y mettre à la tête de la division du général Philippon qui s'y trouve en y joignant, s'il le faut, les troupes wurtembergeoises, pour culbuter tout ce que vous trouveriez en deçà de la ligne de démarcation.

Sa Majesté trouve que vous pouviez mettre dans votre conduite plus d'adresse et de force.

BERTHIER A DAVOUT

Dresde, 19 juin.

L'Empereur ordonne, prince, que vous fassiez partir le général Vandamme de Hambourg le 25 de ce mois, pour se rendre à Magdebourg où il établira son quartier général.

Vous donnerez des ordres pour que le général Vandamme mène avec lui :

1° Une des deux batteries d'artillerie à cheval attachées au Ier corps d'armée ;

2° Une des deux batteries de 12 attachées au Ier corps ;

3° Les 1er et 4e bataillons des cinq régiments composant la 1re division et les 1er et 4e bataillons des cinq régiments composant la 2e division, savoir :

1re division   7e régiment d'infanterie légère,   1er et 4e bataillons.
          12e régiment d'infanterie de ligne, 1er et 4e bataillons.
          24e régiment d'infanterie de ligne, 1er et 4e bataillons.
          17e régiment d'infanterie de ligne, 1er et 4e bataillons.
          30e régiment d'infanterie de ligne, 1er et 4e bataillons.
2e division 13e régiment d'infanterie légère,   1er et 4e bataillons.
          25e régiment d'infanterie de ligne, 1er et 4e bataillons.
          33e régiment d'infanterie de ligne, 1er et 4e bataillons.
          85e régiment d'infanterie de ligne, 1er et 4e bataillons.
          57e régiment d'infanterie de ligne, 1er et 4e bataillons.

Ce qui forme vingt bataillons. La 2e division se réunira à Magdebourg et la 1re division à Wittenberg ; le quartier général du général Vandamme sera à Magdebourg.

La division du général Philippon, composée des seconds bataillons de vos 16 régiments, a reçu l'ordre de s'arrêter à Vittenberg : les seconds bataillons des 13e léger, 25e, 33e, 57e et 85e qui en font partie, se rendent à Magdebourg pour y attendre les 1er et 4e bataillons de ces régiments qu'amènera le général Vandamme et former avec eux la 2e division. Les seconds bataillons des 7e léger, 12e, 17e, 21e, 30e de ligne attendent à Wittenberg les 1er et 4e bataillons de ces régiments qui viendront avec le général Vandamme pour former avec eux la 1re division. Enfin les seconds bataillons des 15e et 33e légers, 48e, 61e, 108e et 111e de ligne, formant le restant de la division actuelle du général Philippon, vont partir en une seule brigade, 24 heures après la réception de l'ordre, pour se rendre à Hambourg.

Vous aurez ainsi à Hambourg, prince, 1° la 50e division ou division de Hambourg, qui est aujourd'hui de 5.000 hommes ;

2° La 3e division qui, par la réunion de tous ses bataillons, sera composée, savoir :

15e régiment d'infanterie légère . . .   4 bataillons.
48e régiment d'infanterie de ligne . .   4 bataillons.
61e régiment d'infanterie de ligne . .   4 bataillons.
108e régiment d'infanterie de ligne . .   4 bataillons.
111e régiment d'infanterie de ligne . .   4 bataillons.
                                        ____
                          Total .   20 bataillons.

3° La 3ᵉ division *bis* qui restera composée des troisièmes bataillons du 7ᵉ léger, des 12ᵉ, 17ᵉ, 21ᵉ et 30ᵉ de ligne, dont vous formerez une brigade, et des troisièmes bataillons des 13ᵉ léger, 25ᵉ, 33ᵉ, 57ᵉ et 85ᵉ de ligne, dont vous formerez une seconde brigade. Quant à la 3ᵉ division, vous la formerez à trois brigades.

En conséquence, vous aurez sous vos ordres à Hambourg :

La division de Hambourg qui, après l'incorporation des bataillons de marche ordonnée par le décret que je joins à une autre lettre d'aujourd'hui, sera de . . . . 5.000 hommes.

La 3ᵉ division formée de vingt bataillons .   12.000   —

La 3ᵉ division *bis*, de dix bataillons . . .   6.000   —

____

23.000 hommes.

Artillerie :

Deux batteries de la 3ᵉ division. . . . . . .   16 pièces.

Une batterie de la 50ᵉ division . . . .   8 —

Une batterie à cheval de la 50ᵉ division . . .   6 —

Une des batteries à cheval du corps d'armée . .   6 —

Une batterie de réserve du corps d'armée . . .   8 —

____

44 pièces.

Quant au général Vandamme, il aura à Magdebourg et Wittenberg :

la 1ʳᵉ division de . . .   15 bataillons,

et la 2ᵉ division de . . .   15 bataillons.

La 23ᵉ division commandée par le général Teste se réunit à Magdebourg et y tiendra garnison jusqu'à nouvel ordre.

L'artillerie du général Vandamme sera composée ainsi qu'il suit :

1ʳᵉ division. . . . . . .   16 pièces.

2ᵉ division.   16   —

Artillerie à cheval . . .   6   —

Artillerie de réserve . . .   8   —

____

Total. . .   46 pièces,

et, de plus, les 16 pièces de la division Teste ; ce qui fera un total général de 40 bataillons ou 24.000 hommes et 62 bouches à feu. Ce corps, prince, sera appelé corps du général Vandamme, mais il fera toujours partie du 1ᵉʳ corps d'armée.

Attachez-y le général Baltus pour commander l'artillerie et un ordonnateur du Iᵉʳ corps, ainsi qu'un payeur ; je charge le général commandant le génie d'y attacher un chef de bataillon du génie, deux officiers du génie pour chaque division et deux compagnies de sapeurs.

Le général Jouffroy commandera l'artillerie de la partie du Ier corps qui reste sous vos ordres immédiats et il sera spécialement chargé de la défense de Hambourg. Je donne ordre au colonel du génie de Ponthon de se rendre à Hambourg pour y prendre le commandement supérieur du génie, et, en cas d'événement, il resterait dans la place.

Ne perdez pas un instant, prince, pour faire exécuter ponctuellement toutes les dispositions ci-dessus, et envoyez-moi sur cela des rapports très détaillés, afin que j'en rende compte à l'Empereur.

L'intention de l'Empereur est que vous réunissiez à Hambourg et à Haarburg toute la division de Hambourg, que vous réunissiez la 3e division de vingt bataillons en avant de Hambourg, et que vous réunissiez la 3e division *bis* à Lunebourg, en laissant deux bataillons sur la côte ; bordez ainsi toute la rive gauche de l'Elbe. L'intention de l'Empereur est qu'avec ce corps d'armée et les Danois, vous puissiez prendre l'offensive dans le Mecklembourg, aussitôt que l'armistice viendrait à être rompu.

Faites-moi parvenir l'état de situation de la division danoise que vous ne m'avez pas encore envoyé, infanterie, cavalerie et artillerie.

Comme la 3e division va se trouver de 20 bataillons, l'Empereur vous laisse la liberté d'en donner le commandement au général Loison, si vous le jugez convenable, en donnant celui de la 3e division, *bis* au général Thiébault.

Sa Majesté vous laisse maître également de scinder la 3e division, de manière à avoir trois divisions de dix bataillons chacune, mais ce ne serait que pour le service et non pour l'organisation ; ou bien vous pouvez mettre quatre bataillons de la 3e division avec la 3e division *bis*, de manière que la 3e division se trouve être de 16 bataillons et la 3e *bis* de 14.

Je joins ici des ordres pour le général Vandamme ; remettez-les lui en lui donnant les vôtres pour son mouvement.

Envoyez au-devant des six bataillons de la division actuelle du général Philippon qui vont vous rejoindre, ou faites connaître au gouverneur de Magdebourg, la direction que vous jugez à propos qu'il leur donne.

L'intention de l'Empereur est que vous fassiez partir avec le général Vandamme, pour Magdebourg, toutes les administrations du 1er corps d'armée ; vous vous servirez des administrations de la 32e division militaire, et comme le général Vandamme aura besoin de trois compagnies des équipages militaires, l'Empereur vous recommande, prince, de lui envoyer trois compagnies du 10e batail-lon les plus tôt prêtes avec trois ambulances.

BERTHIER A VANDAMME

Dresde, 19 juin.

L'Empereur ordonne, monsieur le général Vandamme, que vous partiez de Hambourg le 25 de ce mois pour vous rendre à Magde-bourg où vous établirez votre quartier général.

Vous mènerez avec vous :

1° Une des deux batteries d'artillerie à cheval attachées au 1er corps d'armée ;

2° Une des deux batteries de 12 attachées au 1er corps ;

3° Les 1er et 4e bataillons des cinq régiments composant la 1re division et les 1er et 4e bataillons des cinq régiments composant la 2e division, savoir :

1re division, 7e régiment d'infanterie légère, 1er et 4e bataillons.
               12e régiment d'infanterie de ligne, 1er et 4e bataillons.
               21e régiment d'infanterie de ligne, 1er et 4e bataillons.
               17e régiment d'infanterie de ligne, 1er et 4e bataillons.
               30e régiment d'infanterie de ligne, 1er et 4e bataillons.
2e division,   13e régiment d'infanterie légère, 1er et 4e bataillons.
               25e régiment d'infanterie de ligne, 1er et 4e bataillons.
               33e régiment d'infanterie de ligne, 1er et 4e bataillons.
               85e régiment d'infanterie de ligne, 1er et 4e bataillons.
               57e régiment d'infanterie de ligne, 1er et 4e bataillons.

Ce qui forme 20 bataillons. La 2e division se réunira à Magde-bourg, la 1re division à Wittenberg et votre quartier général restera à Magdebourg. La division que commande actuellement le général Philippon, se rendait au 1er corps, mais je lui ai donné l'ordre de s'arrêter à Wittenberg ; elle est composée des seconds bataillons des 16 régiments du 1er corps. D'après les ordres que je lui donne, les seconds bataillons des 13e léger, 25e, 33e, 57e et 85e de ligne vont se rendre à Magdebourg pour y attendre les 1er et 4e bataillons de ces régiments que vous amenez et que, de Magdebourg, vous dirigerez sur Wittenberg pour former avec eux la 2e division ; les seconds bataillons des 7e léger, 12e, 17e, 21e, 30e de ligne attendront à Wittenberg les 1er et 4e bataillons de ces régiments que vous amenez et que, de Magdebourg, vous dirigerez sur Wittenberg, pour former avec eux la 1re division. Enfin, les seconds bataillons des 15e et 33e légers, 48e, 61e, 108e et 111e de ligne, formant le restant de la division actuelle du général Philippon, vont partir sur-le-champ, en une seule brigade, pour se rendre à Hambourg et se réunir à la 3e division dont ils font partie.

Vous aurez ainsi, général, à Magdebourg et Wittenberg,

la 1re division de. . .   15 bataillons,
et la 2e division de. . .   15 bataillons.

La 23e division commandée par le général Teste se réunit à Magdebourg et y tiendra garnison jusqu'à nouvel ordre. .

Votre artillerie sera composée ainsi qu'il suit :

1re division . . . .   16 pièces.
2e division . . . .   16 —
Artillerie à cheval . .   6 —
Artillerie de réserve .   8 —
Total. . .   46 pièces,

et, de plus, les 16 pièces de la division Teste, ce qui fera un total, y compris la division Teste, de 40 bataillons ou 24.000 hommes et 62 bouches à feu.

Ce corps, général, sera appelé corps du général Vandamme, mais il fera toujours partie du Ier corps d'armée.

Je donne ordre au général Baltus de prendre le commandement de votre artillerie ; on vous attachera un ordonnateur du Ier corps, ainsi qu'un payeur ; et je donne ordre au général commandant en chef le génie d'attacher à votre corps un chef de bataillon du génie, deux officiers du génie pour chaque division et deux compagnies de sapeurs.

Prenez sur-le-champ les ordres de M. le maréchal prince d'Eckmühl, afin qu'il mette sous vos ordres tout ce que vous devez amener et que vous puissiez vous mettre en mouvement le 25, conformément aux intentions de l'Empereur. Envoyez-moi le plus tôt possible un état de situation de vos troupes avec la copie de leur itinéraire, de manière à ce que l'Empereur puisse bien connaître leur marche jour par jour.

Je mande au prince d'Eckmühl de faire marcher avec vous toutes les administrations du Ier corps d'armée, attendu qu'il pourra se servir de celles de la 32e division militaire ; et comme vous aurez besoin de trois compagnies d'équipages militaires, je lui recommande de vous envoyer les trois compagnies du 10e bataillon les plus tôt prêtes avec trois ambulances.

BERTHIER A PHILIPPON

Dresde, 19 juin.

Je vous préviens, monsieur le général Philippon, que M. le comte Vandamme part de Hambourg le 25 de ce mois avec les premiers et quatrièmes bataillons des cinq régiments qui, suivant la nouvelle organisation, doivent composer la 1re division d'infanterie et les premiers et quatrièmes bataillons des cinq régiments qui doivent composer la 2e division, savoir :

1re division, 7e régiment d'infanterie légère, 1er et 4e bataillons, etc.

2e division, 13e régiment d'infanterie légère, 1er et 4e bataillons, etc.

La 1re division se réunira à Wittenberg, la 2e division et le quartier général du général Vandamme resteront à Magdebourg.

Au moyen de ces dispositions, voici la destination que vous devez donner aux bataillons composant votre division actuelle qui sont les seconds bataillons des 16 régiments du Ier corps. Dirigez de suite sur Magdebourg les seconds bataillons du 13e léger, des 25e, 85e et 57e de ligne, ces quatre bataillons avec le second bataillon du 33e de ligne qui est déjà à Magdebourg, attendront dans cette place les premiers et quatrièmes bataillons de ces régiments qu'amène le général Vandamme pour former avec eux la 2e division.

Gardez à Wittenberg les seconds bataillons des 7e léger, 12e, 17e, 21e et 30e régiments, pour y attendre les premiers et quatrièmes bataillons des mêmes régiments, venant avec le général Vandamme et qui, de Magdebourg, se rendront à Wittenberg, afin de former avec eux la 1re division dont vous prendrez le commandement.

Enfin, il restera de votre division actuelle les seconds bataillons des 15e et 33e légers, 48e, 61e, 108e et 111e régiments de ligne qui sont destinés à rejoindre à Hambourg la 3e division dont ils doivent faire partie. L'Empereur ordonne que vous formiez de ces 6 bataillons une seule brigade, et que vous les fassiez mettre en marche 24 heures après la réception de cet ordre pour se rendre à Hambourg. Les trois bataillons des 48e, 61e, 111e qui sont à Magdebourg, se réuniront aux trois bataillons partant de Wittenberg, à leur passage, pour marcher avec eux sur Hambourg.

Instruisez-moi, général, par un rapport détaillé, de l'exécution de ces dispositions.

Votre nouvelle division aura ainsi 15 bataillons des 7e léger, 12e, 17e, 21e, 30e de ligne ; vous serez, ainsi que la seconde division qui restera à Magdebourg, sous les ordres du général Vandamme ; ce corps sera appelé corps du général Vandamme, mais il fera toujours partie du Ier corps d'armée.

BERTHIER A JOUFFROY

Dresde, 19 juin.

Je vous préviens, général, que le général Vandamme partira de Hambourg le 25 de ce mois, pour se rendre à Magdebourg, menant avec lui : 1° la 1re division d'infanterie composée du 7e régiment d'infanterie légère et des 12e, 17e, 21e, 30e régiments de ligne, avec ses deux batteries.

2° La 2e division d'infanterie composée des 13e léger, 25e, 33e, 57e, 85e de ligne avec ses deux batteries ;

3° L'une des deux batteries d'artillerie à cheval attachées au Ier corps ;

4° L'une des deux batteries de 12 attachées au Ier corps.

Ce corps s'appellera corps du général Vandamme, mais il continuera à faire partie du Ier corps d'armée.

Il restera sous les ordres immédiats de M. le maréchal prince d'Eckmühl à Hambourg : la 50e division ou division de Hambourg, composée du 33e léger, des 3e, 29e et 105e régiments de ligne ;

La 3e division composée des 15e léger, 48e, 61e, 108e et 111e de ligne ;

Et la 3e division *bis* composée des troisièmes bataillons des 7e léger, 12e, 17e, 21e et 30e de ligne et des troisièmes bataillons des 13e léger, 25e, 33e, 57e et 85e de ligne.

Son artillerie sera composée ainsi qu'il suit :

Deux batteries de la 3e division . . .	16 pièces
Une batterie de la 50e division . . .	8 —
Une batterie à cheval de la 50e division.	6 —
Une des batteries à cheval du Ier corps.	6 —
Une des batteries de réserve du Ier corps.	8 —
Total. . .	44 pièces

Le général Baltus est nommé commandant de l'artillerie du corps du général Vandamme.

Quant à vous, général, l'Empereur vous a choisi pour commander l'artillerie de la partie du Ier corps qui reste sous les ordres immédiats du prince d'Eckmühl et Sa Majesté vous charge spécialement de la défense de Hambourg. Rendez-vous en conséquence dans cette place, occupez-vous avec beaucoup d'activité de toutes les mesures prescrites pour son armement, et prenez les ordres ultérieurs de M. le maréchal prince d'Eckmühl.

BERTHIER AU GÉNÉRAL COMMANDANT LA 24° DIVISION MILITAIRE

Dresde, 19 juin.

L'Empereur me charge, général, de vous faire connaître directement, pour plus de célérité, que son intention est que tous les bataillons appartenant à la 3° division *bis* d'infanterie qui devaient se réunir à Utrecht, se réunissent à Wesel et, de là, se dirigent sur Osnabruck.

L'intention de Sa Majesté est aussi que tous les bataillons de la 6° division *bis* se réunissent à Wesel ; que toute la 3° division se réunisse à Brême, et enfin, quant à la 6° division, dont quatre bataillons sont déjà partis avec un trésor, l'intention de Sa Majesté est que les huit autres bataillons de cette division partent sans délai pour Leipzig, sous le commandement du général Vial.

Vous savez, général. que la 3° division est composée des premiers bataillons des seize régiments du Ier corps d'armée, savoir : 7°, 13°, 15°, 33° légers, 17°, 30°, 33°, 48°, 12°, 21°, 85°, 108°, 25°, 57°, 61° et 111° de ligne.

Que la 3° division *bis* est composée des troisièmes bataillons des mêmes régiments.

Que la 6° division est composée des premiers bataillons des douze régiments du II° corps d'armée, savoir : 24°, 26°, 11° légers, 2°, 19°, 37°, 4°, 56°, 18°, 46°, 72° et 93° de ligne.

Et que la 6° division *bis* est composée des troisièmes bataillons des mêmes régiments.

Veillez en conséquence, général, à ce que ces divers bataillons se rendent aux nouvelles destinations prescrites par l'Empereur, nonobstant les ordres antérieurs qui pourraient y être contraires.

— Mêmes ordres au général commandant à Wesel.

BERTHIER A REYNIER

Dresde, 19 juin.

J'ai donné des ordres, monsieur le général Reynier, pour que chaque corps d'armée surveille la portion de la ligne de démarcation déterminée par l'armistice, qui se trouve dans son arrondissement. Le prince d'Eckmühl surveille la ligne de démarcation dans la 32ᵉ division militaire ; le gouverneur de Magdebourg, toute la rive gauche de l'Elbe depuis la 32ᵉ division militaire jusqu'à Barby : le gouverneur de Wittenberg, depuis Barby jusqu'auprès de Juterbock ; le duc de Reggio depuis là jusqu'auprès de Mühlrose ; le duc de Bellune, de là à Crossen. Depuis Crossen, la surveillance de la ligne de démarcation continue d'être exercée par les corps du duc de Trévise, du prince de la Moskova, du général Lauriston, du duc de Tarente. Concertez-vous avec le prince Poniatowski pour établir aussi des postes depuis ceux du duc de Tarente, le long des frontières de la Bohême, jusqu'à l'Elbe. Le prince Poniatowski est avec son corps à Zittau.

L'intention de Sa Majesté est que tous les jours vous m'adressiez le rapport de ce qui se passe à vos postes et des mouvements qui pourraient se faire devant eux. Il faut aussi avoir soin d'empêcher les chevaux, les vivres, les meubles, les troupeaux et enfin tout ce qui pourrait nous servir, de passer à l'ennemi.

Le résultat de ces dispositions exécutées sur toute la ligne sera d'être bien instruit de tout ce qui se passe, mais il suffira, général, pour ce qui vous concerne, ainsi que pour arrêter le passage de tout ce qui est utile à l'armée, d'établir des postes légers de concert avec le prince Poniatowski. Instruisez-moi des dispositions que vous ferez à cet effet.

BERTHIER A DUMOUSTIER

Dresde, 21 juin.

Monsieur le général Dumoustier, le prince de la Moskova mande « que l'armée ennemie ne respecte point les conditions de l'armis-« tice, que chaque jour des partis de cosaques et de hussards prus-« siens parcourent le pays neutre. Il en est même venu jusqu'aux « portes de Liegnitz enlever des vivres en défendant avec menaces « aux habitants de nous rien fournir, et leur disant que l'armée « combinée était mécontente de l'armistice : qu'un parti de cosa-« ques est venu il y a deux jours jusqu'à Steinau pour réclamer

« des vivres qu'ils avaient en magasin ; qu'après le départ des
« Français de la ville de Jauer, les cosaques y sont entrés et y ont
« commis toutes sortes de désordres et de vexations envers les
« habitants ».

L'intention de l'Empereur est que vous portiez plainte de cela aux
commissaires russes et prussiens, et que vous disiez qu'en conséquence nos patrouilles vont entrer aussi dans le pays neutre, si on
n'y met pas ordre.

BERTHIER A ROGNIAT

Dresde, 21 juin.

L'Empereur, monsieur le général Rogniat, ordonne que vous fassiez commencer demain à palissader toute la ville de Dresde sur la
rive gauche et à relever les parapets de ce qui reste de l'enceinte.
L'artillerie de la garde qui est à Dresde et les équipages de la garde
fourniront un nombre de chevaux, pour aider le génie à transporter
les palissades. On refaçonnera le bastion du centre qui a été
démoli, on établira des feux à couvert des maisons, et sur le haut
du bastion un petit blockhaus couvert des feux des maisons et qui
puisse contenir deux pièces. Je donne l'ordre au général Sorbier de
faire l'armement de cette partie de la ville. Il sera placé trois pièces
de canon sur chaque bastion. Sa Majesté me charge de vous faire
connaître qu'il est indispensable que le palissadement, le blockhaus,
et la mise en état de l'enceinte qui existe, soient terminés du 1er au
5 juillet et, qu'à cette époque, il y ait trois pièces de canon saxonnes en batterie par bastion.

L'Empereur désire que je lui remette un projet pour construire :
1° un palissadement tout autour des faubourgs ; 2° une redoute
palissadée et fraisée à l'entrée de chaque faubourg, de sorte que les
faubourgs soient aussi à l'abri des incursions de la cavalerie légère.
Envoyez-moi le plus tôt possible ce projet afin que je le mette sous
les yeux de Sa Majesté.

L'Empereur suppose, général, qu'on a commencé à travailler au
moins à quatre des principales redoutes du camp retranché de la
rive gauche ; rendez-moi compte de l'état de ces travaux.

Entendez-vous avec M. le maréchal duc de Dalmatie relativement
au nombre de chevaux que l'artillerie et les équipages de la garde
auront à fournir pour aider le génie à transporter les palissades, je
lui écris à cet égard.

BERTHIER A DUFOUR (1)

Dresde, 21 juin,

Le prince d'Eckmühl m'a fait connaître, général, la marche des quatre colonnes composant votre division qui doivent arriver les 28, 29, 30 juin et 1er juillet à Wittenberg. J'en ai rendu compte à l'Empereur, et Sa Majesté ordonne que vous réunissiez la 5e division entière à Wittenberg.

Je donne l'ordre au général Sorbier, commandant en chef l'artillerie, de prendre des mesures pour qu'au 29 juin les deux batteries d'artillerie destinées à votre division soient rendues à Wittenberg, afin que le 2 juillet elle puisse en partir pour rejoindre le IIe corps suivant les ordres ultérieurs que donnera Sa Majesté, et que vous attendrez à Wittenberg. Instruisez-moi, général, de l'arrivée de vos troupes dans cette place.

BERTHIER A MARMONT

Dresde, 21 juin.

L'Empereur me charge de vous faire connaître, monsieur le duc, que son intention est que toutes les voitures des équipages militaires et pièces d'artillerie soient en état et attelées ; en sorte que 48 heures après l'ordre reçu, le corps que vous commandez puisse évacuer le pays qu'il occupe sans rien laisser en arrière. Toutes les voitures qui ne seraient pas en état de servir doivent être laissées à Dresde ou à Torgau.

— Même lettre à tous les commandants de corps d'armée, aux généraux commandant l'artillerie et le génie et à Daru.

BERTHIER A DAVOUT

Dresde, 21 juin.

L'Empereur, prince, me charge de vous témoigner tout son mécontentement de ce que vous avez fait partir la 5e division en quatre colonnes successives. Sa Majesté aurait désiré que vous la fissiez partir toute entière en une seule colonne. Elle ordonne que vous fassiez partir le général Vandamme avec son corps tout à la fois, et que vous régliez sa marche de manière à ce qu'il arrive au plus tard le 11 juillet à Magdebourg, afin de pouvoir entrer en ligne

(1) Commandant la 5e division.

le 20. Je vous prie de m'envoyer le plus tôt possible son itinéraire et la situation de ses troupes.

BERTHIER A DAVOUT

Dresde, 22 juin.

L'Empereur me charge de vous réitérer l'ordre, prince, que le 152e régiment et le corps du général Vandamme, c'est-à-dire tout ce qui appartient à la 1re et à la 2e division avec une des deux batteries à cheval, une batterie de réserve et les batteries de chaque division, le général Baltus, l'ordonnateur et les administrations du 1er corps soient rendus à Magdebourg et Wittenberg du 5 au 9 juillet. Dans cette situation, prince, vous ne devez point disséminer vos troupes. L'intention de Sa Majesté est que toute la division danoise, infanterie, cavalerie et artillerie soit réunie sur la gauche, du côté de Lubeck. Vous devez réunir les vingt bataillons de la 3e division formée en trois brigades sous les ordres du général Loison autour de Hambourg, et toute la 50e division à Hambourg pour y tenir garnison, et enfin vous devez faire approcher de l'Elbe la 3e division *bis*. Par ce moyen, l'Empereur pourra vous ordonner, selon les circonstances, de déboucher, aussitôt que les hostilités seront commencées, avec les vingt bataillons de la 3e division et dix bataillons de la 50e ou un corps de 20 000 hommes, y compris l'artillerie et la cavalerie, ce qui, avec 10.000 Danois, fera 30.000 hommes pour se porter sur la gauche de Berlin, entre Berlin et Stettin, tandis qu'on marcherait sur Berlin de différents côtés. Vous laisseriez alors pour garder Hambourg les dépôts de la 3e et de la 50e division et la 3e division *bis*, de manière que cela formât au moins 10.000 hommes. Pour se décider là-dessus, Sa Majesté a besoin que vous lui fissiez connaître la force et la position des Suédois, des troupes anséatiques et des autres troupes que vous avez devant vous. Sa Majesté désire avoir l'état exact des troupes danoises ; comme vous n'avez encore rien envoyé là-dessus, Sa Majesté ignore ce que vous avez en tête ; c'est cependant l'important.

BERTHIER A ARRIGHI

Dresde, 22 juin.

L'Empereur me charge, de vous faire connaître, monsieur le duc, qu'il faut absolument que vous désarmiez Leipzig, et que vous lassiez condamner à mort tous ceux qui n'auraient pas rapporté les armes sous cinq jours ou chez lesquels on trouverait des armes cachées. L'intention de Sa Majesté est que vous organisiez ensuite une garde bourgeoise de 2.000 hommes, mais à laquelle vous ne laisseriez que 600 fusils pour faire le service. Cette garde devra être composée des bourgeois les plus riches et les plus intéressés à maintenir l'ordre. Vous devez prendre toutes les mesures propres à contenir la populace et faire arrêter les hommes signalés comme les principaux partisans des Russes et les envoyer en France. Par ce moyen, on changera entièrement l'esprit des habitants.

L'EMPEREUR (Ordre)

Dresde, 24 juin.

Le général du génie fera occuper la hauteur de Lilienstein par un chemin couvert palissadé qui entourera le rocher de tous côtés. Ce chemin couvert sera placé le mieux possible de manière à avoir le commandement convenable sur la campagne. Trois flèches seront adossées à ce chemin couvert, l'une battant contre la gauche et un flanc voyant jusqu'à Kœnigstein ; celle de droite, voyant toute la droite ; et une caponnière sera établie pour arriver jusqu'à la rivière, afin d'avoir par là de l'eau derrière le rocher regardant Kœnigstein. On construira des barraques pour le commandant, pour 300 hommes et pour des vivres pour un mois. Les pas de souris pour monter sur le rocher seront améliorés pour que 100 hommes d'infanterie légère puissent y monter et couvrir le rocher de tirailleurs.

Neuf pièces au-dessus du calibre de 12 et trois obusiers seront placés dans cet ouvrage.

Deux ponts seront établis au bas de la rampe de Kœnigstein et dans la direction la plus droite de Lilienstein. Deux rampes seront pratiquées dans les chemins creux, de manière qu'ils ne puissent être vus ni de droite ni de gauche. Une flèche sera établie sur la crête la plus favorable qui couvre les deux ponts, et quatre ou cinq pièces de canon seront placées là pour battre tout l'intérieur entre Kœnigstein et Lilienstein et assurer leur communication. Cela se trouvera à peu près à demi-chemin. Ainsi avec 300 hommes dans le fort de Kœnigstein, 300 dans les fortifications de Lilienstein, 200 à la tête du pont, total 800 hommes, cela doit résister à 50,000 hommes qui auraient jeté deux ponts sur l'Elbe et le bloqueraient de tous côtés.

Ainsi le premier objet est de lier la hauteur de Lilienstein avec la place de Kœnigstein, non comme opération de campagne, mais comme siège et d'être, ainsi, avec peu de monde, maître de deux ponts sur l'Elbe.

Avec le temps, le roi revêtira les trois lunettes en maçonnerie, ainsi que la tête de pont et, par ce moyen, Kœnigstein deviendra d'un véritable intérêt militaire.

On pourra aussi avec le temps établir deux ponts sur pilotis pour être à l'abri des glaces et de tout événement.

Second objet. Pour camper 10.000 hommes entre Kœnigstein et Lilienstein et considérer tout cet intervalle comme tête de pont qui puisse contenir toute l'arrière-garde de l'armée, il sera établi une ou deux lunettes pour lier Lilienstein avec la rivière, et on couvrira toute cette gorge par un chemin couvert palissadé ayant deux places d'armes et deux débouchés.

Troisième objet. Comme mon intention est de camper de 30.000 à 60.000 hommes sur ledit plateau, on reconnaîtra le camp retranché qui est naturellement formé par le ruisseau de Polentz et celui de gauche. On me fera connaître les ouvrages à y faire pour que ces 30.000 hommes ne puissent pas être attaqués par 100.000 et, avant tout, on se saisira des débouchés de ce camp retranché par un réduit qui défendra la rampe, de sorte que, quand même il n'y aurait que 2.000 à 3.000 hommes campés en avant de Kœnigstein, ils soient maîtres de descendre sur le chemin de Neustadt et sur le chemin de Stolpen et passer le défilé sans que l'ennemi puisse profiter des localités pour l'empêcher.

Les outils, l'artillerie et les magasins seront dans Kœnigstein.

Le génie fera réparer les chemins de Kœnigstein à Neustadt et de Kœnigstein à Stolpen, de manière que les débouchés soient aussi beaux qu'il sera nécessaire pour que 30.000 à 60.000 hommes puissent déboucher sur Bautzen, sur Lobau, sur Dresde ou sur la Bohême.

Les ingénieurs géographes reconnaîtront : 1° le chemin de Kœnigstein à Neustadt, lèveront et placeront sur la carte le chemin de Kœnigstein à Stolpen et aussi de Kœnigstein en Bohême par la rive gauche.

Toutes les positions seront levées ; mon intention est que, de ce camp, on puisse passer au besoin sur la rive gauche ou droite et être toujours assuré, en laissant 10.000 hommes à la garde de son pont, de quelque côté que vienne l'ennemi.

Les ingénieurs géographes reconnaîtront également tous les chemins et toutes les gorges sur la rive droite et gauche, de Kœnigstein à Bautzen, et toute la route de Bautzen à Dresde, toute la forêt qui couvre Dresde et, sur la rive gauche, jusques et y compris tous les débouchés de Bohême qui arrivent sur Tœplitz et près de Carlsbad. Cette reconnaissance sera liée à la reconnaissance depuis la Bohême jusqu'à Meissen qui fera partie de la grande reconnaissance de l'Elbe. Le major général enverra copie de cet ordre : 1º au ministre de la Guerre du roi de Saxe ; 2º au général du génie ; 3º au général de l'artillerie ; 4º au colonel chef des ingénieurs géographes. Il faut que tous ces travaux topographiques, que ces fortifications du génie et de l'artillerie soient finis avant le 1er juillet et me soient remis au plus tard le 2.

— Expédié à Rogniat, Sorbier, Bonne, de Gersdorf, Soult, Boyeldieu.

BERTHIER A DARU

Dresde, 23 juin.

Monsieur le comte Daru, conformément aux ordres de l'Empereur, remettez-moi l'état des équipages militaires avec leur distribution ; remettez-moi également un projet d'ordre pour que toutes les compagnies des équipages militaires qui sont détachées rejoignent leurs bataillons.

J'écris à tous les maréchaux et généraux commandants en chef pour leur faire connaître que le dépôt général des équipages militaires est établi à Dresde et qu'ils doivent, sans aucun délai, diriger sur Dresde toutes les voitures à réparer, les chevaux blessés, les hommes disponibles et les hommes sans chevaux.

Je donne des ordres pour que le général Picard et tous les équipages militaires soient sous les ordres supérieurs du général Belliard. Le général Picard suivra toujours les mouvements du quartier général ; tous les ordres de route qu'il donnera seront visés par le général Belliard ; le général Belliard reçoit l'ordre de passer en revue tous les équipages militaires et de voir leurs chargements, et de prendre directement mes ordres avant de faire faire un mouvement, afin de me mettre à même de prendre l'approbation de l'Empereur.

Le dépôt général établi à Dresde sera commandé par un major ou par un chef de bataillon des équipages militaires que vous aurez soin de désigner, cet officier sera sous les ordres du général Fresia. Il y aura également au dépôt général un lieutenant d'ouvriers pour diriger les réparations aux voitures et harnais ; vous devez aussi le désigner et le faire connaître au général Fresia et au général Durosnel.

Ecrivez-moi sur-le-champ pour me faire connaître la composition de tout l'état-major des équipages militaires. Envoyez l'ordre, dès ce soir, par l'estafette, à MM. les ordonnateurs et commandants des équipages militaires dans les corps d'armée, de faire partir sur-le-champ pour Dresde tout ce qui doit être envoyé au dépôt général. J'écris au général Durosnel pour qu'il désigne le lieu propre à l'emplacement du parc où seront des forges et un atelier pour la réparation des voitures et des harnais.

Je vous prie, monsieur le comte, de m'envoyer le plus promptement possible les renseignements que je vous demande et pour lesquels vous n'avez pas à attendre les rapports des ordonnateurs des corps d'armée.

BERTHIER A ARRIGHI

Dresde, 24 juin.

Monsieur le duc de Padoue, je vous envoie la copie de la lettre que j'écris à M. Barclay de Tolly, continuez à faire arrêter les partisans ; donnez des ordres pour qu'on ne laisse parvenir aucun parlementaire au delà de notre ligne ni recevoir leurs dépêches, et s'ils veulent attendre la réponse aux avant-postes, ils en seront les maîtres. J'aurai soin de la faire parvenir le plus tôt possible, et s'ils devaient être reçus au quartier général, je vous enverrais l'ordre écrit. Ne souffrez donc pas qu'aucun parlementaire, sous quelque prétexte que ce soit, ne dépasse nos lignes, c'est-à-dire nos avant-postes.

La 5e division arrive, à commencer du 28, à Wittenberg ; vous pourrez la faire arrêter à Dessau ; elle doit recevoir de Magdebourg deux batteries à pied, une ou deux batteries à cheval et enfin une réserve de pièces de 12, destinée au IIe corps. L'Empereur vous autorise à réunir cette division, infanterie et artillerie, à Dessau, jusqu'à ce que le nuage du moment soit dissipé ; d'ailleurs le général Vandamme ne doit pas tarder à arriver. Il y a à Wittenberg cinq bataillons de la 1re division; vous pourrez aussi retirer de Magdebourg plusieurs bataillons, ce qui, avec les Wurtembergeois et le général Dombrowski, vous fera environ 20.000 hommes.

BERTHIER A BELLIARD, DARU

Dresde, 25 juin.

L'Empereur, monsieur le général comte Belliard, ordonne les dispositions suivantes :

La 1re et la 2e compagnies du 10e bataillon des équipages militaires et la 1re et la 2e du 12e bataillon, faisant quatre compagnies ou 400 voitures à la comtoise, doivent partir sans délai de Cassel pour se diriger sur Magdebourg où elles seront attachées à la partie du Ier corps commandée par le général Vandamme. Les 3e, 4e, 5e et 6e compagnies du 12e bataillon partiront sans délai de Wesel pour se rendre à Brême, où le prince d'Eckmühl leur fera fournir des voitures et des chevaux ; ces quatre compagnies seront à sa disposition pour le service de la partie du Ier corps sous ses ordres, composée de la 3e division, de la 3e division *bis* et de la 50e. Les 3e, 4e, 5e et 6e compagnies du 10e bataillon partiront de Wesel, aussitôt qu'une compagnie sera prête en hommes, chevaux et harnais ; si les voitures tardaient à arriver, on leur donnerait des voitures de paysans, de sorte que ces compagnies n'éprouvent aucun retard ; les voitures de ces compagnies seront chargées à Wesel de riz ou de farine. Ces compagnies du 10e bataillon seront dirigées sur Dresde et, de là, sur le IIe corps auquel elles seront attachées ; les quatre compagnies du 9e bataillon qui sont à Augsbourg, aussitôt qu'elles seront complètes en chevaux et en harnais, seront dirigées sur Dresde et, de là, sur le IVe corps que commande le général Bertrand auquel elles seront attachées ; la 1re et la 2e compagnies du 14e dirigées de...... sur Magdebourg se rendront à Wittenberg où elles seront chargées de farine ; et, de là, se rendront au IIe corps commandé par le duc de Bellune, auquel elles seront attachées ; les 3e, 4e, 5e et 6e compagnies de ce 14e bataillon seront dirigées de Wesel sur Wittenberg et rejoindront également le IIe corps ; le VIIe corps aura 120 voitures saxonnes. Par ce moyen, les équipages militaires à l'armée seront répartis de la manière suivante :

Partie du Ier corps commandée par le prince d'Eckmühl à Hambourg :

3e, 4e, 5e et 6e compagnies du 12e bataillon ;
400 voitures à la comtoise portant 4.000 quintaux.
Partie du Ier corps commandée par le général Vandamme à Magdebourg :
1re et 2e compagnies du 10e bataillon ;
1re et 2e compagnies du 12e bataillon ;
400 voitures à la comtoise portant 4.000 quintaux.

IIe CORPS

1re, 2e, 3e, 4e, 5e et 6e compagnies du 14e bataillon ;
600 voitures à la comtoise portant 6.000 quintaux.

IIIe CORPS

1re, 2e, 3e, 4e, 5e et 6e compagnies du 6e bataillon.
Chaque compagnie de 40 caissons. Total 240 caissons, portant 4.800 quintaux.

IVe CORPS

Une compagnie italienne, 100 voitures portant 1.000 quintaux ;
Cinq compagnies du 9e bataillon : chaque compagnie de 40 caissons. Total 200 caissons portant 4.000 quintaux. Total général : 300 voitures ou caissons portant 5.000 quintaux.

Ve CORPS

1re, 2e, 3e, 4e, 5e et 6e compagnies du 2e bataillon. 240 caissons portant 4.800 quintaux.

VIe CORPS

1re, 2e, 3e, 4e, 5e et 6e compagnies du 15e bataillon. 240 caissons portant 4.800 quintaux.

VIIe CORPS

120 voitures saxonnes.

VIIIe CORPS

40 voitures polonaises.

XIe CORPS

1re compagnie italienne, 3e, 4e, 5e, 6e compagnies du 10e bataillon.
400 voitures à la comtoise portant 4.000 quintaux.

XII° CORPS

1re, 2e, 3e, 4e, 5e et 6e compagnies du 7e bataillon. 600 voitures à la comtoise portant 6.000 quintaux.

GARDE

Douze compagnies des équipages militaires. 480 caissons portant 9.600 quintaux.

QUARTIER GÉNÉRAL

1er, 2e, 3e, 4e, 5e et 6e compagnies du 17e bataillon ;
600 voitures à la comtoise portant 6.000 quintaux.

RÉCAPITULATION

Equipages militaires français :
10 bataillons et 5 compagnies.
65 compagnies.

3.000 voitures à la comtoise portant . . .	30.000	quintaux
1.400 caissons	28.000	—
Total : 4.400 voitures portant.	58.000	quintaux

EQUIPAGES MILITAIRES

2 compagnies italiennes.
1 compagnie polonaise.
120 voitures saxonnes ou 3 compagnies.
Total : 6 compagnies ou 1 bataillon.

Donnez avis à chaque maréchal ou commandant de corps d'armée de ce qui le concerne dans ces dispositions, et écrivez-leur de vous faire connaître la situation des équipages militaires attachés à leur corps respectif.

J'ai donné connaissance de ces dispositions à M. le comte Daru.
— Ordres subséquents.

BERTHIER A DARU

Dresde, 25 juin.

Conformément aux intentions de l'Empereur, je donne ordre au duc de Trévise de faire verser dans Glogau toutes les farines ou biscuit dont seraient chargés ses caissons, et de renvoyer sur-le-champ ces caissons à Dresde pour s'y charger de riz, de farine et de biscuit. Je donne ordre au duc de Dalmatie de faire fournir 200 voitures de la garde, lesquelles chargeront 4.000 quintaux de farine et de riz et les transporteront à Glogau ; mais, calculez la marche de manière qu'elles soient de retour à Dresde du 10 au 12 juillet, afin de pouvoir en partir chargées le 13. On fera également partir 4.000 quintaux sur les voitures du 17° bataillon d'équipages militaires qui appartiennent au quartier général ; ce qui fera 8.000 quintaux de riz ou farine qui auront été jetés dans Glogau. Je donne ordre au duc de Raguse, au prince de la Moskova, au général Lauriston, au général Bertrand, au duc de Bellune, au général Latour-Maubourg, au général Sébastiani, au général Reynier, au duc de Tarente de diriger sur Dresde la plus grande partie de leurs équipages militaires et toutes leurs voitures qui sont à la suite de leurs corps d'armée, sous quelque dénomination que ce soit, afin de pouvoir s'y charger de riz et de farine pour les transporter à l'armée J'écris à tous les maréchaux et intendants que le directeur de l'administration de l'armée a passé marché pour 20.000 quintaux de farine pour Glogau ; mais qu'on ne doit prendre aucun blé ni aucune farine qui aurait été séquestré et reconnu par l'administration, et qu'ils doivent veiller scrupuleusement sur cet objet important. J'ordonne au duc de Reggio, non pas d'envoyer ses voitures à Dresde, mais de les diriger sur Torgau et Wittenberg pour s'y charger de farine et de riz.

BERTHIER A DARU
Dresde, 25 juin.

Conformément aux intentions de l'Empereur, je donne ordre que l'on fasse aux hôpitaux de Mayence, de Francfort, de Hanau et d'Erfurt le même travail que l'on a fait aux hôpitaux de Dresde, et que l'on distingue les blessés : 1° en blessés hors de service, lesquels, à leur sortie de l'hôpital, seront renvoyés au delà du Rhin ; 2° en blessés pouvant rentrer au service, lesquels seront dirigés sur leur corps, aussitôt que possible, bien habillés, bien équipés, bien armés et organisés en bataillons de marche ; 3° enfin les blessés qui, ayant perdu un doigt, ne peuvent plus servir dans l'infanterie, mais doivent être employés dans les charrois et équipages militaires. J'ordonne qu'on les dirige sur les dépôts d'Erfurt, de Dresde et de Magdebourg, les trois quarts pour les équipages d'artillerie, et le quart restant pour les équipages militaires.

— Ordres subséquents.

L'EMPEREUR (Ordre)
Dresde, 28 juin.

Article premier. — La rive gauche de l'Elbe depuis Hambourg jusqu'à Werben sera sous le commandement du prince d'Eckmühl qui est chargé de la défendre et de l'observer.

Article 2. — La rive gauche de l'Elbe depuis Werben jusqu'à Magdebourg, et depuis Magdebourg jusqu'à Dessau sera sous les ordres du gouverneur de Magdebourg.

Article 3. — La rive gauche de l'Elbe depuis Dessau jusqu'à Wittenberg, et depuis Wittenberg jusqu'à Pretsch (à mi-chemin de Wittenberg à Torgau) sera sous les ordres du gouverneur de Wittenberg.

Article 4. — La rive gauche de l'Elbe depuis Pretsch jusqu'à Torgau, et depuis Torgau jusqu'à Meissen sera sous les ordres du gouverneur de Torgau.

Article 5. — Enfin tout le cours de l'Elbe depuis Meissen jusqu'aux frontières de la Bohême sera plus spécialement sous les ordres du gouverneur de Dresde.

Article 6. — Si la place de Werben peut être mise à l'abri d'un coup de main avant le 25 juillet, le gouverneur de Magdebourg y enverra sur-le-champ un commandant, un officier d'artillerie, le nombre de pièces nécessaires, un bataillon pour y tenir garnison et un approvisionnement pour deux mois.

Article 7. — Si le poste de Tangermunde peut être à l'abri d'un coup de main, le gouverneur de Magdebourg s'assurera de ce poste en y mettant 200 hommes de garnison, 3 pièces de canon, un commandant et des vivres pour deux mois. On organisera la défense de ce poste, et des mesures seront prises pour le mettre à l'abri de toute attaque de cavalerie, d'avant-garde.

Article 8. — Il sera établi, à une lieue autour de Magdebourg, sur la rive droite, et à deux lieues sur la rive gauche, des maisons retranchées et environnées de palissades, à la distance de 800 à 900 toises au plus l'une de l'autre, et telles que 50 hommes et au besoin une pièce de canon s'y trouvent à l'abri des cosaques et puissent les empêcher de s'approcher à deux lieues de la place sur la rive gauche et à une lieue sur la rive droite. On travaillera sans délai à leur palissadement.

Article 9. — Il sera établi, autour de Wittenberg, à une ou deux lieues sur chaque rive, un pareil nombre de maisons retranchées par des palissades qui empêchent la cavalerie légère de s'approcher de la place d'aucun côté.

Article 10. — Les mêmes dispositions seront prises autour de Torgau. Il est bien entendu que si l'ennemi s'approchait sérieusement, avec de l'infanterie et du canon, des places dont il s'agit, les palissades et les maisons retranchées seraient brûlées, pour que l'ennemi ne pût pas s'en servir.

Article 11. — Le prince d'Eckmühl, le gouverneur de Magdebourg, le gouverneur de Wittenberg, le commandant de Torgau et le gouverneur de Dresde, chacun pour la partie du cours de l'Elbe qui est mise sous son commandement, désigneront le nombre de postes qui seront établis sur la rive gauche pour garder le fleuve, et chacun de ces postes ou corps de garde sera placé dans une maison retranchée sur le bord de la rivière ou sur les hauteurs qui la dominent à 3.000 ou 4.000 toises au plus de l'une à l'autre, qui sera palissadée et dans laquelle il y aura pour 15 jours de vivres pour 50 hommes et un approvisionnement de cartouches pour le même nombre. Ces postes devront être mis ainsi à l'abri de toute surprise et en état de pouvoir résister à toutes les entreprises des cosaques.

Article 12. — Il pourra être au besoin placé une pièce de 3 dans chacun de ces postes, et dans ce cas deux canonniers y seront envoyés pour la servir avec l'aide du nombre d'hommes convenable que le poste fournira.

Article 13. — Ces dispositions seront faites sur-le-champ et les corps de garde existeront au 5 juillet.

Article 14. — Des patrouilles correspondront tous les jours d'un corps de garde à l'autre.

Article 15 — Lorsque ces corps de garde seront à vue l'un de l'autre, ils conviendront de signaux pour correspondre. Lorsqu'ils seront hors de vue, ils conviendront de signaux par coups de canon ; de cette façon, ils se tiendront promptement instruits de la présence de l'ennemi, et chaque commandant pourra marcher promptement à leur secours.

Article 16. — Il y aura dans la 32ᵉ division, à Magdebourg, à Wittenberg, Torgau et Dresde 6 pièces de canon toujours prêtes à aller par la rive gauche au secours des postes retranchés.

Article 17. — Le major général donnera des ordres pour la prompte exécution de ces dispositions.

— Des ordres ont été donnés en conséquence à Davout, Lemarois, Lapoype, Lauer, Durosnel, Sorbier, Rogniat, Arrighi, Monthion.

L'EMPEREUR (Ordre)

Dresde. 28 juin.

Article premier. — Le dépôt de cavalerie qui est à Hanovre sera transféré à Magdebourg.

Article 2. — A cet effet, le général Bourcier partira de Hanovre du 1er au 5 juillet et se rendra à Magdebourg avec tous les chevaux et hommes à pied qui composent le dépôt.

Article 3. — Toutes les selles qui sont à Wesel, Brunswick, Hanovre, etc., seront sur-le-champ transportées à Magdebourg, où se fera désormais la réception des chevaux et d'où partiront les détachements.

Article 4. — Le gouverneur de Magdebourg fera sur-le-champ établir des écuries en planches pour 2.000 chevaux.

Article 5. — Tous les ateliers de réparation pour les selles et pour l'habillement de la cavalerie seront placés à Magdebourg.

Article 6. — Le major général fera exécuter sur-le-champ le présent ordre.

— Ordres en conséquence à Bourcier, au gouverneur de Magdebourg, Daru, Belliard et avis au ministre de la Guerre].

L'EMPEREUR (Ordre)

Dresde, 28 juin.

Article premier. — Le général Bourcier organisera un régiment de marche de 1.250 hommes, cavaliers à pied, qui sera connu sous le nom de régiment de marche de Hambourg ; il mettra ce régiment sous le commandement d'un major ; il y placera le nombre de capitaines, de lieutenants, de sous-lieutenants, d'adjudants-majors, de maréchaux de logis, de brigadiers et de trompettes qui sera nécessaire ; et le composera de toutes armes, savoir :

de 2 escadrons de cavalerie légère . .	500 hommes
de 1 escadron de dragons . . . . . -	250 —
et de 2 escadrons de grosse cavalerie . .	500 —
Total, au moins. . .	1.250 hommes

Article 2. — Ce régiment se mettra en marche au plus tard le 5 juillet et se dirigera sur Hambourg.

Article 3. — Le prince d'Eckmühl fera fournir sans délai les chevaux, les selles, les brides, les armes et tout ce qui sera nécessaire pour monter et équiper ce régiment, qui restera jusqu'à nouvel ordre sous son commandement pour la défense de la 32e division.

Article 4. — A cet effet, s'il est nécessaire, il sera construit des écuries à Hambourg du côté de l'Elbe.

Article 5. — Le major général donnera des ordres pour la prompte exécution des présentes dispositions.

— Ordres en conséquence à Belliard, Bourcier, Davout, Daru. Avis au ministre de la Guerre.

L'EMPEREUR (Ordre)

Dresde, 29 juin.

Article premier. — Le général commandant l'artillerie de l'armée tiendra prêtes au 5 juillet, 20 pièces de canon avec leur approvisionnement pour compléter le matériel de l'artillerie du VIIIe corps que commande le prince Poniatowski. Les attelages, les harnais, les canonniers et les soldats du train seront fournis par le VIIIe corps.

Article 2. — Ce corps doit avoir 44 pièces d'artillerie, savoir : deux batteries d'artillerie à cheval, 12 pièces ; trois batteries d'artillerie à pied de division, 24 pièces ; et une batterie de réserve, 8 pièces. Total : 44 pièces. Il y a maintenant une batterie à cheval, 6 pièces ; artillerie à pied, 18 pièces. Total : 24 pièces. Il reste donc 20 pièces à lui fournir.

Article 3. — L'équipage d'artillerie du VIIIe corps sera formé de manière à ce qu'il ne dépasse point mille chevaux.

Article 4. — Le général commandant l'artillerie fournira les caissons d'infanterie nécessaires pour compléter celui que doit avoir une division de 8.000 hommes.

Article 5. — Le commandant de l'artillerie du VIIIe corps se rendra sans délai à Dresde, pour remettre au général commandant l'artillerie de l'armée les états de l'artillerie de ce corps et pour recevoir le matériel qui lui est destiné.

Article 6. — Toutes les mesures seront prises pour qu'au 20 juillet le VIIIe corps ait ses 44 bouches à feu en état de servir.

Article 7. — Le major général est chargé de l'exécution du présent ordre.

— Ordres en conséquence à Sorbier, Poniatowski, Maret.

L'EMPEREUR (Ordre)

Dresde, 29 juin.

Article premier. — Un adjudant-commandant et plusieurs officiers d'état-major et ingénieurs géographes seront envoyés à Stolpen pour tracer et faire tracer la route de Stolpen à Hohenstein.

Article 2. — La route sera élargie de manière que trois voitures puissent y passer de front, elle sera autant que possible tracée en ligne droite ; il sera jeté des ponts sur tous les ravins afin d'obtenir le double avantage de diminuer la rapidité des rampes, et les eaux venant à grossir, de n'avoir pas la crainte de l'interruption du passage.

Article 3. — Trois ateliers seront ouverts : l'un à Stolpen, l'autre à Hohenstein et le troisième à mi-chemin.

Article 4. — On se procurera le nombre d'ouvriers nécessaires, et on prendra les dispositions convenables pour que ce chemin soit terminé du 10 au 15 juillet.

Article 5. — Le major général est chargé de la prompte exécution du présent ordre.

— Avis à Monthion, pour l'exécution.

L'EMPEREUR (Ordre)

Dresde, 29 juin.

Article premier. — Il sera placé un commandant d'armes à Stolpen qui sera désormais l'étape intermédiaire de Dresde à Bautzen et de Kœnigstein à Bautzen. Il y sera placé une brigade de gendarmerie pour le service.

Article 2. — Le château de Stolpen sera occupé ; à cet effet, on démolira toutes les murailles élevées sur le fort, on organisera les portes, les différents redans et chemins couverts, et on armera le château de 6 pièces de canon, de manière que 300 hommes puissent y être à l'abri d'un coup de main et de toute attaque.

Article 3. — On pratiquera dans le fort un magasin pour le service des vivres et un pour l'artillerie. L'approvisionnement des 300 hommes de garnison sera fait pour deux mois.

Article 4. — Les travaux commenceront le 1er juillet et seront terminés du 15 au 20 juillet.

Article 5. — La compagnie d'artillerie de la garde qui est en cantonnement à Stolpen fournira des ouvriers et des piqueurs pour la direction des travailleurs sous les ordres du génie et pour l'aider.

Article 6. — Le major général donnera tous les ordres nécessaires pour l'exécution du présent ordre.

— Ordres pour l'exécution donnés à Rogniat, Sorbier, Daru, Soult, Durosnel, Monthion.

L'EMPEREUR (Ordre)

Dresde, 20 juin.

Article premier. — L'approvisionnement de siège de Torgau sera établi pour 4.000 hommes pendant cent jours.

Article 2. — L'état de ce qui existe sera fait sans délai, et il sera pourvu à ce qui manque, de manière que l'approvisionnement soit complet au 20 juillet.

Article 3. — Le major général donnera les instructions nécessaires pour l'exécution du présent ordre.

— Avis à Lauer, Daru, Durosnel, Arrighi, le 30 juin.

L'EMPEREUR (Ordre)

Dresde, 29 juin.

Article premier. — L'approvisionnement de siège de Wittenberg est réglé pour 4.000 hommes et 100 chevaux pendant cent jours, en farine, riz, légumes, eau-de-vie, bière, vin, médicaments, viande salée, fourrages et avoine.

Article 2. — En cas d'événement qui menacerait d'investissement la place de Wittenberg, le gouverneur est autorisé à se procurer, par voie de contrainte militaire, de la viande fraîche pour trois mois, du blé, de l'avoine et des fourrages pour trois autres mois ; de sorte que dans le cas dont il s'agit, la place se trouverait approvisionnée pour deux cents jours.

Article 3. — Vérification des magasins sera faite le 5 juillet. Une clef des magasins sera donnée au gouverneur, qui ne pourra plus sous aucun prétexte toucher à l'approvisionnement.

Article 4. — Le major général donnera les instructions nécessaires pour l'exécution du présent ordre.

— Ordres conséquents à Lapoype, Daru, Durosnel, Arrighi, le 30 juin.

BERTHIER A LAPLANE, A GLOGAU

Dresde, 1er juillet.

L'Empereur a pris connaissance, monsieur le général Laplane, de vos lettres des 27 et 28 juin, concernant les postes établis par l'ennemi près de Glogau, en contravention à l'article 6 de l'armistice. L'intention de Sa Majesté est que vous placiez des postes à une lieue de Glogau, et que vous repoussiez, s'il est nécessaire, la force par la force.

BERTHIER A LAPOYPE, GOUVERNEUR DE MAGDEBOURG

Dresde, 1er juillet.

J'ai mis sous les yeux de l'Empereur, monsieur le général Lapoype, vos lettres des 27 et 28 juin ; Sa Majesté me charge de vous faire connaître que vous ne devez rien évacuer de ce que vous possédez, attendu que l'ennemi a gardé Crossen qu'il ne devait pas occuper. D'ailleurs l'enclave de Gommern dont il est question, n'appartient pas à la Prusse, mais à la Confédération du Rhin ; il faut, général, renvoyer ces discussions aux commissaires respectifs établis à Neumark, et, si l'ennemi avait recours à la force, vous repousseriez la force par la force.

BERTHIER A BERTRAND (1)

Dresde, 1er juillet.

L'Empereur approuve, monsieur le général Bertrand, l'organisation de la garde bourgeoise de Leipzig dont vous avez rendu compte, mais Sa Majesté trouve qu'un bataillon de mille hommes sera trop fort, et qu'il eût été préférable d'en former trois, chacun de 650 hommes ; cependant, si l'organisation est faite, il faut maintenir ce qui a été fait.

L'intention de Sa Majesté, général, est que, dès le 1er juillet, la garde et la police de la ville soient faites par cette garde bourgeoise, et que les troupes françaises n'aient plus à faire que le service de leur caserne, afin que ces troupes venant à partir, on ne s'aperçoive de rien.

— Communiqué à Arrighy.

(1) Commandant de Leipzig.

BERTHIER A DUMOUSTIER ET FLAHAULT,
COMMISSAIRES A NEUMARK

Dresde, 1er juillet

L'Empereur a pris connaissance, messieurs, de la lettre que vous m'avez adressée en date du 27 juin concernant les réquisitions d'hommes et de grains faites sur le territoire de la neutralité par les autorités prussiennes ; Sa Majesté me charge de vous faire connaître que vous devez vous opposer à ce qu'on tire aucun homme de la partie neutre, ni aucune espèce de vivres.

J'ai mis aussi sous les yeux de l'Empereur votre lettre du 28 à laquelle était joint le mémoire de M. le comte de Berthusy, concernant la foire des laines qui doit se tenir à Breslau vers le 13 juillet ; Sa Majesté me charge de vous prévenir qu'elle ne met aucun obstacle à la foire de Breslau, pourvu que la note de tous les transports qui y arriveront soit prise, et que les plénipotentiaires des puissances russe et prussienne prennent l'engagement qu'aucun de ces transports ne sera retenu pour le service des armées alliées et que tous seront renvoyés.

L'EMPEREUR (Ordre)

Dresde, 1er juillet.

TITRE PREMIER

Ier CORPS

Article premier. — Le premier corps sera composé de la manière suivante :

1re division,	7e léger . . .	4 bataillons	
	12e de ligne . .	4 bataillons	14 bataillons.
	17e de ligne . .	4 bataillons	
	36e de ligne . .	2 bataillons	
2e division,	13e léger . . .	4 bataillons	
	25e de ligne . .	4 bataillons	14 bataillons.
	57e de ligne . .	4 bataillons	
	51e de ligne . .	2 bataillons	
23e division,	21e de ligne . .	4 bataillons	
	33e de ligne . .	4 bataillons	14 bataillons.
	85e de ligne . .	4 bataillons	
	55e de ligne . .	2 bataillons	
	Total		42 bataillons.

Article 2. — Le Ier corps, ainsi réorganisé, sera sous les ordres du général Vandamme.

Article 3. — L'artillerie du Ier corps sera composée de deux batteries à pied par division, ce qui fera :

6 batteries à pied . . .	48	pièces.
de 2 batteries à cheval . .	12	—
et de 2 batteries de réserve. .	16	—
Total. . . .	76	pièces.

Article 4. — Deux compagnies de sapeurs seront attachées au Ier corps.

Article 5. — Les équipages militaires de ce corps d'armée seront servis par deux compagnies du 10e bataillon (la 1re et la 2e), et par deux compagnies du 12e bataillon (également la 1re et la 2e), au total par 4 compagnies.

TITRE II

XIIIe CORPS

Article 6. — Il sera créé un XIIIe corps, qui sera composé des divisions ci-après :

3e division, 15e léger . . .	4 bataillons		
48e de ligne . .	4 bataillons	14 bataillons.	
108e de ligne . .	4 bataillons		
44e de ligne . .	2 bataillons		
40e division, 33e léger . . .	2 bataillons		
61e de ligne . .	4 bataillons	14 bataillons.	
30e de ligne . .	4 bataillons		
111e de ligne . .	4 bataillons		
Total.		28 bataillons.	

Division danoise : 12.000 hommes.

Article 7. — Le XIIIe corps sera sous les ordres du prince d'Eckmühl.

Article 8. — L'artillerie du XIIIe corps sera composée de : 2 batteries à pied par division, ce qui fera pour les 2 divisions françaises :

4 batteries à pied . . .	32	pièces.
d'une batterie à cheval . .	6	—
et de 2 batteries de réserve .	16	—
Total . . .	54	pièces.

Article 9. — Les équipages militaires de ce corps d'armée seront servis par les 3e, 4e, 5e et 6e compagnies du 12e bataillon.

Article 10. — La 40e division se réunira à mi-chemin entre Hambourg et Magdebourg.

TITRE III

3e DIVISION *bis*

Article 11. — Moyennant ces dispositions, la 3e division *bis* sera dissoute, et les bataillons qui la composent iront en droite ligne rejoindre leur régiment, savoir : ceux de la 1re, de la 2e et de la 23e, à Magdebourg, et ceux de la 3e et 4e à Hambourg.

TITRE IV

50e DIVISION

Article 12. — La 50e division sera diminuée en conséquence des dispositions précédentes, de deux bataillons du 33e léger. Cette division sera désormais composée de la manière suivante :

2 bataillons	du	33e léger
4	—	du 3e de ligne
4	—	du 105e de ligne
4	—	du 29e de ligne
14 bataillons		

Article 13. — La 50e division étant spécialement destinée à la défense de Hambourg, figurera sur les états sous son numéro.

Article 14. — Les cinquièmes bataillons et dépôts des 33e léger, 3e de ligne, 105e et 29e resteront à Hambourg.

Article 15. — Il sera attaché à la 50e division :

1o Le 28e régiment de chasseurs qui sera porté à cinq escadrons formant 1.250 hommes et qui aura aussi son dépôt à Hambourg :

2o Une batterie à pied ;

3o Une batterie à cheval.

Article 16. — Notre major général donnera tous les ordres pour la prompte exécution du présent ordre qui sera communiqué au ministre de la Guerre, de l'Administration et du Trésor.

BERTHIER A VANDAMME

Dresde, 1er juillet

Je vous envoie, monsieur le comte Vandamme, ampliation d'un ordre de l'Empereur, daté d'aujourd'hui, qui règle la nouvelle formation du Ier corps d'armée dont Sa Majesté vous donne le commandement et du XIIIe corps d'armée qui est sous les ordres de M. le maréchal prince d'Eckmühl.

Vous y verrez la composition que vous devez donner à la 1re, à la 2e et à la 23e division.

L'intention de l'Empereur est que vous réunissiez la 2e et la 23e divisions à Magdebourg, et la 1re division à Dessau, au lieu de Wittenberg, ce qui épargnera les vivres de cette dernière place. En conséquence vous ferez venir à Dessau les seconds bataillons du 7e léger, 12e et 17e de ligne qui sont à Wittenberg. Vous enverrez pareillement à Dessau les 1er et 4e bataillons des mêmes régiments qui viennent avec vous et les 3e et 4e bataillons du 36e de ligne qui sont ou vont arriver à Magdebourg. Vous y enverrez aussi les 3e bataillons des 7e léger, 12e et 17e de ligne qui se trouvent maintenant à la 3e division *bis* et que je charge le prince d'Eckmühl de diriger de suite sur Magdebourg ; ainsi la 1re division commandée par le général Philippon aura ses 14 bataillons réunis à Dessau.

Quant à la 2e division, elle a déjà à Magdebourg les seconds bataillons des 13e léger, 25e et 57e de ligne et le quatrième bataillon du 51e, le troisième bataillon de ce régiment va y arriver le 11 juillet. Vous y réunirez les 1e et 4e bataillons que vous amenez des 13e léger, 25e et 57e de ligne, et enfin je donne l'ordre au prince d'Eckmühl de diriger de suite sur Magdebourg les troisièmes bataillons de ces trois régiments qui font partie de la 3e division *bis* : la 2e division commandée par le général Dumonceau aura donc ses 14 bataillons réunis à Magdebourg.

A l'égard de la 23e division, vous amenez les 1er et 4e bataillons des 21e, 33e et 85e régiments de ligne, les seconds bataillons des 33e et 85e se trouvent à Magdebourg, vous y ferez venir le second bataillon du 21e qui est à Wittenberg, les troisièmes bataillons des 21e, 33e et 85e font partie de la 3e division *bis*, et je donne ordre au prince d'Eckmühl de les diriger sur Magdebourg : enfin les 3e et 4e bataillons du 55e régiment venant de France, arriveront les 5 et 7 août à Magdebourg ; la 23e division commandée par le général Teste aura ainsi ses 14 bataillons réunis à Magdebourg.

Il reste le 30e régiment de ligne dont les 1er et 4e bataillons sont avec vous et le 2e bataillon à Wittenberg ; ce régiment doit faire partie de la 40e division du XIIIe corps d'armée ; je donne ordre à M. le prince d'Eckmühl de réunir cette division à Werben sur l'Elbe entre Hambourg et Magdebourg ; ainsi, général, vous ferez diriger sur Werben les trois bataillons du 30e régiment et vous ferez connaître leur marche au prince d'Eckmühl.

Faites, général, toutes les dispositions qui vous concernent pour l'exécution de l'ordre de l'Empereur et adressez-moi des rapports détaillés sur tout ce que vous aurez fait pour remplir à cet égard les intentions de Sa Majesté.

Votre artillerie doit être composée :

De deux batteries d'artillerie légère, l'une fournie à Magdebourg, le général Sorbier en fera fournir une autre ;

De six batteries de division ; vous en amènerez quatre avec vous, et la division Teste doit en avoir deux dont une fournie à Magdebourg et l'autre maintenant en route ;

Enfin de deux batteries de réserve. Vous devez être parti avec ces deux batteries de réserve de Hambourg. Par conséquent, général, vous aurez votre artillerie au complet Comme je vous l'ai déjà fait connaître, le général Baltus doit la commander.

Des ordres sont donnés pour que les 1re et 2e compagnies du 10e bataillon des équipages militaires partent de Cassel et les 1re et 2e compagnies du 12e bataillon de Dresde, pour vous rejoindre.

BERTHIER A DAVOUT

Dresde, 1er juillet

Je vous envoie, prince, ampliation d'un ordre de l'Empereur daté d'aujourd'hui qui règle la nouvelle formation du 1er corps d'armée que commandera le général Vandamme et du XIIIe corps d'armée dont Sa Majesté vous donne le commandement. Vous y verrez la composition que vous devez donner à la 3e division et à la 40e division ainsi qu'à la 50e. Faites dissoudre la 3e division *bis* et veillez à ce que les bataillons qui la composent se rendent sans délai à leur destination respective, savoir : les troisièmes bataillons des 7e et 13e légers, 12e, 17e, 25e, 57e, 21e, 33e, 85e de ligne sur Magdebourg pour y rejoindre les 1re, 2e et 23e divisions ; et les troisièmes bataillons du 15e léger, des 48e, 108e, 61e, 30e et 111e régiments de ligne sur les 3e et 40e divisions.

Prescrivez toutes les dispositions nécessaires pour l'exécution de l'ordre de l'Empereur.

Sa Majesté ordonne que vous formiez la 40e division à Werben sur l'Elbe entre Magdebourg et Hambourg ; là, elle sera à votre disposition et vous pourrez la rapprocher suivant les circonstances.

Le 30e régiment de ligne devant faire partie de cette division, je donne l'ordre au général Vandamme qui a avec lui les 1er et 4e bataillons de ce régiment, de les envoyer à Werben et d'y envoyer pareillement le second bataillon de ce corps qui est à Wittenberg.

Ayez le plus grand soin, prince, que chaque troupe suive bien exactement et sans délai la destination que lui assigne l'ordre de l'Empereur et instruisez-moi de toutes les dispositions que vous ferez pour remplir à cet égard les intentions de Sa Majesté ; correspondez à cet effet avec le général commandant à Wesel.

L'EMPEREUR (Ordre pour l'évacuation des hôpitaux militaires)

Dresde, 30 juin

Article premier. — Les gouverneurs de Magdebourg, de Leipzig, d'Erfurt et de Dresde, où sont établis les grands hôpitaux de l'armée, feront, sur-le-champ, procéder à l'inspection des malades et blessés qui y existent, afin de les classer comme il sera dit ci-dessous :

Hôpitaux de Magdebourg

Article 2. — Tous les hommes amputés ou reconnus susceptibles de réforme et hors d'état de servir, qui se trouvent dans les hôpitaux de Magdebourg, seront sans délai évacués sur Wesel, et, de Wesel, sur Aix-la-Chapelle, où il sera établi un dépôt pour leur réception.

Article 3. — Le ministre de la Guerre enverra à Aix-la-Chapelle un inspecteur pour passer la revue de ce dépôt, et accorder la retraite ou prononcer la réforme de ces individus selon leurs situations respectives.

Article 4. — Tous les hommes légèrement blessés qui se trouveront à Magdebourg et seront reconnus pouvoir encore servir dans l'infanterie, la cavalerie ou l'artillerie, seront réunis dans un dépôt de convalescents formé à Magdebourg et ne compteront point au nombre des hommes compris dans les états des hôpitaux.

Article 5. — En cas que cela soit nécessaire, ces hommes, légèrement blessés, seront cantonnés ou campés, ainsi que cela a eu lieu à Dresde.

Article 6. — Tous les hommes qui, blessés à 'a main, ne pourraient plus servir en ligne, mais seraient encore propres au service des charrois, seront incorporés, savoir : les trois quarts dans le train d'artillerie (lesquels seront mis à la disposition du directeur du parc), et l'autre quart dans les équipages militaires (lesquels seront mis à la disposition du commandant du dépôt des équipages militaires établi à Magdebourg).

Article 7. — Il y aura à Magdebourg des hôpitaux pour 4,000 malades ou blessés, sans comprendre dans ce nombre les hommes légèrement blessés qui, comme il a été dit à l'article 5, pourront être cantonnés ou campés.

L'abbaye qui est hors de la ville sera entourée de palissades.

Article 8. — Il ne sera conservé, dans les hôpitaux de Magdebourg, que les hommes malades ou blessés grièvement, mais qui seront reconnus pouvoir être en état, avant l'expiration de six mois, de reprendre leur service ; en sorte qu'il ne sera évacué sur la France que les hommes entièrement hors de service.

Article 9. — Les évacuations de Magdebourg à Wesel seront faites par voie de réquisition et sur deux lignes différentes.

Hôpitaux de Leipzig

Article 10. — Il sera fait dans les hôpitaux de Leipzig la même opération que dans ceux de Magdebourg.

Article 11. — Tous les hommes qui seront reconnus ne pouvoir plus servir en ligne, mais être encore propres au service des charrois, seront envoyés à Magdebourg pour y être incorporés dans le train d'artillerie ou les équipages militaires, conformément à l'article 6 ci-dessus.

Article 12. — Tous les hommes, légèrement blessés, qui seront encore en état de servir en ligne, seront envoyés au dépôt de convalescents qui sera formé à Wittenberg, pour y être habillés et armés et servir à la défense de la place, jusqu'au moment où, après leur entier rétablissement, ils seront dirigés sur leurs corps respectifs.

Article 13. — Tous les hommes amputés ou absolument hors de service seront évacués de Leipzig sur la France (sans passer par Erfurt), en suivant la ligne de Mersebourg, Cassel et Cologne, d'où ils rejoindront le dépôt d'Aix-la-Chapelle.

Hôpitaux d'Erfurt

Article 14. — Tous les hommes déclarés propres au service des charrois seront sur-le-champ dirigés d'Erfurt sur Dresde pour y être incorporés dans le train d'artillerie ou les équipages militaires.

Article 15. — Tous les hommes, légèrement blessés, qui peuvent encore servir en ligne, seront réunis dans un dépôt de convalescents pour y être habillés et armés, et servir à la garnison d'Erfurt, jusqu'au moment où ils seront dirigés sur leurs corps respectifs.

Article 16. — Tous les hommes, amputés ou reconnus hors de service, seront évacués sur Mayence et, de là, sur le dépôt de Landau pour y être réformés ou recevoir leur retraite ; mais tous les hommes qui seront susceptibles de reprendre leur service dans le délai de six mois, seront gardés dans les hôpitaux d'Erfurt.

Hôpitaux du grand duché de Francfort

Article 17. — Il sera fait la même opération dans les hôpitaux de Francfort, de Hanau, de Fulde et autres hôpitaux du grand duché de Francfort.

Article 18. — Tous les hommes amputés ou hors de service, existant dans ces hôpitaux seront évacués sur Mayence et, de là, sur le dépôt de Landau. Tous les hommes déclarés propres au service des charrois seront dirigés sur Dresde, et tous les hommes légèrement blessés, en état de servir en ligne, seront dirigés, selon la proximité des différents hôpitaux, sur Mayence ou sur Erfurt pour y être habillés et armés.

Hôpitaux de Glogau

Article 19. — Tous les hommes, amputés ou hors de service, existant dans les hôpitaux de Glogau, seront évacués sur Dresde.

Article 20. — Tous les hommes déclarés propres au service des charrois resteront à Glogau et seront incorporés, savoir : les deux tiers dans le train d'artillerie et l'autre tiers dans les équipages militaires.

Article 21. — Tous les hommes légèrement blessés et pouvant encore servir en ligne seront envoyés à leurs corps respectifs. Les hommes malades ou blessés grièvement qui pourront être guéris dans le délai de six mois, seront gardés à Glogau ; puisque même dans le cas où la place viendrait à être assiégée, les malades, à mesure qu'ils se guériraient, augmenteraient la garnison.

Article 22. — Il sera établi à Glogau des hôpitaux pour 4.000 hommes sans comprendre dans ce nombre les convalescents qui peuvent, comme il a été dit ci-dessus, être cantonnés ou campés.

Hôpitaux de Bautzen

Article 23. — Tous les hommes existant dans les hôpitaux de Bautzen qui ne pourraient pas être guéris dans le délai d'un mois, seront évacués sur Dresde, et tous les hommes amputés ou hors de service le seront sur la France, en sorte qu'il ne reste à Bautzen aucun homme qui ne soit guéri avant l'expiration d'un mois.

Des autres hôpitaux entre l'Oder et l'Elbe

Article 24. — Tous les hommes amputés ou hors de service, ainsi que tous les malades ou blessés se trouvant dans les hôpitaux entre l'Oder et l'Elbe qui ne pourraient pas être guéris dans le délai d'un mois, seront évacués sur Dresde.

Article 25. — Tous les hommes déclarés propres au service des charrois seront dirigés sur Dresde ; cependant, les commandants des corps sont autorisés à incorporer dans les compagnies du train d'artillerie ou des équipages militaires les hommes propres à ce service, jusqu'à la concurrence des besoins de ces compagnies.

Article 26. — Les hommes trop malades pour pouvoir être transportés à Dresde seront dirigés sur Glogau ; notre intention étant qu'entre l'Oder et l'Elbe, il n'y ait aucun hôpital qui ne puisse être évacué en 48 heures.

Article 27. — Le XII⁰ corps évacuera ses malades sur Torgau et non sur Dresde.

Hôpitaux de Dresde

Article 28. — Il sera établi une ligne d'évacuation de Dresde à Wurzbourg par Freyberg et Bamberg, et une seconde ligne qui suivra d'abord la route de l'armée, mais, de Iéna, se rendra également à Wurzbourg. Enfin, il sera établi une troisième ligne par Erfurt, de sorte qu'aucune évacuation n'ait lieu sur la ligne de Leipzig.

Article 29. — Tous les hommes amputés ou hors de service seront dirigés sur la France par ces trois lignes d'évacuation, mais tous les malades ou blessés qui pourront être guéris dans le délai de six mois, seront gardés dans les hôpitaux de Dresde, à l'exception de 1.500 qui seront transportés par eau à Magdebourg.

Article 30. — Tous les hommes déclarés propres au service des charrois seront incorporés à Dresde dans le train d'artillerie et les équipages militaires. Les hommes légèrement blessés qui peuvent encore servir en ligne, seront réunis dans un dépôt de convalescents, formé à Dresde, pour y être habillés et armés.

Des hôpitaux conservés ou à établir

Article 31. — Il sera proposé à Dresde des emplacements pour 10.000 malades ou blessés ; à Magdebourg, comme il a été dit à l'article 7, pour 4.000 ; à Wittenberg, pour 2.000 ; à Torgau, pour 2.000 ; à Glogau, comme il a été dit à l'article 22, pour 4.000 ; à Erfurt, pour 4.000 ; à Leipzig, pour 2.000 et à Wurzbourg, pour 2.000.

Article 32. — Il pourra, en outre, être établi sur la ligne de l'armée, de Dresde jusqu'à Erfurt, des hôpitaux dépendant de l'hôpital général de Dresde. Ils seront placés dans des villes où il y a une garnison et un commandant, et dans l'enceinte même de la ville.

Article 33. — Notre intention est que les hôpitaux soient établis, autant que possible, dans les places fortes, comme il a été ordonné ci-dessus pour Magdebourg, Glogau, Wittenberg, etc. ; un des principaux avantages des places fortes devant être de contenir les hôpitaux. En conséquence, il ne sera admis ni représentation ni objection à cet égard soit de la part des gouverneurs, soit de la part de l'administration.

Dispositions générales

Article 34. — En principe général, tous les malades et blessés existant dans les hôpitaux de l'armée depuis l'Oder jusqu'au Rhin, seront divisés en quatre classes, ainsi qu'il suit :

1° Les hommes amputés et tous les blessés reconnus hors d'état de pouvoir servir, qui doivent sans délai être évacués sur la France ;

2° Les hommes malades ou blessés grièvement, mais reconnus devoir être en état de servir au bout d'un temps déterminé, qui doivent continuer à être traités dans les hôpitaux de l'armée, ainsi qu'il est réglé par les différents articles ci-dessus ;

3° Les hommes légèrement blessés qui seront réunis en dépôt de convalescents, en attendant qu'ils rejoignent leurs corps ; lesquels seront campés ou cantonnés, de manière qu'aucun de ces hommes ne compte au nombre des malades compris dans les hôpitaux ;

4° Tous les hommes reconnus, par suite de blessures à la main, hors d'état de servir en ligne, mais déclarés propres au service des charrois, qui seront incorporés dans le train d'artillerie ou les équipages militaires.

Article 35. — Il sera sur-le-champ procédé à cette classification dans tous les hôpitaux de l'armée, par des commissions composées chacune de trois officiers de santé nommés, pour les grands hôpitaux de Magdebourg, de Leipzig, d'Erfurt, de Dresde, de Bautzen et de Glogau, par le directeur général de l'administration de l'armée, et pour tous les autres hôpitaux par les commandants ou gouverneurs, dans l'arrondissement desquels les hôpitaux seront respectivement situés.

Article 36. — Les états de tous les malades et blessés classés sous les quatre titres ordonnés, seront dressés nominativement par les commissions susdites et signés par leurs trois membres, lesquels seront individuellement responsables de l'exécution des dispositions prescrites à cet effet. La situation des hommes évacués sur la France comme hors service sera vérifiée à leur arrivée ; et s'il s'en trouvait qui, n'étant pas hors de service, n'auraient pas dû y être envoyés, il en serait demandé compte aux chirurgiens signataires des états où leurs noms seraient portés.

Article 37. — L'ordonnateur des hôpitaux donnera des ordres pour que les états nominatifs et les procès-verbaux des opérations des différentes commissions lui soient transmis sans aucun délai.

Article 38. — Tous les prisonniers de guerre, malades ou blessés existant dans les hôpitaux de l'armée seront dirigés sur la France dans quelque catégorie qu'ils se trouvent.

Article 39. — Le major général et le directeur général de l'administration de l'armée sont chargés, chacun en ce qui le concerne, de l'exécution du présent ordre.

L'EMPEREUR (Ordre)

Dresde, 30 juin.

Article premier. — Il sera établi de Mayence à Dresde trois lignes de transports sur trois routes différentes :

La première ligne, de Mayence à Dresde, passera par Erfurt, Iéna et Gera ;

La seconde ligne par Wurzbourg, Bamberg, Cobourg, Altenbourg et Chemnitz ;

La troisième ligne par Francfort, Cassel et Leipzig.

Article 2. — Sur chacune de ces lignes de transports, il y aura 50 voitures à chaque étape, 50 de ces voitures partiront les jours pairs pour le service de l'administration, et 50 partiront les jours impairs pour le service de l'artillerie.

Article 3. — Si les 50 voitures d'un service n'étaient pas employées un jour par celui auquel elles sont affectées, l'autre service les emploierait, afin qu'elles ne restassent pas oisives.

Article 4. — Les paiements seront faits régulièrement ; un chef d'administration sera chargé de la comptabilité des transports de l'administration, et un officier d'artillerie sera chargé de la comptabilité des transports de l'artillerie.

Article 5. — Les prix seront réglés de manière à ce que le transport d'un quintal, de Mayence à Dresde, ne s'élève pas au-dessus de 12 à 15 francs.

Article 6. — Les trois routes seront subdivisées chacune en plusieurs sections, ainsi la première sera subdivisée de Mayence à Fulda, de Fulda à Erfurt et d'Erfurt à Dresde.

Article 7. — Chaque ligne ayant 100 voitures, l'administration aurait donc tous les deux jours, des moyens de transport pour 3.000 quintaux ; ce qui fait 1.500 quintaux par jour.

Article 8. — Il y aura à Mayence un commissaire ordonnateur et un commandant d'artillerie pour la direction de ces lignes de transport. Il y aura également à Erfurt et à Dresde un commissaire ordonnateur et un commandant d'artillerie.

Article 9. — A leur retour, les voitures seront employées à transporter les malades ou blessés, et les hommes invalides.

Article 10. — Lorsque l'administration et l'artillerie auront des transports extraordinaires à faire, la demande sera adressée au commissaire ordonnateur chargé de la direction qui, quatre jours avant, adressera aux régences les réquisitions nécessaires pour que les relais soient doublés.

Article 11. — Notre major général et notre directeur général de l'administration de l'armée sont chargés, chacun en ce qui le concerne, de l'exécution du présent ordre.

L'EMPEREUR (Ordre)

Dresde, 4 juillet.

TITRE PREMIER

APPROVISIONNEMENT DE WITTENBERG

Article premier. — L'approvisionnement de Wittenberg sera réglé conformément à l'état A.

Article 2. — Tout ce qui est porté au dit état sera existant au 15 juillet dans le magasin de Wittenberg, et procès-verbal en sera dressé par le commissaire des guerres et signé par le gouverneur.

Article 3. — Le garde-magasin sera prévenu qu'il encourrait peine de mort s'il laissait soustraire la moindre partie de cet approvisionnement.

Article 4. — L'approvisionnement en viande fraîche pourra ne pas exister au 15 juillet, le commandant étant autorisé à s'en pourvoir par une battue à six lieues à la ronde, au moment où la place serait menacée d'être investie. L'approvisionnement en paille pourra être retardé jusqu'à la récolte.

Article 5. — Dans le cas où la place serait menacée d'investissement, comme nous l'avons prévu dans l'article précédent, le gouverneur aura soin de l'approvisionner à dix lieues à la ronde, pour six autres mois, de farine, viande, paille, foin, avoine, etc.

Article 6. — Magasin de réserve.

Il sera formé à Wittenberg un magasin de réserve de 10.000 quintaux de farine, de 2.000 quintaux de riz, de 5.000 boisseaux d'avoine et de 5 à 600 bœufs. Cet approvisionnement de réserve sera formé moyennant les réquisitions qui ont été faites dans les pays des princes d'Anhalt, et ce qui sera tiré de la 32e division.

TITRE II

APPROVISIONNEMENT DE TORGAU

Article 7. — L'approvisionnement de Torgau sera fait conformément à l'état ci-joint B ; le gouvernement saxon fournira le complément nécessaire pour porter l'approvisionnement actuel au taux qui est prescrit par l'état B.

Article 8. — L'approvisionnement sera complété et existant en magasin du 15 au 20 juillet.

Article 9. — Si la place était menacée d'être investie, le gouver-

DENRÉES		Proportion dans laquelle la fourniture doit avoir lieu	Composition de ration		[illégible]
			des troupes sous les armes	d'hôpital	
Farines	du froment	on a calculé sur la moitié de l'approvisionnement en farines	1 livre 1/2 de pain moitié froment et moitié seigle	1 livre de pain froment bluté à 15 0/0	500
	de seigle				
Riz	1/4 à la garnison	1 once	1 once	1 once	90
	1/2 à l'hôpital				
Légumes	3/4 à la garnison	2 onces	2 onces	2 onces	270
	1/2 à l'hôpital				
	Sel	1/30	1/30	1/30	360
Liquides	vin	1/6 à 1/2	1/4 pinte	1/4 pinte	60
	bière	1/3 à 1/2	1/2	1/2	120
	eau-de-vie	1/2	1/16	»	180
	vinaigre	1/3	1/20	1/20	120
Viandes	viande fraîche	1/3	8 onces	1 livre	120
	bœuf salé	2/9	4	»	80
	lard salé	2/9	3	»	80
	riz	2/9	2	»	80
Foin	pour les chevaux	»	10 livres	»	10
	pour les bœufs	1/2	30	30 livres	13
Paille	pour les chevaux	»	10 livres	»	16
	pour le couchage	»	5 l. par m.	10 livres	16
	Avoine	»	1/2 bois.	»	10
Bois	chauffage	»	1/25	1/25	360
	cuisson du pain	»	»	»	
	Huile à brûler	»	»	»	

Wittenberg pour une garnison de 3.600 hommes en santé, [3]0 chevaux pendant 3 mois.

Troupes sous les armes		Hôpital		Total des denrées nécessaires	OBSERVATIONS
Nombre de rations qui sont consommées	Quantité de denrées nécessaires	Nombre de rations qui seront consommées	Quantité de denrées nécessaires		
[6]0.000	2.000	40.000	445	2.445	
	2.000		»	2.000	
[9]0.000	5t qx. 25	20.000	42 qx. 50	68 qx. 75	
[7]0.000	337 qx. 50	20.000	25	262 qx. 50	
[6]0.000	120	40.000	13 qx. 34	133 qx. 34	
60.000	15.000 lit.	20.000	10.000 lit.	25.000 lit.	
[1]20.000	60.000	20.000	10.000	70.000	
[1]80.000	11.250	»	»	11.250	
[8]0.000	6.000	42.334	»	14.004	
[1]20.000	600 qx.	40.000	400 qx.	1.000 qx.	
80.000	200	»	»	200	
80 000	450	»	»	150	
80.000	100	»	»	100	
10.000	1.000	»	»	1.000	
45.000	4.500	40.000	3.000	7.500	
10 000	1.000	»	»	1.000	
»	600	»	140	740	
10.000	5.000 bx.	»	»	5.000 bx.	
[3]60.000	2.880 st.	40.000	320 st.	3.200 st.	
»	409	»	»	409 st.	
»	21	»	3	24	

DENRÉES		Proportion dans laquelle la fourniture doit avoir lieu	Composition de ration		
			des troupes sous les armes	d'hôpital	
Farines	de froment	on a calculé sur l'approvisionnement en farines	1 livre 1/2 de pain moitié froment et moitié seigle	1 livre de pain froment bluté à 15 0/0	
	de seigle				
Riz	1/4 à la garnison	1 once	1 once	1 once	
	1/2 à l'hôpital				
Légumes	3/4 à la garnison	2 onces	2 onces	2 onces	7
	1/2 à l'hôpital				
	Sel	»	1/30	1/30	6
Liquides	vin	1/6 à 1/2	1/4 pinte	1/4 pinte	6
	bière	1/3 à 1/2	1/2	1/2	12
	eau-de-vie	1/2	1/16	»	8
	vinaigre	1/3	1/20	1/20	12
Viandes	viande fraîche	1/3	8 onces	1 livre	12
	bœuf salé	2/9	4	»	8
	lard salé	2/9	3	»	8
	riz	2/9	2	»	8
Foin	pour les chevaux	»	10 livres	»	8
	pour les bœufs	1/2	30	30 livres	[illegible]
Paille	pour les chevaux	»	10 livres	»	
	pour le couchage	»	5 l. par m.	10 l. par [...]	
	Avoine	»	1/2 bois.	»	
Bois	chauffage	»	1/25	1/25	360
	cuisson de pain	»	»	»	
	Huile à brûler	»	»	»	

Troupes sous les armes		Hôpital		Total des denrées nécessaires	OBSERVATIONS
Nombre de rations qui sont consommées	Quantité de denrées nécessaires	Nombre de rations qui seront consommées	Quantité de denrées nécessaires		
60.000	2.000	40.000	445	2.445	
	2.000			2.000	
90.000	56 qx. 25	20 000	42 qx. 50	68 qx. 75	
70.000	337 qx. 50	20 000	25	362 qx. 50	
80.000	120	40.000	13 qx. 34	133 qx. 34	
60.000	15.000 lit.	20.000	10.000 lit.	25.000 lit.	
120.000	60.000	20.000	10.000	70.000	
180.000	11.250	»	»	11.250	
120.000	6.000	13.334	667	140.004	
120.000	600 qx.	40.000	400 qx.	1 000 qx.	
80.000	200	»	»	200	
80.000	150	»	»	150	
80.000	100	»	»	100	
»	»	»	»	»	
15 000	4.500	10.000	3.000	7 500	
»	»	»	»	»	
»	600	»	140	740	
»	»	»	»	»	
360.000	2.880 st.	40.000	320 st.	3 200 st.	
»	409 st.	»	»	409 st.	
»	21	»	3	24	

neur aurait soin de rassembler à dix lieues à la ronde de quoi doubler cet approvisionnement.

Article 10. — Il y aura à Torgau un approvisionnement de réserve de 10.000 quintaux de farine, de 1.000 quintaux de riz, de 5.000 boisseaux d'avoine et de 500 bœufs. Cette réserve sera fournie par tout ce qui arrive de Magdebourg et de la 32e division militaire.

Article 11. — Le major général prescrira toutes les dispositions nécessaires pour l'exécution du présent ordre.

— Envoyé à Daru avec ordre de rendre compte tous les huit jours. Envoyé aux commandants de Wittenberg, de Torgau, à Arrighi et à Durosnel.

L'EMPEREUR (Ordre)

Dresde, 3 juillet.

Article premier. — La 18e division du Ve corps d'armée est supprimée.

Le 154e régiment fera partie de la division Maison, portant n° 16.

Le 134e et le régiment étranger feront partie de la division Puthod (n° 17).

Le 155e fera partie de la division Rochambeau (n° 19).

Ce qui portera la division Maison à 16 bataillons ; la division Puthod à 13 et la division Rochambeau à 12.

Article 2. — Le général de division Lagrange prendra le commandement de la division n° 21 que le général Bonet commandait au VIe corps. Les généraux de brigade, adjudants commandants et adjoints seront employés au Ve corps dans les divisions où il en manque.

Article 3. — L'artillerie de réserve de la 18e division passera à la réserve du Ve corps, de sorte que l'artillerie de ce corps d'armée ne sera pas diminuée.

Article 4. — Le major général est chargé de l'exécution du présent ordre.

BERTHIER A BOURCIER

Dresde, 4 juillet.

Je vous envoie, monsieur le général Bourcier, copie d'un décret du 3 de ce mois que Sa Majesté a pris pour la formation des trois régiments provisoires de cavalerie de Hambourg, quand ces quatrièmes escadrons seront arrivés, ce qui, joint au 28ᵉ régiment de chasseurs à cheval que Sa Majesté a ordonné de compléter à 1.250 hommes, fera plus de 3.600 chevaux. Vous pourrez retirer les 1.250 hommes que vous avez dernièrement envoyés à Hambourg, mais il faudra toujours qu'ils soient montés à Hambourg. Ainsi on montera à Hambourg, par les soins du prince d'Eckmühl, 2.400 hommes des trois régiments ; 1.250 hommes envoyés de Hanovre ; 1.250 hommes du 28ᵉ de chasseurs ; 500 dragons envoyés de Hanovre. Total : 5.400 chevaux, ce qui fera : 2.900 chevaux de grosse cavalerie, 1.750 chevaux de cavalerie légère et 750 chevaux de dragons, nombre égal 5.400.

L'EMPEREUR (Décret)

Dresde, 3 juillet.

Nous avons décrété et décrétons ce qui suit :

Article premier. — Les quatrièmes escadrons des 12 régiments de cuirassiers seront complétés à 200 hommes et se rendront à pied à Wesel. Les cuirassiers partiront habillés et armés de leurs mousquetons, sabres et pistolets.

Article 2. — Il sera formé à Wesel, trois régiments provisoires composés ainsi qu'il suit :

1ᵉʳ régiment provisoire

le 4ᵉ escadron du 1ᵉʳ de cuirassiers
le 4ᵉ escadron du 2ᵉ de cuirassiers
le 4ᵉ escadron du 3ᵉ de cuirassiers
le 4ᵉ escadron du 4ᵉ de cuirassiers

4 escadrons
8 compagnies.

2ᵉ régiment provisoire

le 4ᵉ escadron du 5ᵉ de cuirassiers
le 4ᵉ escadron du 6ᵉ de cuirassiers
le 4ᵉ escadron du 7ᵉ de cuirassiers
le 4ᵉ escadron du 8ᵉ de cuirassiers

4 escadrons
8 compagnies.

3ᵉ régiment provisoire

le 4ᵉ escadron du 9ᵉ de cuirassiers
le 4ᵉ escadron du 10ᵉ de cuirassiers
le 4ᵉ escadron du 11ᵉ de cuirassiers
le 4ᵉ escadron du 12ᵉ de cuirassiers

4 escadrons
8 compagnies.

Article 3. — Chacun des trois régiments provisoires sera commandé par un colonel en second ou un major.

Article 4. — Ils formeront une brigade qui sera connue sous le nom de *brigade provisoire de cuirassiers de Hambourg*.

Article 5. — Ces quatrièmes escadrons se rendront à pied à Hambourg. Les chevaux et les selles leur seront donnés à Hambourg par les soins du maréchal prince d'Eckmühl.

Article 6. — La comptabilité des dits escadrons sera toujours attachée à celle de leurs régiments respectifs.

Article 7. — Nos ministres de la guerre et de l'administration de la guerre sont chargés de l'exécution du présent décret qui sera adressé au major général de la Grande Armée.

— Envoyé à Davout, Bourcier, Belliard.

DARU (Rapport à l'Empereur)

Dresde, 30 juin.

Sire,

D'après le décret de Votre Majesté du 6 avril dernier, il doit être attaché à chaque ambulance divisionnaire 2 infirmiers majors et 18 infirmiers ordinaires.

	Ambulances		Infirmiers majors	Infirmiers ordinaires
Le Ier corps a	4	il lui faut	8	72
Le IIe —	4	—	8	72
Le IIIe —	5	—	10	90
Le IVe —	2	(non compris les divisions étrangères)	4	36
Le Ve —	5	il lui faut	10.	90
Le VIe —	5	—	10	90
Le VIIe —	2	—	4	36
Le XIe —	4	—	8	72
Le XIIe —	4	—	8	72
Les 4 corps de cavalerie ont	4	—	8	72
Le grand et petit quartier général ont	6	—	12	108
	45	—	90	810

Total nécessaire. . . 900

Ce nombre est trois fois plus fort que celui des soldats d'ambulance existant à l'armée.

Dans la dernière campagne, il avait été attaché à la Grande Armée six compagnies, la 1re, la 2e. la 3e, la 9e, la 10e et la 11e ; la composition de chaque compagnie avait été réglée ainsi qu'il suit :

1 capitaine centenier,
1 lieutenant sous-centenier,
1 sergent-major adjudant,
5 sergents-majors,
1 caporal fourrier,
10 caporaux,
4 cuisiniers,
4 chefs ouvriers,
2 cors de chasse ou tambours,
146 soldats.

Total. .   175

Il ne reste plus de ces six compagnies, savoir :

Compagnies	Capitaines centeniers	Sous-lieutenants centeniers	Sergents majors, fourriers ou infirmiers majors	Caporaux chefs ouvriers et soldats ou infirmiers de 1re et 2e classe	
1re	»	1	1	40	20 soldats sont à Glogau, le reste à Dresde.
2e	»	»	2	44	réunis à la 10e compagnie au Ve corps.
3e	1	»	2	32	au Ier corps.
9e	1	1	2	54	au IIe corps.
10e	»	1	2	31	au Ve corps.
11e	»	»	3	8	à Dresde.
A ajouter un détachement arrivé depuis peu de Paris employé provisoirement dans les hôpitaux de Dresde, et à répartir dans les 6 compagnies		»	5	94	à Dresde

	Capitaines centeniers	Sous-lieutenants centeniers	Sergents majors, fourriers ou infirmiers majors	Caporaux, chefs ouvriers et soldats ou infirmiers de 1re et 2e classe
L'effectif est de	2	3	17	283
Il faudrait pour les 6 compagnies suivant l'ancien effectif	6	6	42	996
Manque au complet	4	3	25	713

Votre Majesté voit d'après ce tableau que plusieurs corps d'armée n'ont pas encore de soldats d'ambulance ; si l'on complétait les six compagnies, elles suffiraient pour tous les corps d'armée, même au delà des bases fixées par le décret du 6 avril ; chaque corps d'armée pourrait avoir à peu près une demi-compagnie. Je suppose que ces six compagnies pourraient être réparties de la manière suivante :

La 1re compagnie, pour le quartier général qui a six ambulances ;

La 2e compagnie, pour les IIIe et IVe corps qui ont ensemble sept ambulances ;

La 3e compagnie, pour les Ier et VIe corps qui ont ensemble neuf ambulances ;

La 9e compagnie, pour les IIe et XIe corps qui ont ensemble huit ambulances ;

La 10e compagnie, pour les Ve et VIIe corps qui ont ensemble sept ambulances ;

La 11e compagnie, pour le XIIe corps et les réserves de cavalerie qui ont ensemble huit ambulances.

Le recrutement des six compagnies pourrait être pris parmi les militaires blessés qui ne peuvent plus servir dans l'infanterie. Jusqu'à présent, cette classe de blessés n'a été donnée qu'à l'artillerie et aux équipages militaires ; il en est pourtant qui ne peuvent servir ni dans l'une ni dans l'autre de ces deux armes, mais qui pourraient être utilisés comme infirmiers. Les besoins des équipages militaires sont peu considérables ; voici ce qui manque aux bataillons qui sont à l'armée :

au 2e.	. .	48 hommes
au 6e.	. .	54 —
au 7e.	. .	54 —
au 9e.	. .	48 —
au 15e.	. .	54 —
au 17e	. .	54 —
Total	. .	312 hommes

Ce qui manque au complet, se trouve déjà à peu près couvert par les 310 blessés pris sur ceux visités à Dresde qui viennent d'être mis à la disposition du général Picard.

En conséquence, j'ai l'honneur de proposer à Votre Majesté d'ordonner que les hommes nécessaires pour compléter les six compagnies d'ambulance seront pris parmi les soldats blessés reconnus impropres au service de l'infanterie, existant encore dans les hôpitaux de Dresde, soit dans les autres hôpitaux de l'armée, que ces hommes seront mis à la disposition de l'intendant général qui, après les avoir fait habiller, les répartira dans les six compagnies.

Quant aux quatre capitaines centeniers et aux trois lieutenants sous-centeniers, je supplie Votre Majesté de faire donner des ordres pour qu'ils soient désignés et envoyés à l'armée par M. le ministre de l'Administration de la guerre.

Si les besoins de l'artillerie n'étaient pas assez considérables pour employer tous les soldats mutilés, je proposerais encore à Votre Majesté d'en faire servir une partie comme infirmiers civils.

D'après le décret du 6 avril, chaque hôpital de 1 000 malades doit avoir 93 infirmiers ; en calculant sur 40.000 malades, il faudrait 3.720 infirmiers.

Le nombre de ceux répartis dans les hôpitaux ne s'élève qu'à 850. Il en faudrait encore 2.870.

On emploie les infirmiers du pays, mais ils font un mauvais service, même lorsqu'on les paie bien. Il serait plus avantageux d'avoir des infirmiers français.

— Approuvé : se concerter avec le major général à cet effet.

Dresde, le 1er juillet 1813.

NAPOLÉON.

— Écrit à Rogniat et à tous les commandants de corps d'armée.

L'EMPEREUR (Décret)

Dresde, 4 juillet.

Napoléon, empereur des Français, roi d'Italie, protecteur de la Confédération du Rhin, médiateur de la Confédération suisse, etc.

Nous avons décrété et décrétons ce qui suit :

Article premier. — Il sera formé un régiment provisoire composé des 4es escadrons du 1er et du 2e régiments de carabiniers et du 14e de cuirassiers, ce qui fera un régiment de trois escadrons, de 6 compagnies et d'environ 600 hommes.

Article 2. — Ce régiment provisoire sera commandé par un major et deux chefs d'escadron que nommera notre ministre de la Guerre.

Article 3. — Ce régiment se formera à Mayence et, de là, les hommes bien habillés et bien armés de leurs sabres, mousquetons et pistolets se dirigeront à pied sur Magdebourg, où ils seront montés et équipés par les soins du général Bourcier.

Article 4. — Ce régiment restera à Magdebourg jusqu'à ce qu'il soit entièrement monté. Les escadrons qui le composent recevront ensuite l'ordre de rejoindre l'armée.

Article 5. — Les détachements que ces quatrièmes escadrons auraient, soit au dépôt de Hanovre, soit à Francfort, rejoindront à Magdebourg.

Article 6. — Nos ministres de la Guerre et de l'Administration de la guerre sont chargés de l'exécution du présent décret.

— Envoyé à Belliard, Bourcier, Kellermann, Lemarois.

BERTHIER A ROGNIAT, DE GERSDORF, DUROSNEL

Dresde, 5 juillet.

Ordre que tous les ponts que l'ennemi a brûlés dans sa retraite depuis Lutzen jusqu'ici, et, depuis Iéna, jusqu'ici, soient incessamment réparés et remis dans l'état où ils étaient. Invitation au comte de Gersdorf de donner des ordres aux baillis et d'envoyer des officiers sur ces deux lignes. Il faut que ces ponts soient rétablis dix jours après la réception de son ordre, attendu que, dans l'état actuel, les débouchés sont difficiles et seraient impraticables dans la mauvaise saison.

BERTHIER A DAVOUT, VICTOR, NEY, BERTRAND, LAURISTON, MARMONT, MACDONALD, OUDINOT, MORTIER, LATOUR-MAUBOURG, SÉBASTIANI, LEMAROIS, LAUER, LAPLANE

Dresde, 5 juillet.

L'Empereur me charge M. le   , de vous réitérer l'ordre de ne laisser passer chez l'ennemi, sur la portion de la ligne de démarcation qui est sous votre commandement, aucun bétail, cheval, voiture, blé, etc.

Tous les chevaux, voitures, bétail, blés et denrées qu'on tenterait de faire passer chez l'ennemi, doivent être confisqués. L'intention de Sa Majesté est qu'on laisse venir au contraire tous les chevaux, voitures, marchandises, bétail, etc., qui arriveraient, hormis les marchandises anglaises qui doivent être confisquées et les denrées coloniales qui doivent être mises en entrepôt, jusqu'à ce qu'elles aient payé les droits.

Veillez avec le plus grand soin à l'exécution de ces dispositions.

ORDRE DE L'ARMÉE

Dresde, 4 juillet.

Sa Majesté ordonne ce qui suit :

Article premier. — Tous les sapeurs, canonniers, ouvriers d'artillerie ou de la marine qui ont été distraits de leurs rangs pour être employés à conduire des caissons d'outils ou des voitures de bagages, rentreront à leurs corps.

Article 2. — Il sera mis à la disposition du général commandant le génie un certain nombre de soldats, que leurs blessures rendent impropres au service de l'infanterie, pour être employés comme soldats du train du génie ; ils seront à cet effet fournis des habillements nécessaires.

Article 3. — Toutes les compagnies de sapeurs seront complétées, au moyen de conscrits venant de France, à 140 hommes.

Article 4. — Il sera attaché à chaque compagnie de sapeurs, 60 pionniers pris parmi les hommes que leurs blessures à la main rendent impropres au service de l'infanterie. Ces pionniers n'auront pas de fusil et porteront chacun un outil. Ils seront payés comme les soldats d'infanterie et feront les mêmes travaux et le même service que les sapeurs.

Article 5. — Le nombre d'hommes nécessaires pour la formation de ces escouades de pionniers sera remis par le major général à la disposition du général commandant le génie.

Article 6. — Le major général prendra toutes les dispositions nécessaires pour la prompte exécution du présent ordre.

— Envoyé à Sorbier, Daru, Monthion, Rogniat.

BERTHIER A SAINT-GERMAIN (1)

Dresde, 6 juillet.

L'Empereur désirerait, monsieur le comte, que Son Altesse le grand-duc de Wurzbourg fournît un nouveau bataillon de mille hommes à l'armée ; faites-en la demande. Le grand-duc peut retirer les détachements placés pour la garde des ponts sur le Mein et, comme ce sont de vieux soldats, on pourra les incorporer dans ce nouveau bataillon. Aussitôt que ce bataillon sera formé, il devra être dirigé sur Torgau ; je vous prie de m'instruire fréquemment des progrès de son organisation et de veiller à ce qu'on l'accélère autant qu'il sera possible.

BERTHIER A AUGEREAU

Dresde, 6 juillet.

L'intention de l'Empereur, monsieur le maréchal, est que vous envoyiez des officiers du génie et d'état-major pour reconnaître deux bonnes positions dont l'une couvrirait les débouchés de Hof et de Plauen sur la Bohême et l'autre les débouchés de Bayreut. Il est nécessaire, monsieur le duc, que vous fassiez reconnaître tous les débouchés sur la Bohême depuis le Danube jusqu'à Hof. Faites faire sans délai ces reconnaissances.

BERTHIER A AUGEREAU

Dresde, 6 juillet.

L'Empereur ordonne, monsieur le maréchal, que vous fassiez en sorte que, le 12 juillet, le général comte Bonet ait son quartier général à Bamberg où vous réunirez la 42e et la 43e divisions. La 42e division devra avoir une batterie d'artillerie à pied et une batterie d'artillerie à cheval ; la 43e division aura également une batterie à cheval et une batterie à pied. Le général Bonet, outre ces deux divisions, devra avoir une compagnie de sapeurs avec ses caissons d'outils.

(1) Ministre de l'Empereur à Wurzbourg.

Faites porter pareillement sur Bamberg le général Milhaud avec sa brigade de cavalerie et deux batteries d'artillerie à cheval ; correspondez avec le commandant d'Augsbourg pour être bien instruit de la marche des escadrons des 13e et 14e régiments de hussards qui font partie de cette brigade et qui sont encore en arrière :

Vous ferez établir à Wurzbourg la 44e et 45e divisions, et vous réunirez la 51e et la 52e divisions à Aschaffenburg et à Hanau.

Instruisez-moi, monsieur le maréchal, d'une manière prompte et en détail de l'exécution de ces dispositions.

Je donne l'ordre à M. le maréchal duc de Valmy de diriger sur Wurzbourg la 5e compagnie du train du génie qui est à Mayence.

BERTHIER A PAJOL

Dresde, 6 juillet.

L'Empereur ordonne, monsieur le général Pajol, que vous vous rendiez demain à Freyberg. Vous y prendrez le commandement d'une brigade de cavalerie légère composée du 7e de chevau-légers, qui va être joint par ses 3e et 4e escadrons et qui sera ainsi bientôt à mille hommes, et du régiment de chasseurs italiens qui va également avoir mille hommes. Vous surveillerez l'instruction de ces régiments. Vous enverrez trois piquets composés de lanciers et d'Italiens, commandés par de bons officiers, sur la frontière et sur les trois grandes communications : 1° de Dresde à Prague, dans la direction de Tœplitz ; 2° de Prague à Leipzig, au lieu où elle rencontre la frontière de Saxe ; 3° sur la grande route de Carlsbad à Chemnitz. Ces trois postes fourniront des petits postes pour les routes intermédiaires, qui sont au nombre de huit, et qui, avec les trois grandes communications, forment onze routes. Ces postes se tiendront paisibles, ils ne laisseront rien passer de Saxe en Bohême qui soit suspect, ni de Bohême en Saxe. Ils interrogeront les voyageurs et ne laisseront passer que ceux qui auraient des passeports. Ils arrêteront les marchandises coloniales qu'on voudrait faire passer, et ils rendront compte de ce qui serait à leur connaissance. Le quartier général sera à Freyberg.

Rendez-moi compte de votre arrivée à Freyberg et correspondez journellement avec moi.

L'EMPEREUR. (Ordre)

Dresde, 7 juillet.

Article premier. — Le directeur de l'administration de l'armée donnera des ordres pour faire expédier des magasins d'habillement de Magdebourg sur Dresde les effets ci-après :

Habits d'infanterie de ligne . . . 3.464 ⎫
Habits d'infanterie légère . . . . 533 ⎬ 4.097
Habits du génie. . . . . . . 100 ⎭

Culottes, 4.000.

Pantalons de drap, 4.000.

Schakos, 1.000.

Paires de guêtres noires, 5.600.

Paires de guêtres grises, 3.400.

Gibernes avec leurs porte-gibernes, 5.000.

Havre-sacs, 3.000.

Paires de souliers, 5.600.

Article 2. — Ces effets seront expédiés sans délai sur des voitures et dirigés de manière qu'ils arrivent à Dresde le plus tôt possible.

Article 3. — Ces effets seront placés à Dresde dans un magasin particulier et confié à un garde-magasin spécial, afin que dans aucun cas on ne puisse les confondre avec ceux qui proviendront des fournitures faites à Dresde.

Article 4. — Il sera formé à Magdebourg un atelier pour mettre en confection les matières qui se trouvent dans les magasins de cette place et dont, à cet effet, l'assortiment sera complété.

Article 5. — Il sera aussi confectionné sur-le-champ à Magdebourg 3.000 schakos.

— Envoyé à Daru et au gouverneur de Magdebourg.

L'EMPEREUR (Ordre)

Dresde, 7 juillet.

Article premier. — Les bâtiments combustibles qui se trouvent dans la citadelle de Wurzbourg seront démolis. L'éminence B sera occupée et fortifiée ; la redoute D sera construite.

Les parapets de la place seront relevés ; les ponts-levis seront mis en état et les chemins couverts rétablis et palissadés. L'armement porté par mon ordre du 3 juin sera complété à 50 pièces de canon.

L'approvisionnement de la place qui, en vertu de notre décret du 27 février, doit être pour ... hommes pendant ... jours, sera renfermé dans la citadelle d'ici au 10 août, de manière qu'à cette époque cette citadelle puisse soutenir un siège.

Article 2. — Les places de Cronach, de Rothenberg et de Forchheim seront de même armées, palissadées et approvisionnées, de sorte qu'une garnison convenable puisse y vivre quatre mois, et que la quantité de poudre et de projectiles nécessaires pour une bonne défense s'y trouve.

Ces approvisionnements devront également être renfermés dans les places d'ici au 10 août.

Article 3. — Le maréchal commandant le corps d'observation de Bavière et les généraux commandant le génie et l'artillerie du dit corps prendront toutes les mesures nécessaires pour l'exécution du présent ordre.

— Ampliation envoyée à Rogniat, Sorbier, Daru, Augereau.

L'EMPEREUR (Ordre) (1)

Dresde, 7 juillet.

Article premier. — Les généraux commandant en chef les corps d'armée s'assureront que tous les soldats ont trois paires de souliers dont une aux pieds et deux dans le sac.

Article 2. — Les généraux commandant les divisions convoqueront les colonels des régiments qui ont plusieurs bataillons à l'armée, les chefs de bataillon qui commandent les bataillons des régiments provisoires et les commandants des compagnies isolées, de l'artillerie, des sapeurs et des mineurs, ainsi que le sous-inspecteur aux revues, pour constater, par un procès-verbal que dressera le commissaire des guerres de la division, l'état de la chaussure de toutes les troupes qui la composent.

Article 3. — Ce procès-verbal devra faire connaître :

1º Le nombre des hommes composant chaque corps ;

2º Le nombre des souliers en service soit aux pieds soit dans le sac ;

(1) [Cet ordre a été imprimé et envoyé à tous les maréchaux et généraux].

3° Le nombre des souliers que le corps a en magasin ou en route et le point où ils se trouvent actuellement ;

4° Les dispositions qui ont été faites pour assurer aux corps les remplacements nécessaires jusqu'au 1er janvier ;

5° La situation de la masse de linge et chaussures et l'existence ou la non-existence des fonds à l'armée ; .

6° Ce qui peut être dû à la masse de linge et chaussures sur la solde échue restant à acquitter.

Article 4. — Les commandants des régiments, bataillons ou compagnies isolées prendront des mesures pour que, indépendamment des trois paires de souliers que les hommes doivent avoir, il y ait en expédition deux paires de souliers par homme entre le Rhin et le corps.

Article 5. — Le procès-verbal dont il est fait mention à l'article 4 sera signé du général commandant la division, des chefs de corps, du sous-inspecteur aux revues et du commissaire des guerres de la division.

Article 6. — Il en sera adressé une expédition au major général et une au directeur de l'administration de l'armée.

Article 7. — Le directeur de l'administration de l'armée nous fera un rapport général sur les résultats de ces procès-verbaux pour être statué ainsi qu'il appartiendra.

L'EMPEREUR (Ordre) (1)

Dresde, 3 juillet.

Article premier. — Il sera établi trois lignes de relais pour effectuer les transports de Mayence sur l'armée.

Article 2. — La première ligne ou de droite se composera des gîtes suivants :

Francfort-sur-le-Mein,	Neuses,	Hof,
Hanau,	Burgwenheim,	Plauen.
Aschaffenbourg,	Bamberg,	Zwickau.
Rohrbrun,	Worgau,	Chemnitz.
Esselbach,	Culmbach,	Freyberg
Wurzbourg,	Munchberg,	Dresde.

(1) Cet ordre a été imprimé et envoyé à tous les commandants sur les lignes indiquées.

Article 3. — La seconde ligne ou du centre se composera des gîtes suivants :

Francfort-sur-le-Mein,	Hunfeld,	Iéna,
Hanau,	Vach,	Gera,
Gelnhausen,	Eisenach,	Altenbourg,
Saalmunster,	Gotha,	Nossen,
Schluchtern,	Erfurt,	Dresde,
Fulde,	Weimar.	

Article 4. — La troisième ligne ou ligne de gauche se composera des gîtes ci-après :

Francfort-sur-le-Mein,	Cassel,	Mersebourg,
Friedberg,	Witzenhausen,	Leipzig,
Giessen,	Heiligenstadt,	Wurzen,
Marburg,	Duderstadt,	Oschatz,
Halsdorf,	Nordhausen,	Meissen,
Jesburg,	Rossla,	Dresde,
Wabern.		

Article 5. — Chaque relai fournira par jour 50 voitures à quatre colliers, de manière à pouvoir transporter 50 quintaux.

Article 6. — La ville de Francfort en fournira 150 et la ville de Hanau, 100.

Article 7. — Il sera placé à chaque relai un commissaire de l'administration locale pour veiller à l'exactitude du service, faire opérer les chargements et déchargements et tenir la comptabilité des sommes dues aux propriétaires des voitures qui auront effectué les transports.

Article 8. — Des agents supérieurs des équipages auxiliaires de l'armée seront placés de distance en distance sur les trois lignes, de manière à ce que chacun d'eux surveille trois relais. Il y aura en outre un sous-chef des équipages militaires auxiliaires dans chaque gîte.

Article 9. — Les relais seront employés aux transports que l'administration et l'artillerie auront à effectuer.

Article 10. — Les relais seront employés les jours pairs pour l'administration et les jours impairs pour le service de l'artillerie.

Article 11. — Dans le cas où un de ces services n'aurait point de transport à effectuer les jours qui lui sont affectés, l'autre ser-

vice pourra profiter des voitures disponibles, sans pour cela interver-
tir l'ordre établi.

Article 12. — Un officier d'artillerie et un commissaire des
guerres résideront à Francfort pour régler et surveiller tout ce qui
sera relatif aux chargements.

Article 13. — Il sera placé, pour diriger et surveiller le service,
des officiers d'artillerie et des commissaires des guerres à Wurzbourg, Bamberg, Fulda, Erfurt, Cassel et Leipzig.

Article 14. — Les chargements constatés à l'époque du départ
par des procès-verbaux et les déchargements le seront de même à
leur arrivée.

Article 15. — Les déficits qui pourraient se trouver sur les
quantités chargées et les avaries provenant de la faute des voitu-
riers, seront déduits sur la somme due pour le prix du transport; en
conséquence, avant d'opérer le déchargement d'un convoi à un relai,
le commissaire spécial établi à chaque relai sera tenu de faire la
reconnaissance des chargements qui lui seront remis, et de faire
dresser procès-verbal des pertes ou avaries qu'ils auraient pu
éprouver. Expédition du procès-verbal sera joint à la feuille ou
procès-verbal de chargement sur lequel il en sera fait mention.

Article 16. — Il sera payé la somme de 20 centimes par mille et
par quintal, poids de marc, cette somme sera acquittée, pour ce qui
regarde le service de l'administration, sur les ordonnances de l'intendant général d'après les décomptes qui auront été arrêtés par lui.

Article 17. — Il sera tenu des comptes séparés de ce qui sera
dû pour le transport de l'artillerie.

Article 18. — Les frais de transport de l'artillerie seront acquit-
tés sur les mandats du commandant en chef de l'artillerie.

Article 19. — Les administrations des pays qui auront fourni des
voitures, se concerteront pour nommer un caissier qui reçoive le
montant des ordonnances et le répartisse entre ceux qui y auront
droit.

Article 20. — Si quelques circonstances extraordinaires exigeaient une augmentation de moyens de transport, le commissaire
des guerres ou l'officier d'artillerie placé au point du dépôt en pré-
viendrait au moins 4 jours d'avance les autorités locales, et ferait
transmettre cet avis sur toute la ligne.

Article 21. — Les voitures, en rétrogradant sur les gîtes d'étapes,
ramèneront les blessés ou malades qui seraient évacués sur les derrières.

Le transport des blessés ou malades sera payé à raison de 30 centimes par hommes et par mille.

L'EMPEREUR (Ordre)

Dresde, 6 juillet.

Article premier. — Le payeur général de la Grande Armée ne doit solder comme dépense de l'armée que les dépenses relatives aux objets portés au budget de l'armée, et compris dans la distribution mensuelle, et ce, sur les ordonnances du directeur général de l'administration de l'armée : toute ordonnance de l'un de nos ministres pour un service spécial ne devant être acquittée que sur un fonds particulier autre que celui de l'armée.

Article 2. — Le directeur général de l'administration de l'armée est chargé de l'exécution du présent ordre.

L'EMPEREUR (Ordre)

Dresde, 6 juillet.

Article premier. — Le payeur général de la Grande Armée réalisera dans le plus court délai les 1.200.000 francs en traites fournies par la ville de Hambourg sur Francfort, Augsbourg et Leipzig. A cet effet, il escomptera ces traites à Dresde au cours, et si cela ne lui est pas possible, il les escomptera dans les trois places susnommées, de manière à ce que la valeur de ces traites en numéraire existe entre ses mains aussitôt que faire se pourra.

Article 2. — Le payeur général convertira le crédit de 1 million 200.000 francs qui lui est ouvert sur la banque de Hambourg en traites de 10.000 francs chacune, lesquelles seront données en paiement aux fournisseurs de l'armée comme argent comptant ou bien seront escomptées sur les places de Dresde et de Leipzig.

Article 3. — Les frais d'escompte seront imputés sur le budget du ministre du trésor, les deux sommes ci-dessus devant entrer en recette pour leur valeur nominale.

Article 4. — Le directeur général de l'administration de l'armée est chargé de l'exécution du présent ordre.

L'EMPEREUR (Ordre)

Dresde, 6 juillet.

Article premier. — Les approvisionnements de siège, en avoine, des places de Magdebourg, Erfurt, Wittenberg et Torgau, seront mis en consommation.

Article 2. — Ces approvisionnements seront renouvelés au moyen du million de boisseaux d'avoine que la 32e division militaire doit fournir, et, à défaut de ces rentrées, après la récolte.

— Envoyé aux commandants des quatre places, à Daru.

L'EMPÉREUR (Ordre)

Dresde, 6 juillet.

Article premier. — Il est mis à la disposition du général Walther, commandant notre garde à cheval, la quantité de 240.000 boisseaux d'avoine, savoir :

à prendre à Torgau. . . .	12.000	boisseaux.
à prendre à Wittenberg . .	8.000	—
à prendre à Leipzig. . . .	20.000	—
à prendre à Magdebourg . .	200.000	—
Total égal. . .	240.000	boisseaux.

lesquels 240.000 boisseaux assurent la nourriture des chevaux de notre garde pendant quarante-cinq jours ; c'est-à-dire jusqu'à la récolte.

Article 2. — L'artillerie de la garde aura part aux distributions de cette quantité d'avoine, en raison de la force en chevaux, et proportionnellement aux autres corps à cheval.

Article 3. — Le général Walther, commandant notre garde à cheval, désignera sur-le-champ deux officiers pour aller prendre livraison des 12.000 boisseaux d'avoine qui sont à Torgau et des 8.000 qui sont à Wittenberg.

Article 4. — Le duc de Padoue donnera sur-le-champ ses ordres pour que les 20.000 boisseaux d'avoine qui existent à Leipzig, soient expédiés sans délai sur Dresde et les cantonnements qui seront indiqués par le général Walther.

Article 5. — Le général Lemarois, gouverneur de Magdebourg, fera embarquer et partir sur-le-champ pour Dresdé les 200 000 boisseaux d'avoine qui sont désignés en l'article 1er du présent ordre.

Article 6. — Le général Walther enverra deux officiers de marine, en poste, à Torgau, Wittenberg et Magdebourg pour suivre et pour diriger les chargements et les expéditions de ces avoines.

Article 7. — Le général Walther pourra même se servir au transport par terre, pour une portion de ces avoines, si le besoin l'exigeait.

— Envoyé le 7 juillet à Daru, Walther, Mouton.

L'EMPEREUR (Ordre)

Dresde, 7 juillet.

Article premier. — Le dépôt de Gœrlitz est supprimé.

Article 2. — Tous les hommes en état de servir et ayant leur cheval rejoindront leur régiment à très petites journées.

Article 3. — Tous ceux qui ne pourraient qu'être inutiles à leur corps seront dirigés sur le dépôt de Dresde.

Article 4. — Le major général chargera le général qui commande le dépôt de l'exécution du présent ordre.

L'EMPEREUR (Ordre)

Dresde, 7 juillet.

Le directeur de l'administration de l'armée donnera contre-ordre pour l'envoi des dix mille quintaux de farine qui devaient être dirigés de Wesel sur Erfurt.

Ces dix mille quintaux, au lieu d'être envoyés à Erfurt, seront dirigés sur Magdebourg, sauf toutefois les quantités qui auraient déjà été mises en route pour cette première destination.

BERTHIER A LAMBERT (1)

Dresde, 8 juillet.

Je réponds, monsieur l'inspecteur en chef, à votre lettre du 8 de ce mois par laquelle vous me faites part des doutes qui s'élèvent journellement sur le taux uniforme auquel devraient être portés les traitements, solde, etc. des officiers généraux à l'armée suivant la nature de leurs fonctions.

L'incertitude à cet égard n'a pu naître que d'une fausse interprétation ; je vais donc diviser en quatre classes les différentes attributions des généraux de division à l'armée.

Première classe. — Général de division commandant en chef un corps d'armée portant un numéro dans le cadre de la Grande Armée.

____

(1) Inspecteur en chef aux revues.

40.000 francs de solde par an comme général en chef, ce qui absorbe la solde de général de division.

72.000 francs par an, ou 6.000 francs par mois, pour traitement extraordinaire, frais de table, de bureau, de courriers, dépenses secrètes, etc.

112.000 francs pour un général de division commandant en chef un corps d'armée.

Deuxième classe. — Généraux de division commandant un corps de troupe ; ce qui s'entend de plusieurs divisions réunies, sans former un corps d'armée, et n'ayant point un numéro dans le cadre de la Grande Armée, il leur revient alors :

18.750 francs de solde.

12.000 francs pour supplément d'appointements.

48.000 francs par an, ou 4.000 francs par mois, pour traitement extraordinaire, frais de table, de courriers, dépenses secrètes, etc.

78.750 francs : traitement dont jouissaient les généraux Vandamme et Reynier dans la dernière campagne, attendu qu'ils commandaient des corps de troupes qui n'avaient pas de numéro dans le cadre de la Grande Armée, et qu'ils ne commandaient pas de corps d'armée.

Troisième classe. — Les généraux de division commandant un corps de cavalerie portant numéro compris dans l'organisation doivent continuer de jouir de la solde et du traitement qui leur est attribué par la décision du 1er mars 1812.

30.750 francs, solde et supplément.

24.000 francs, traitement extraordinaire, frais de table, de bureau, dépenses secrètes. etc.

54.750 francs pour les généraux de division commandant les corps de réserve de cavalerie.

Quatrième classe. — Je comprends dans cette classe les généraux de division commandant une division dans l'armée, soit d'infanterie, soit de cavalerie.

18.750 francs de solde.

12.000 francs de supplément de traitement (voir le tarif de la solde sur le pied de guerre).

30.750 francs pour les généraux de division en activité et commandant des troupes à l'armée.

Quant au traitement de messieurs les maréchaux commandant de

corps d'armée, leur traitement comme maréchal d'empire est constamment de . . . .　10.000 francs
　Traitement comme général en chef. . . .　40.000　—
　　　—　extraordinaire, frais de table, de
bureau, de courriers, dépenses secrètes, c'est-à-
dire 10.000 francs par mois. . . . . . .　120.000　—
　　　　　　　　　　　　Total. . .　200.000 francs

　Voilà, monsieur l'inspecteur en chef, la solution que j'ai dû donner aux différentes questions contenues dans votre lettre de ce jour,
et d'après laquelle j'ai lieu de croire qu'il n'y aura plus lieu à erreur
ou à incertitude.

　— Avis à Daru des dispositions prescrites par la précédente.

L'EMPEREUR (Ordre)

Dresde, 9 juillet.

　Messieurs les officiers et sous-officiers, ainsi que les soldats de
l'armée, doivent faire parvenir leurs demandes par l'intermédiaire
des colonels et généraux; mais les officiers, sous-officiers et soldats
qui ont trente ans de service ou qui auraient à présenter quelques
actions d'éclat attestées par les conseils d'administration, et pour lesquelles ils n'auraient pas été récompensés, sont admis à présenter
leurs demandes à Sa Majesté à la parade. Toute autre pétition ou
demande ne doit parvenir que par l'intermédiaire du chef immédiat
du corps d'armée ou de l'arme dont on fait partie, soit pour l'artillerie, soit pour le génie.

　— Expédié aux maréchaux et généraux commandant en chef.

L'EMPEREUR (Ordre). — Travaux de Dresde

Dresde, 9 juillet.

　Il sera creusé le long de la berge et sur la rive droite du ruisseau Weisseritz, un fossé de sept à huit pieds de large pouvant
recevoir six pieds de profondeur d'eau, de manière à bien fermer
de ce côté les faubourgs de Dresde; les terres provenant de l'exca-
vation seront jetées en avant et disposées en ligne de crémaillères,
pouvant recevoir du canon et des fusiliers. On palissera cette ligne;
on placera une barrière au pont; on élèvera une traverse en arrière
pour recevoir une pièce de canon, et l'on préparera des chevaux de
frise pour se barricader au besoin, en avant du pont;

2° De l'extrémité gauche de cette crémaillère jusqu'en avant de l'Elbe, on tracera huit flèches de 60 toises de pourtour ; elles seront ainsi éloignées de 200 à 250 toises les unes des autres ; on n'en construira d'abord que quatre, de manière qu'elles soient bien vues les unes des autres et donnent des feux sur toutes les issues ; elles seront palissadées et armées de canon ;

3° Tous les murs des faubourgs seront réunis dans leurs lacunes par des palissades : les issues réduites à six auront des barrières, des traverses pour recevoir une pièce de canon, et des chevaux de frise pour se barricader, si des circonstances l'exigeaient ;

4° Ces ouvrages devront être tracés pour le 11 juillet et commencés le 12 ;

5° L'artillerie de la garde fournira 150 chevaux, les équipages de la garde 100, l'artillerie de l'armée 100 pour le transport des palissades ; ils seront à la disposition du commandant du génie de l'armée ;

6° On fera descendre du Haut-Elbe des trains de palissades ; 100 marins de la garde seront mis à la disposition du génie pour effectuer ce transport par eau ;

7° Le major général prendra toutes les dispositions nécessaires pour l'exécution du présent ordre.

— Expédié au commandant du génie, de l'artillerie, au gouverneur de Dresde, à Mouton ; ce dernier est chargé de donner les ordres à la garde.

L'EMPEREUR (Ordre)

Dresde, 9 juillet.

Camp retranché de Dresde sur la rive droite.

Toutes les redoutes qui forment le camp retranché de la rive droite de l'Elbe, en avant de Dresde, seront tracées le 10 juillet et commencées le 11. Celles entreprises, comme celles à entreprendre, seront confiées pour leur exécution aux six régiments de la jeune garde établis au camp. Chaque régiment fournira un atelier de 200 hommes qui travaillera depuis 4 heures du matin jusqu'à midi et un autre de 200 hommes qui relèvera le premier et travaillera jusqu'à 8 heures du soir. Les bataillons n° 1 travailleront le matin, ceux n° 2 le soir. Il sera désigné par chaque régiment deux capitaines et deux lieutenants pour diriger les travaux. Ils seront toujours de service. Lorsque les redoutes seront achevées, le génie prendra les ordres de l'Empereur pour qu'il leur soit accordé une gratification.

Le génie s'entendra avec ces officiers pour que chaque redoute étant donnée à la tâche, le soldat puisse gagner de 8 à 9 sols dans sa demi-journée. Le général Laborde prendra les mesures nécessaires pour que cet argent profite au bien-être du soldat et améliore son ordinaire : aucune retenue ne devra lui être faite, ni pour son habillement ni pour son service. Chaque redoute portera le nom du régiment qui l'aura construite. Les mêmes dispositions seront appliquées aux régiments de la jeune garde employés au camp retranché en avant de Kœnigstein.

— Expédié aux mêmes que le précédent.

L'EMPEREUR (Ordre)

Dresde, 9 juillet.

Armement de la place de Dresde

Chacun des bastions de la place de Dresde sur la rive gauche, sera armé de deux pièces de petit calibre placées dans les flancs bas de manière à être dérobées à la fusillade des maisons ; les saillants recevront aussi chacun deux pièces. Les quatre flèches en avant des faubourgs recevront chacune quatre pièces de canon, et les traverses en arrière des issues auront une pièce. La grande lunette sur la rive droite sera armée de trois pièces de gros calibre, de deux obusiers et d'un mortier. Le gouverneur de Dresde parcourra demain la place, il sera accompagné des commandants d'artillerie et du génie, afin d'arrêter le projet d'armement, connaître les pièces qu'il sera possible d'avoir et le meilleur dispositif à leur donner. Il y aura en outre en réserve : 3 batteries, une de 8 pièces de 12, une de 8 pièces de 6 et une de 8 obusiers = total, 24 bouches à feu. Elles seront employées où les circonstances l'exigeront ; on les attellera alors, soit avec des chevaux pris dans les dépôts, soit avec ceux de la ville.

— Expédié aux mêmes que le précédent.

L'EMPEREUR (Ordre)

Dresde, 9 juillet.

Travaux en avant de Kœnigstein

La route de Stolpen à Hohenstein ayant été réparée par les soins des officiers de l'état-major, les officiers du génie feront réparer celles de Hohenstein à Kœnigstein. Il sera pratiqué à cet effet trois routes : 1° une première qui soit telle que l'ennemi, fût-il parvenu à occuper les hauteurs du ruisseau de Polentz, ne puisse pas par la fusillade ou le canon inquiéter la communication ; 2° la route actuelle qui passe par le rocher de Siegenruck et traverse le ravin du Polentz ; elle pourra être gênée par la fusillade de la rive gauche de ce ravin, mais comme le fond de celui-ci est impraticable, l'ennemi ne pourra pas intercepter cette communication ; 3° la troisième route viendra de Hohenstein et Warsdorf à Porsdorf et Schandau : on aura ainsi trois bons débouchés. Mais si l'ennemi venait de Neustadt et s'emparait du plateau en avant de Hohenstein, on n'aurait plus que la première et la seconde pour communiquer. Il faudra donc établir deux à trois redoutes pour en être maître et les placer en avant de Hohenstein. Tous ces ouvrages seront tracés avant le 11 juillet, et le 12 on commencera à y travailler. On y emploiera les deux régiments de la garde qui sont à Kœnigstein et en outre les ouvriers du pays qui étaient occupés à la route de Stolpen à Hohenstein. Le génie, en confiant l'exécution des redoutes aux régiments de la garde, effectuera les paiements sur la même base que pour ceux employés au camp retranché de Dresde sur la rive droite. Ces régiments seront d'ailleurs dirigés de la même manière pour les tâches et les heures de travail. Le pays entre Neustadt et la frontière de Bohême sera bien étudié et représenté sur une grande échelle, afin que l'on connaisse parfaitement le terrain s'il fallait opérer sur cette partie.

— Expédié aux mêmes que les précédents.

L'EMPEREUR (Ordre)

Dresde, 9 juillet.

Article premier. — Les expéditions des denrées sur Glogau seront continuées par le moyen des compagnies du 17ᵉ bataillon des équipages militaires et des voitures de réquisition, jusqu'à ce que les versements de la place de Dresde sur celle de Glogau s'élèvent à quatre mille quintaux de farine, poids de marc, depuis le 1ᵉʳ juin. Ces 4.000 quintaux avec les 4.000 partis de Magdebourg et les 20.000 déjà existant dans la place formeront un approvisionnement de 28 000 quintaux.

Article 2. — Il sera donné des ordres pour qu'on accélère les moutures.

Article 3. — On pressera les versements dus par le fournisseur qui s'est engagé à livrer dix mille quintaux de grains et farines à

Glogau. Tout ce qui n'aurait pas été livré le 20 juillet, ne sera plus reçu.

Article 4. — Les voitures des équipages militaires qui arriveront à Dresde seront envoyées sur Bunzlau avec des chargements de farine ou de riz. On continuera les versements jusqu'à ce qu'il y ait dans cette place quatre mille quintaux de farine provenant des envois de Dresde, et on ne fera pas entrer en compte ce qui pourrait avoir été consommé par le VI⁰ corps. Ces 4.000 quintaux de farine, avec les 4.000 que doit livrer l'entrepreneur, formeront dans la place de Bunzlau un approvisionnement de 8.000 quintaux.

Article 5. — Dans la journée de demain, on constatera par un procès-verbal ce qui se trouve dans le magasin des vivres de Bunzlau. On distinguera dans le procès-verbal les denrées provenant des versements de Dresde et celles provenant des livraisons de l'entrepreneur. Elles seront placées dans des magasins différents et mises sous la responsabilité d'un garde-magasin particulier, de manière que chacun de ces garde-magasins tienne une comptabilité distincte.

Le major général écrira au duc de Raguse pour qu'il surveille l'existence de ces deux magasins et la conservation des denrées qui y seront déposées.

Article 6. — Lorsque les envois sur Bunzlau auront été portés à 4.000 quintaux de farine, poids de marc, les voitures des équipages militaires qui arriveront dans la place de Dresde, seront dirigées sur Bautzen jusqu'à ce qu'il y ait été envoyé 4.000 quintaux, poids de marc, de farine, lesquels, avec les 3.000 quintaux que doit verser l'entrepreneur, formeront à Bautzen un approvisionnement de 7.000 quintaux.

Article 7. — Cet approvisionnement sera, comme celui de Bunzlau, vérifié, constaté par procès-verbal et placé dans deux magasins séparés.

Article 8. — Il sera procédé à la vérification des versements faits à Gœrlitz par l'entrepreneur qui doit y livrer 3.000 quintaux. Cet approvisionnement sera placé dans un magasin particulier.

On procédera également à la vérification des denrées existantes dans le magasin de la place qui ne proviennent pas des livraisons de l'entrepreneur.

Article 9. — Passé le 20 juillet, les denrées qui resteraient à livrer par l'entrepreneur, en exécution de son marché, ne seront plus reçues.

Article 10. — Les magasins de réserve formés à Bautzen, Gœr-
l... et Bunzlau, tant des versements de Dresde que des livraisons de
l'entrepreneur, ne pourront être mis en consommation sans notre
autorisation et sous quelque prétexte que ce soit ; il n'y sera touché
qu'après les hostilités commencées.

Article 11. — Lorsque les voitures des équipages militaires
auront complété le versement de 4.000 quintaux, poids de marc, de
farine sur Bunzlau et effectué le transport de 4.000 quintaux sur
Bautzen. il nous sera demandé des ordres pour leur direction ultérieure. A cet effet, les équipages, après avoir opéré leur déchargement, rétrograderont sur Dresde.

Article 12. — Le commissaire ordonnateur en chef des subsistances formera un état indiquant les chargements faits par les équipages militaires de l'armée, leur destination et leur itinéraire, en y
indiquant à l'encre rouge les journées de marche pour le retour sur
Dresde. Cet état nous sera remis tous les jours.

— Expédié à Laplane, Marmont, Chassereaux, Reynier, Belliard,
Daru.

L'EMPEREUR (Ordre)

Dresde, 9 juillet.

Article premier. — Sur les 6.000 hommes qui sont à Dresde au
camp des blessés et qui peuvent rejoindre leur corps, 3.000 seront
habillés, équipés et armés dans les journées des 10, 11, 12, 13 et
14 juillet, et ils paraîtront à la parade du 14.

Article 2. — Les 3.000 autres seront habillés, équipés et armés
dans les journées du 15, 16, 17 et 18 juillet, et ils paraîtront à la
parade du 18.

Article 3. — Les évacuations de Dresde sur Magdebourg, Torgau et Wittenberg par la rivière, et sur Leipzig et Erfurt auront
lieu avec la plus grande activité ; on observera pour ces évacuations
les principes de l'ordre du 30 juin, de manière qu'au 20 juillet
il ne reste à Dresde que 5.000 malades, et qu'il y ait 5.000 places
vacantes.

Expédié à Durosnel, Pelet, Sorbier, Daru, Durieu.

L'EMPEREUR (Ordre)

Dresde, 9 juillet.

Article premier. — Tous les malades qui sont dans l'hôpital de

Pirna seront évacués. Cet hôpital sera conservé seulement comme ambulance.

Article 2. — Les mesures seront prises pour que cette évacuation soit entièrement achevée au 26 juillet.

Article 3. — Tous les officiers de l'armée blessés qui ne pourraient pas être guéris dans un mois, seront invités à se faire évacuer sur les derrières, sans toutefois y contraindre ceux qui seraient sur la rive gauche de l'Elbe. Ceux qui seront sur la rive droite seront évacués sur la rive gauche.

Article 4. — Tous les équipages militaires qui portent des farines à Bunzlau et à Bautzen, évacueront l'hôpital à leur retour, de manière à n'y laisser que les malades qui peuvent marcher, ou susceptibles d'être guéris dans un mois, et ces derniers dans le nombre prescrit par l'ordre sur les hôpitaux.

— Expédié à Daru, Durosnel, Marmont, Chasseraux, Belliard, Larrey, Desgenettes.

L'EMPEREUR (Ordre)

Dresde, 9 juillet.

Article premier. — Demain 10 juillet à midi, le major général désignera un adjudant commandant pour, de concert avec l'ordonnateur en chef des subsistances, s'assurer de l'existence des grains ou farines provenant des marchés passés à Dresde.

Article 2. — Tous ces grains ou farines seront déposés dans un magasin particulier et confiés à un garde magasin, nommé *ad hoc.*

Article 3. — Passé le 15 juillet, il ne sera plus reçu aucune livraison de la part des fournisseurs.

Article 4. — Le directeur de l'administration de l'armée fera mettre dans des magasins particuliers les effets d'habillement venant de Magdebourg ou envoyés par les dépôts des régiments.

Article 5. — Les compagnies d'équipages militaires, venant de Glogau, seront dans leur retour employées aux évacuations de malades.

— Expédié à Daru, et à l'adjudant commandant Dentzel.

L'EMPEREUR (Ordre)

Dresde, 10 juillet.

Article premier. — Le VIIIe corps fera partir, dans la journée du 12 pour Dresde, son conseil d'administration et les chefs ouvriers de tous les régiments.

Article 2. — Les ateliers de confection de l'habillement du VIIIe corps seront à Dresde, rien ne sera fait à Zittau.

Article 3. — Tout ce qui pourrait embarrasser la marche de ce corps sera d'abord dirigé sur Dresde, pour, de là, l'être sur Torgau où sera en définitif le dépôt du VIIIe corps.

Article 4. — Le prince Poniatowski prendra des mesures pour que, trois jours après qu'il en aura reçu l'ordre, il puisse évacuer Zittau et n'y rien laisser.

— Expédié à Poniatowski, et à Daru.

BERTHIER A VICTOR

Dresde, 11 juillet.

Je vous préviens, monsieur le maréchal, que je donne l'ordre au général Dufour de partir de Wittenberg demain 12 avec tout ce qui compose sa division, ses deux batteries de division, une batterie d'artillerie à cheval et une batterie de réserve pour le IIe corps, et de se diriger sur Guben, où il arrivera le 27, en passant par Jessen, Herzberg, Luckau, Luben, Lieberose, Guben.

Je donne en même temps l'ordre au général Vial de partir de Wittenberg après demain 13 avec tout ce qui compose sa division et ses deux batteries d'artillerie pour arriver le 18 à Guben en suivant la même route.

L'Empereur ordonne, monsieur le maréchal, que vous portiez votre quartier général à Guben et que vous évacuiez entièrement le cercle de Grunberg.

Vous aurez ainsi tout votre corps réuni, et votre premier soin sera de dissoudre tous les régiments provisoires, de réunir tous les bataillons d'un même régiment pour servir désormais sous leur propre dénomination et de former vos trois divisions de la manière définitivement prescrite par l'Empereur ; savoir :

4e division. — Le 24e régiment d'infanterie légère.
Les 19e, 37e et 56e de ligne.

5e division. — Le 26e régiment d'infanterie légère.
Les 46e, 72e et 93e de ligne.

6e division. — Le 11e régiment d'infanterie légère.
Les 2e, 4e et 18e de ligne.

Vous placerez l'une de vos divisions à Lieberose, une à Friedland et une à Furstenberg. Vous serez ainsi à trois petites journées de Berlin et à une journée de Francfort.

Ayez soin, monsieur le maréchal, de vous tenir en communication avec le maréchal duc de Reggio, commandant le XII° corps d'armée, qui est à Luckau.

Rendez-moi compte de la réunion de votre corps, de son organisation définitive et de l'emplacement de vos troupes.

L'EMPEREUR (Ordre)

Magdebourg, 12 juillet.

TITRE PREMIER

SUBSISTANCES

Article premier. — Les convois de grains et d'avoine provenant des réquisitions faites dans la 32° division militaire seront reçus à Magdebourg et à Wittenberg, sans qu'on puisse obliger les conducteurs des dits convois à les transporter plus loin.

Article 2. — Sur les 8.000 quintaux de farine destinés au général Vandamme, 4.000 seront expédiés sans délai de Magdebourg sur Dresde.

TITRE II

MANUTENTIONS

Article 3. — Il sera construit à Wittenberg, par les soins du génie, une manutention de douze fours, indépendamment de celle qui existe.

Article 4. — Le génie fera terminer à Magdebourg la manutention de douze fours qui y a été commencée.

Article 5. — L'intendant général mettra à la disposition du génie les fonds nécessaires pour les dites constructions.

TITRE III

HÔPITAUX

Article 6. — Toutes les maisons occupées par l'Université à Wittenberg seront mises à la disposition du génie pour compléter à mille lits les hôpitaux de la place.

Article 7. — Les hôpitaux de Torgau seront augmentés de manière à pouvoir contenir deux mille lits.

Article 8. — L'intendant fera évacuer sur-le-champ par eau 4.000 malades ou blessés des hôpitaux de Dresde ; il les dirigera, savoir :

1.000 sur Torgau,
1.000 sur Wittenberg,
2 000 sur Magdebourg, y compris ceux qui viennent d'être débar-
—————
4.000   qués dans cette place par les marins de la garde.

Article 9. — Les 200 voitures qui portent 4.000 quintaux de Magdebourg à Glogau, reviendront chargées de malades et de blessés, ce qui fera une évacuation de mille malades ou blessés de Glogau sur Magdebourg.

Article 10. — On profitera du retour des voitures qui auront transporté les grains et avoines provenant de la 32e division pour évacuer de Magdebourg et de Wittenberg les blessés et malades, qui, en conséquence de nos dernières dispositions, sont dans le cas d'être évacués sur France.

Article 11. — Le major général est chargé de l'exécution du présent ordre.

— Expédié à Daru, Davout, Vandamme, Lemarois, Lapoype, Laplane, Lauer, Rogniat.

BERTHIER A VANDAMME

Magdebourg, 13 juillet.

L'Empereur ordonne, monsieur le général Vandamme, que vous vous mettiez aujourd'hui 13 en mouvement avec la division Dumonceau pour vous rendre en 3 jours à Dessau où vous prendrez votre quartier général. Vous laisserez la division Teste à Magdebourg, pour y tenir garnison, jusqu'à ce que la garnison de cette place soit complétée, et vous donnerez ordre à la division du général Philippon de se mettre demain 14 en marche pour se rendre à Vittenberg, où elle arrivera le 15. Elle formera un camp de baraques dans la forêt à demi-lieue en avant de la ville. Sa Majesté me charge de vous faire connaître que vous serez chargé de toute la ligne de la rive droite depuis le point qui est près de Magdebourg jusqu'au point où commence le commandement du duc de Reggio qui est à Luckau ; entendez-vous avec ce maréchal et avec le gouverneur de Magdebourg pour l'établissement de vos postes sur la ligne de démarcation, de manière à ce qu'elle soit bien gardée. Tous les Wurtembergeois doivent être relevés et doivent se réunir à Herzberg, artillerie, infanterie, cavalerie. Je vous préviens que je donne ordre à une division de cavalerie du duc de Padoue de se rendre à Dessau ; vous placerez une brigade de cette division avec quelques compagnies de voltigeurs pour garder la ligne de démarcation. Le général de brigade de cette cavalerie commandera tous les postes de la ligne ; vous lui donnerez l'ordre de communiquer tous les jours avec vous, avec le gouverneur de Magdebourg et avec le général Philippon en avant de Vittenberg ; vous devrez avoir un bateau à Dessau pour que vos communications puissent être rapides avec les avant-postes.

— Lettres en conséquence à Lemarois, Lapoype, Oudinot, et au commandant des Wurtembergeois.

BERTHIER A DOMBROWSKI

Leipzig, 14 juillet.

L'Empereur ordonne, monsieur le général Dombrowski, que vous partiez demain 15 avec toute votre cavalerie, votre infanterie et votre batterie d'artillerie légère, pour vous rendre à Wittenberg où vous arriverez le 16. Vous porterez votre quartier général en avant de Wittenberg, et vous ferez occuper par vos troupes Gommern, ainsi que toute la ligne d'avant-postes jusqu'au point où commence celle que bordent les troupes du duc de Reggio. Vous releverez ainsi les troupes wurtembergeoises. Vous prendrez auprès du général Lapoype tous les renseignements nécessaires pour l'établissement de vos postes.

Vous serez sous les ordres de M. le général Vandamme, commandant le Ier corps d'armée, dont le quartier général est à Dessau ; vous lui rendrez compte de tout ce qui parviendra à votre connaissance ; vous préviendrez les gouverneurs de Magdebourg et de Wittenberg de tout ce qu'il y aurait de nouveau aux avant-postes ; vous m'en rendrez compte pareillement tous les jours. Vous aurez soin de faire interroger tous les voyageurs qui arrivent des différents points occupés par l'ennemi et vous vous informerez de tout ce qu'il y aurait de nouveau.

La brigade de troupes wurtembergeoises que vous releverez se réunira à Herzberg, où elle restera jusqu'à nouvel ordre.

— Lettres en conséquence à Dombrowski, Philippon, Lapoype, Vandamme et Arrighi.

BERTHIER A DUROSNEL

Dresde, 16 juillet.

Monsieur le général Durosnel, l'Empereur ordonne que l'armement de la place de Dresde consiste en :

Sur la rive droite :

6 pièces de 12. . . . . .
6 pièces de 8 . . . . . .
8 pièces de 4 . . . . . . } 30 bouches à feu
6 obusiers. . . . . . .
4 mortiers. . . . . . .

Sur la rive gauche :

8 pièces de 12 . . . . .
12 pièces de 6. . . . . .
20 pièces de 4 . . . . . } 54 bouches à feu
10 obusiers . . . . . .
4 mortiers . . . . . .

Total. . . . . 84 bouches à feu

Il en existe 44 ; on fera venir les 40 autres de Torgau. Au lieu de trois batteries de réserve, il n'y en aura que deux saxonnes. Indépendamment de ces 84 bouches à feu et des deux batteries de réserve, il y aura à Dresde les pièces de campagne que les équipages français et saxons pourront y laisser, ainsi que l'artillerie de campagne des troupes chargées de la défense de la ville. Il est nécessaire que chaque pièce ait 400 coups à tirer. On pourra aussi ajouter à cet armement cinq ou six pièces de 20 ou de 24 en fer qu'on tirera de Torgau.

— Même lettre à Sorbier. Avis à Gersdorf.

L'EMPEREUR (Ordre)

Dresde, 18 juillet.

TITRE PREMIER

Article premier. — Il sera établi dans les places fortes des hôpitaux pour contenir les malades qui ne sont pas susceptibles d'être évacués hors du territoire de l'armée, savoir : ceux qui ne peuvent pas être guéris en moins de six mois de traitement.

Article 2. — Ces hôpitaux seront établis de manière à recevoir le nombre des malades et des convalescents déterminé ci-après.

	Malades	Convalescents	Total
Dresde . . .	8.000	2.000	10.000
Torgau . . .	3.000	1.000	4.000
Wittenberg. .	2.000	1.000	3.000
Magdebourg .	6.000	2.000	8.000
Leipzig . . .	4.000	»	4.000
Hambourg . .	4.000	4.000	8.000
Glogau . . .	4.000	1.000	5.000
Erfurt . . .	4.000	1.000	5.000
Wurzbourg . .	2.000	1.000	3.000
	37.000	13.000	50.000

Article 3. — Tous les hommes amputés et hors d'état de servir désormais soit dans l'infanterie, soit dans les charrois, et susceptibles d'une réforme absolue, seront dirigés sur la France.

TITRE II

DES DIFFÉRENTES ZONES D'HÔPITAUX

Article 4. — Indépendamment des hôpitaux à établir dans les places fortes, conformément au titre précédent, il y aura trois zones d'hôpitaux : la première comprendra les hôpitaux entre l'Oder et l'Elbe ; la deuxième comprendra les hôpitaux entre l'Elbe et les montagnes de la Thuringe et Erfurt ; la troisième enfin comprendra les hôpitaux entre les montagnes de la Thuringe, Erfurt et le Rhin.

Article 5. — Tous les amputés à réformer, tous les hommes qui ont besoin d'aller aux eaux, tous ceux enfin qui ne peuvent être guéris dans l'espace de six mois, seront, ainsi que tous les prisonniers de guerre, évacués au delà du Rhin ou sur les hôpitaux dans la troisième zone, par trois routes d'évacuation qui seront déterminées ci-après.

TITRE III

HÔPITAUX EN PREMIÈRE LIGNE (OU PREMIÈRE ZONE)

Article 6. — Les hôpitaux entre l'Elbe et l'Oder seront établis dans les villes ci-après, savoir :

A Bautzen	pour	300	malades
Gœrlitz	»	300	»
Bunzlau	»	300	»
Lobau	»	100	»
Lowenberg . . .	»	200	»
Haynau	»	200	»
Goldberg . . .	»	300	»
Liegnitz	»	300	»
Liebenthal . . .	»	50	»
Damitz	»	60	»
Sprottau	»	200	»
Sagan	»	200	»
Grunberg	»	200	»

2.710 malades

Article 7. — On ne conservera pas dans ces hôpitaux un nombre supérieur à celui porté ci-dessus ; toutefois les hommes légèrement blessés ou dont la maladie serait peu grave pourront rester dans les dits hôpitaux où ils seront comptés en dehors du nombre fixé, qu'ils pourront ainsi doubler ou tripler.

Article 8. — Il est sévèrement défendu de conserver dans cette première ligne aucun amputé ou homme grièvement blessé qui ne pourrait être guéri dans l'espace d'un mois.

TITRE IV

HÔPITAUX DE DEUXIÈME LIGNE (OU DEUXIÈME ZONE)

Article 9. — Indépendamment des hôpitaux établis dans les places fortes, il sera formé des hôpitaux d'évacuation sur deux routes, savoir : 1° de Dresde par Nossen, Altenbourg, Iéna et Erfurt ; 2° de Dresde par Meissen, Leipzig, Weissenfels, Naumbourg et Cassel.

Article 10. — Il sera établi à chaque étape sur ces deux routes un hôpital de 200 lits.

Article 11. — Les hôpitaux de cette ligne sont destinés à servir aux évacuations, en même temps qu'à recevoir l'excédent des hôpitaux de Dresde.

Article 12. — Il y aura une ligne particulière d'évacuation de Magdebourg sur Minden. Il sera établi sur cette route cinq hôpitaux de 200 lits chacun, pour servir à l'évacuation des amputés, des hommes réformés et de ceux qui ont besoin d'aller aux eaux, et enfin de l'excédent des hôpitaux de Magdebourg.

TITRE V

HÔPITAUX DE TROISIÈME LIGNE (OU TROISIÈME ZONE)

Article 13. — Il sera établi des hôpitaux à Gotha, à Eisenach, à Fulda, à Hanau, à Francfort, à Cassel, à Aschaffenbourg, à Marbourg

Article 14. — Les hôpitaux de cette troisième ligne (ou troisième zone) sont destinés à recevoir l'excédent des autres hôpitaux.

TITRE VI

DES CONVALESCENTS

Article 15. — Les convalescents seront placés dans les places fortes. Ils y compteront, comme il est dit ci-dessus, en dehors du nombre fixé pour les hôpitaux.

Article 16. — Les hommes légèrement blessés à la main seront envoyés aux hôpitaux dans les places fortes et y compteront comme convalescents.

Article 17. — Le major général donnera des ordres pour l'exécution des présentes dispositions.

BERTHIER A MONTGELAS

Dresde, 18 juillet.

Je vous ai écrit le 5, monsieur le comte, pour vous prier de me faire connaître avec quelle partie des forces actives de la Bavière le général de Wredde pourrait entrer en Bohême si (dans le cas où l'Autriche nous déclarerait la guerre) le théâtre de la guerre se portait sur Prague, tandis que Son Altesse royale le prince vice-roi entrerait en Styrie. L'Empereur me charge de vous envoyer un officier pour connaître la situation de l'armée qui est à Munich, et savoir ce qu'elle pourrait faire si l'on entrait en Bohême. J'invite Votre Excellence à lui donner sur cet objet les renseignements nécessaires.

BERTHIER A AUGEREAU

Dresde, 18 juillet.

Monsieur le duc, l'Empereur ordonne que vous fassiez mettre en mouvement lé général Bonet avec la 42ᵉ et la 43ᵉ divisions pour se rendre de Bamberg à Bayreut. Vous ferez marcher avec lui le général Milhaud et ses deux régiments de cavalerie légère avec une batterie d'artillerie à cheval. Le général Bonet aura en outre son artillerie, ses sapeurs, ses ambulances et ce qui est nécessaire au service de ses divisions. Faites en même temps réunir à Bamberg la 44ᵉ et la 45ᵉ divisions avec vos sapeurs et vos ambulances ; vous donnerez au plus ancien général de division le commandement de ces deux divisions.

Enfin, monsieur le duc, faites réunir à Wurzbourg la 51ᵉ et la 52ᵉ divisions avec une batterie à cheval, une batterie de réserve et le train du génie.

Instruisez-moi de l'exécution de ces mouvements.

Au moyen de ces dispositions, le grand duché de Francfort sera évacué par vos troupes, et l'intention de l'Empereur est qu'à dater du 25 juillet, ce Grand Duché soit sous les ordres de monsieur le maréchal duc de Valmy ; j'en préviens ce maréchal.

L'Empereur ordonne aussi, monsieur le maréchal, que vous prescriviez les mesures nécessaires pour qu'il soit établi un hôpital à Forchheim, qu'on ne retienne à Bayreut que les malades en état de marcher, que les autres soient évacués sur Wurzbourg, Aschaffenburg, Francfort, etc., afin que Bayreut pût être évacué en 48 heures sans qu'il y eût d'embarras.

L'EMPEREUR (Ordre)

Dresde, 16 juillet.

L'Empereur ordonne ce qui suit :

Article premier. — Il sera organisé à Magdebourg un équipage d'artillerie de siège de 100 bouches à feu, qui seront choisies parmi celles employées à la défense de la place. Ces bouches à feu seront seulement numérotées et ne seront dérangées en aucune manière de leur situation actuelle ; s'il manque quelques pièces à Magdebourg, on les prendra à Torgau ou à Kœnigstein.

Article 2. — Les affûts, chariots, porte-corps, chariots à munitions, caissons d'outils, forges, triqueballes, chèvres, plates-formes, etc., seront construits sans délai dans la place de Magdebourg. Toutes les mesures seront prises pour que cet équipage puisse se mettre en marche du 20 août au 1er septembre ; en conséquence les affûts, porte-corps, etc., seront construits de préférence à toute autre voiture, même aux caissons.

Article 3. — Tous les affûts. caissons et autres voitures d'artillerie hors de service qui se trouvent à Magdebourg, seront démolis sans délai, et leurs ferrures seront employées aux nouvelles constructions. Les fers et ferrures qui ne pourront point servir, seront envoyés dans les forges du Hartz ou autres pour y être mis aux échantillons des fers en usage dans l'artillerie.

Article 4. — Cent affûts de place seront également mis en construction à Magdebourg ; savoir :

> 15 affûts de place de 24
> 80   —   12
> 5   —   6

'Les ateliers de construction seront montés de manière que la moitié de ces affûts soit terminée avant le 15 septembre et l'autre moitié avant le 15 octobre de cette année.

Article 5. — Notre major général donnera les ordres nécessaires pour l'exécution du présent ordre.

— Envoyé le 17 à Sorbier, au gouverneur de Magdebourg et au ministre de la Guerre.

BERTHIER A ROGUET

Dresde, 18 juillet.

L'Empereur a décidé, monsieur le général Roguet, que la brigade de flanqueurs fera partie de la 4e division de la jeune garde que vous commandez ; M. le comte de Lobau mettra cette brigade sous vos ordres ; il donnera pareillement les ordres nécessaires.

1o Pour que le général commandant l'artillerie de la garde mette, demain 19, sous vos ordres trois batteries d'artillerie, dite de jeune garde.

2o Pour que le général commandant le génie de la garde mette sous vos ordres un officier de génie et une compagnie de sapeurs avec ses outils.

3o Pour que l'ordonnateur de la garde mette sous vos ordres une compagnie d'équipages militaires avec ses 40 caissons, une ambulance divisionnaire, un commissaire des guerres, un adjoint, les boulangers et autres employés de l'administration affectés à une division.

4° Pour que le général Walther, commandant la cavalerie de la garde, mette sous vos ordres 250 lanciers du 1er régiment et 250 lanciers du 2e régiment ; chacun de ces deux détachements sera commandé par un major du même régiment, et tous les deux seront sous les ordres du général comte Krasinski qui visitera les postes et remplira toutes les fonctions de commandant de la cavalerie de votre division.

5° Pour que 25 gendarmes d'élite avec trois officiers soient mis pareillement sous vos ordres.

L'Empereur ordonne, général, qu'avec toutes vos troupes vous partiez après demain 20, à 5 heures du matin. Vous ferez occuper par les 4e et 5e régiments de tirailleurs le camp qu'occupait la brigade de flanqueurs ; vous enverrez le général Boyeldieu avec la brigade de flanqueurs prendre position à Neustadt où il portera son quartier général en cantonnant ses troupes dans la ville et autour ; vous mettrez sous les ordres du général Boyeldieu un des escadrons de lanciers et une batterie d'artillerie.

Vous enverrez un autre général de brigade à Pirna où il aura son quartier général avec le 8e régiment de tirailleurs et une des trois batteries d'artillerie ; aussitôt que le 9e régiment de tirailleurs sera arrivé, il se réunira à cette brigade. Vous ferez cantonner le 8e de tirailleurs dans Pirna et dans les villages à une lieue à la ronde ; quand le 9e régiment sera arrivé, vous lui ferez occuper Dohna et les villages à l'entour.

Vous chargerez le général Boyeldieu de la surveillance de la frontière de Bohême depuis la rive droite de l'Elbe, sur une longueur de six lieues, c'est-à-dire jusqu'à moitié chemin de Zittau au village Neusalz : il s'entendra avec le prince Poniatowski qui restera chargé de cette surveillance depuis ce village.

Vous chargerez le général de brigade qui aura son quartier général à Pirna, de la surveillance de la frontière depuis la rive gauche de l'Elbe jusqu'à Rechenberg, en s'entendant avec le général de division Pajol, placé à Freyberg, qui est chargé de cette surveillance depuis Freyberg jusqu'à Hof ; vous mettrez le 2e escadron de lanciers sous les ordres de ce général de brigade et son major s'établira à Gieshübel. Afin de ne pas mettre en première ligne les tirailleurs qui ne sont pas encore bien exercés, vous mettrez sous les ordres de ce major une compagnie de flanqueurs choisie parmi les plus instruites pour occuper Gieshübel et appuyer au besoin les postes de cavalerie.

Vous prescrirez aux deux généraux de brigade de visiter fréquemment tous les débouchés sur la ligne de leur commandement, et d'inspecter tous les deux jours leurs postes ; aux majors commandant la cavalerie, de visiter tous les jours les leurs.

Vous aurez, général, votre quartier général à Kœnigstein. Sur la rive droite, le grand débouché de Neustadt et les autres routes où passent des voitures devront être gardés sur la frontière par un poste de cavalerie avec un poste d'infanterie à une demi-lieue en arrière ; vous ferez pareillement garder toutes les routes intermédiaires. Sur la rive gauche, les grands débouchés de Teschen, de Peterswalde et de Furstenwalde devront être gardés par un poste de cavalerie soutenu par un piquet d'infanterie ; vous ferez également garder toutes les routes intermédiaires par la cavalerie, de sorte que rien ne puisse passer de Bohême en Saxe ou de Saxe en Bohême sans être exactement reconnu.

Vous placerez un officier de gendarmerie sur les grandes communications de Neustadt et de Peterswalde où passent les voitures allant en poste et les transports du commerce. En conséquence, des trois officiers de gendarmerie, vous en ferez placer un à Neustadt auprès du général commandant sur la rive droite, un autre auprès du général commandant sur la rive gauche, et le plus élevé en grade se tiendra à votre quartier général.

Vous réglerez le service de la manière suivante : les officiers de gendarmerie enverront tous les jours le rapport de la surveillance des routes à leur commandant à Kœnigstein ; les postes de cavalerie feront leur rapport à leur major et celui-ci au général de brigade, et les généraux de brigade vous adresseront leur rapport ; les deux majors de cavalerie feront aussi leur rapport au général Krasinski, comme commandant la cavalerie et tout le cordon.

Vous visiterez vous-même, général, tous vos postes pour vous mettre parfaitement au fait des lieux, et vous tiendrez la main à ce que les généraux de brigade et les majors prennent également une parfaite connaissance du terrain ; vous prescrirez à l'officier du génie d'étudier le pays de manière à pouvoir donner tous les renseignements qui leur seraient demandés ; il devra reconnaître toutes les routes qui, sur l'une et l'autre rive dans l'étendue de votre commandement, aboutissent à Dresde et faire un croquis de tous les débouchés de la frontière.

Vous aurez soin, général, de m'adresser tous les jours votre rapport et vous l'adresserez en même temps au général Durosnel, gouverneur de la Saxe ; le poste que ce général avait établi sur la route de Peterswalde est supprimé, puisque les présentes dispositions y suppléent.

Vous vous mettrez en correspondance d'un côté avec le général Pajol à Freyberg et de l'autre avec le prince Poniatowski à Zittau, pour être instruit de tout ce qu'il y aura de nouveau.

La brigade de la rive droite sera nourrie par Neustadt et les environs ; celle de la rive gauche par le district de Pirna ; les troupes, campées sous Kœnigstein, par les magasins de ce fort. Une réserve de 1.000 quintaux de farine, 100 quintaux de riz et 50.000 rations de biscuit sera placée à la manutention établie au camp sur la rive droite. M. le comte Daru doit faire partir ces approvisionnements dès demain 19. Il y aura aussi 100.000 rations de viande sur pied en réserve au camp de Lilienstein sur la rive droite.

Vous ferez préparer, général, des baraques pour deux autres régiments afin, qu'aussitôt après l'arrivée du 10e et du 11e régiments de tirailleurs, ces deux régiments puissent être placés à Pirna et à Dohna et le 8e et le 9e entrer au camp. Vous mettrez la plus grande attention à ce que les troupes aillent tous les jours à l'école de peloton et plusieurs fois par semaine à l'école de bataillon.

Tous les officiers du génie qui dirigent les travaux du camp, les pontonniers qui s'y trouvent et le commandant de Kœnigstein seront sous vos ordres comme commandant tout ce camp. Cependant, général, vous ne devez vous immiscer en rien dans les détails du service intérieur des magasins et dépôts appartenant au roi de Saxe, et dont le soin n'a rien de commun avec la défense de la forteresse, mais elle doit être ouverte à tous les officiers et soldats de l'armée, et j'engage M. le comte de Gersdorf à donner à cet effet ses ordres.

L'artillerie qui doit en être tirée pour armer le camp retranché, le doit être sous vos ordres, puisque, comme il est dit ci-dessus, vous commandez tout ce système de fortifications. Je charge le général Sorbier, commandant en chef l'artillerie, de donner des ordres pour que, le 20 au soir au plus tard, il y ait en batterie 22 pièces tant dans les nouvelles redoutes à la tête de pont que dans les retranchements de Lilienstein. Ces 22 pièces seront composées de 8 pièces de 12 ou d'un calibre supérieur, de 6 pièces du calibre de 4 et au-dessus, de 4 obusiers et 4 mortiers. Vous ferez fournir par les deux régiments de flanqueurs, moyennant payement et comme il a été réglé, les ouvriers nécessaires aux travaux du génie. Les canonniers attachés à votre division pourront aussi aider à l'armement.

Vous ferez couper tous les arbres du Lilienstein.

Vous aurez soin de faire garder les approches des camps en établissant des postes sur toutes les routes qui y conduisent; aux points que vous désignerez et vous veillerez à ce que les routes. servant de débouchés aux camps sur l'une et l'autre rive, soient mises en bon état.

BERTHIER A VANDAMME

Dresde, 21 juillet.

L'Empereur, monsieur le général comte Vandamme, me charge de vous faire connaître qu'il est probable que votre corps opérera par Wittenberg. Sa Majesté désire que vous preniez vos mesures de manière à ce qu'au 10 août vous ayez pour vingt jours de vivres, savoir : 4 jours de pain, six jours de biscuit et dix jours de farine ; vous vous procurerez cela chez les princes de Dessau. Il faudra que vous ayez aussi un approvisionnement assuré en viande et en eau-de-vie pour vingt jours. Les 1re, 2e et 3e compagnies du 10e bataillon des équipages militaires sont destinées à votre corps d'armée. Vous devez déjà avoir une partie de la 1re compagnie, et vous recevrez bientôt le reste de celle-là et la 2e compagnie qui s'organisent à Cassel. La 3e compagnie s'organise à Wesel d'où elle rejoindra votre corps. Aussitôt que vous aurez deux de ces compagnies, vous enverrez la compagnie du 14e bataillon au duc de Bellune. Demain 25 juillet, 4 bataillons de la 6e division (bis) doivent arriver à Magdebourg. Il y aura donc à Magdebourg 2 bataillons westphaliens, 2 bataillons du 134e, 2 bataillons du 4e régiment polonais et 4 bataillons de la 6e division (bis). Total : 10 bataillons. Aussitôt que ces 10 bataillons seront réunis à Magdebourg, ce que Sa Majesté suppose être le 25 ou le 26, vous ferez partir la division Teste pour se rapprocher d'une marche de Dessau, en portant votre quartier général à Cothen ou à Bernbourg, de sorte que la division Philippon puisse en une marche passer le pont de Wittenberg, la 2e division puisse le passer en deux marches et que la 23e division puisse le passer en trois marches. L'Empereur vous recommande, monsieur le comte, de vous occuper de la formation du 9e de lanciers et du régiment de Dessau. Vous devez avoir actuellement tous vos bataillons. Sa Majesté espère, qu'après la revue que vous devez passer le 5 août, vous rendrez compte que vous avez toute votre infanterie, toute votre artillerie, vos ambulances, vos administrations, etc.

L'EMPEREUR (Ordre)

Mayence, 28 juillet.

Article premier. — Il sera fait dans le royaume de Westphalie une réquisition de 50.000 quintaux, poids de marc, de foin et de 50.000 quintaux, poids de marc, de paille, pour être réunis à Magdebourg comme magasin de réserve.

Article 2. — Il sera réuni à Dresde par réquisition 25.000 quintaux, poids de marc, de foin et 25 000 quintaux, poids de marc, de paille, lesquels formeront à Dresde un magasin de réserve de fourrage.

Article 3. – Il sera réuni à Wittenberg un magasin de réserve de fourrage qui se composera de 15.000 quintaux, poids de marc, de foin et de 15.000 quintaux, poids de marc, de paille, lesquelles quantités seront fournies moitié par le cercle de Wittenberg et moitié par le cercle de Torgau.

Article 4. — Il sera réuni à Wurzbourg un magasin de réserve de fourrage de 15.000 quintaux, poids de marc, de foin et de 15.000 quintaux, poids de marc, de paille, lesquelles quantités seront fournies par le pays de Wuzbourg.

Article 5. — Il sera également réuni à Glogau, par des réquisitions qui seront faites sur le pays, un magasin de réserve de fourrages de 15.000 quintaux, poids de marc, de foin et de 15.000 quintaux, poids de marc, de paille.

Article 6. — Enfin un pareil magasin de réserve sera réuni à Erfurt et fourni concurremment par le pays d'Erfurt, de Saxe-Weimar et de Saxe-Gotha.

Article 7. — Il sera donné des bons pour les fournitures qui composeront ces magasins de réserve.

Article 8. – Les magasins de réserve resteront intacts pour les besoins extraordinaires de la place et indépendamment des approvisionnements de siège.

Article 9. — Notre major général fera toutes les dispositions nécessaires pour l'exécution du présent ordre.

— Envoyé le 29 juillet à Daru, Rheinard, Lemarois, Durosnel, Lapoype, Augereau, Laplane, Lutaillis, de Saint-Aignan.

LAVAL. — IMPRIMERIE L. BARNÉOUD ET Cie.